大国大转型

中国经济转型与创新发展丛书

中国（海南）改革发展研究院组织编著

"十二五"国家重点图书出版规划项目

民营企业发展
与混合经济改革

THE
DEVELOPMENT
OF
PRIVATE ENTERPRISES
AND THE
REFORM
OF
MIXED ECONOMY

陈永杰 等◎著

ZHEJIANG UNIVERSITY PRESS
浙江大学出版社

图书在版编目（CIP）数据

民营企业发展与混合经济改革 / 陈永杰等著. —杭州：
浙江大学出版社，2016.1

（大国大转型：中国经济转型与创新发展丛书）

ISBN 978-7-308-15454-3

Ⅰ.①民… Ⅱ.①陈… Ⅲ.①民营经济－经济改革－
研究－中国 Ⅳ.①F121.23

中国版本图书馆 CIP 数据核字（2015）第 306660 号

民营企业发展与混合经济改革

陈永杰　等著

丛书策划	袁亚春　　王长刚
责任编辑	葛　娟
责任校对	杨利军　陈　园
封面设计	卓义云天
出版发行	浙江大学出版社
	（杭州市天目山路 148 号　邮政编码 310007)
	（网址：http://www.zjupress.com）
排　　版	杭州中大图文设计有限公司
印　　刷	浙江印刷集团有限公司
开　　本	710mm×1000mm　1/16
印　　张	18.5
字　　数	232 千
版 印 次	2016 年 1 月第 1 版　2016 年 1 月第 1 次印刷
书　　号	ISBN 978-7-308-15454-3
定　　价	50.00 元

总　序

2020：经济转型升级的历史抉择

迟福林

13亿多人的大国，正处于"千年未有之变局"。变革、转型、创新，是这个时代的主旋律、主音符。在增长、转型、改革高度融合的新时代，"大转型"是决定中国命运的关键所在：不仅要在转型中全面清理传统体制遗留的"有毒资产"，而且要在转型中加快形成新的发展方式，释放新的发展动力。

"十三五"的中国"大转型"具有历史决定性。以经济转型为重点，社会转型、政府转型都处于承上启下、攻坚克难的关键时期。总的判断是，2020年是一个坎：化解短期增长压力的希望在2020；转变经济发展方式的关键在2020；实现全面小康、迈向高收入国家行列的关节点在2020。如果谋划好、把握好2020这个"中期"，就能奠定中长期公平可持续增长的坚实基础；如果错失2020"中期"这个重要历史机遇期，就会失去"大转型"的主动权，并带来多方面系统性的经济风险。

"十三五"实现经济转型升级的实质性突破，关键是把握和处理好"四个三"。首先,抓住三大趋势:一是从"中国制造"走向"中国智造"的工业转型升级大趋势;二是从规模城镇化走向人口城镇化的城镇化转型升级大趋势;三是从物质型消费走向服务型消费的消费结构升级大趋势。其次,应对三大挑战:一是在经济下行压力下,加大结构调整力度,实现结构改革的重大突破;二是应对全球新一轮科技革命,加快提升创新能力,实现"弯道超车";三是在改革上要"真改""实改"。当前,转型更加依赖于改革的全面突破,对改革的依赖性更强。没有制度结构的变革,转型寸步难行,增长也将面临巨大压力。再次,实现三大目标:一是在产业上,加快推进制造业服务化进程,形成服务业主导的产业结构;二是增长动力上,形成消费主导的经济增长新格局,消费引导投资,内需成为拉动经济增长的主要动力;三是对外开放上,形成以服务贸易为主的开放新格局,实现服务贸易规模倍增。最后,处理好三大关系:一是短期与中长期关系,做好2020"中期"这篇大文章,立足中期、化解短期、着眼长期;二是速度与结构关系,在保持7%左右增速的同时,加快结构调整的进度;三是政策与体制关系。在经济下行压力下,关键是在制度创新中形成政策优势。

近40年的改革开放,给我们留下许多宝贵的财富。最重要的一条就是:越是形势复杂,越是环境巨变,越需要坚定改革的决心不动摇,坚持转型的方向不动摇。这就需要对"大转型"进行大布局、大谋划,需要实现产业结构、城乡结构、区域结构、所有制结构、开放结构、行政权力结构等改革的重大突破,需要对绿色可持续发展、"互联网+"等发展趋势进行前瞻性的谋划,布好"先手棋"。

基于对"十三五"转型改革的判断,中国(海南)改革发展研究院与浙江大学出版社联合策划出版这套"大国大转型——中国经济转型与创新发展丛书"。丛书在把握战略性、前瞻性和学术性的基础上，注重可读性。我们期望，本套丛书能够对关注中国转型改革的读者有所启示，对促进"十三五"转型改革发挥积极作用。

本套丛书的作者大多是所在领域的知名专家学者。他们在繁忙的工作之余参加了丛书的撰写。作为丛书编委会主任，我首先对为丛书出版付出艰辛努力的顾问、编委会成员，以及作者和出版社的领导和编辑，表示衷心感谢！

本套丛书跨越多个领域，每本书代表的都是作者自己的研究结论和学术观点，丛书不追求观点的一致性。欢迎读者批评指正！

2015 年 9 月

前　言

混合所有制改革要走新路，不走老路

——陈清泰同志在"大成企业首脑沙龙"①上的讲话

（2014 年 5 月 25 日　廊坊）

在这里能够与各位民营企业家见面非常高兴，祝贺大成企业研究院成立，相信这个研究院的成立会对民营企业发展起重要的促进作用。中共十八届三中全会《中共中央关于全面深化改革若干重大问题的决定》（以下简称《决定》）中关于企业改革有丰富的内容，包括国有企业的改革和民营企业的改革，大家很关注，这里我讲一些理解与大家讨论。

---

① 2014 年 5 月 24—25 日，"大成企业首脑沙龙"在河北省廊坊市举行。沙龙主题是：当前经济形势分析、混合所有制前景。全国工商联名誉主席黄孟复、中央统战部原副部长胡德平出席并分别主持沙龙活动，40 家国内知名的大型民营企业的董事长或企业战略主要决策者出席了沙龙。

一、这一轮企业改革要实现的重要目标

中国经济体制改革实际上始终围绕两大主题：一是资源配置方式到底是计划还是市场，二是财富创造主体是单一公有制还是多种所有制。两者之间具有很强的相关性。

较长时期以来，中国一直处于以投资驱动、产业跟踪为特征的经济发展追赶期，具有明显的政府主导经济增长的半市场经济的特征。国有企业作为政府调控经济的工具、配置资源和推动经济增长的抓手，也始终处在半政府工具、半市场主体的状况，显然政企不分，政企也不能分。与此同时，政府对不同所有制企业实行的是差异化政策。客观来讲，这种体制大体上适应了当时的发展阶段，使中国用很短的时间走过了这个过程，但是这种体制的弊端却越来越明显。中共十八届三中全会为向市场经济体制转型进行了重要的理论和政策突破，并做了全面的部署。政府要处理好与市场的关系，就必须摆脱与国有企业关系的掣肘，就要公开、公平地对待各类企业。

本轮企业改革要实现的目标：

一是要由管企业转向管资本，建立以财务约束为主线，权责明确的国有产权的委托代表关系，组建国有资本投资公司和运营公司。

二是调整国有资本的功能和布局，国有资本的功能应该有两个：目前情况下不能完全摆脱的政策性功能，比如要搞大飞机、航天、军工；国有资本主要转向的收益性功能，用国有资本的投资收益作为财政的一种补充来源，解决社会保障问题、医疗问题、扶贫问题、基础教育问题等。

三是积极发展混合所有制，促进权利平等、机会平等、规则平等，促进市场开放，废除对非公经济的各种不合理规定。消除各种隐性或者显性的壁垒，建立统一开放竞争有序的市场体系。

四是现代企业制度,改善股权结构,国有企业要去行政化,民营企业要去家族化,建立新机制,把目标集中于投资回报,建立职业经理人制度,改革激励和约束机制,强化信息公开,提高公司治理的有效性,在竞争中提高企业的效率与竞争力。

实现如上四个目标,我认为资本化是突破口,混合所有制是抓手、是纽带。

二、关于消除所有制鸿沟,进一步解放生产力

中国的改革是渐进式的,所有制理论和政策的突破也是针对当时的发展阶段和社会接受程度而平衡的结果。对于民营经济从允许存在、有益的补充、组成部分、共同发展,到基本经济制度、"两个毫不动摇",从改革过程中我们可以看出,前一段时期促进发展的理论政策如果没有后续的再突破,这个政策可能被固化。在过去的十年,企业改革进展相对迟缓,一时间"国进民退"还是"民进国退"的争论空前的此起彼伏,民营经济的发展受到了环境的极大制约。从中共十八届三中全会《决定》看,中央显然看到了其中的问题,也有决心突破,使我们看到了希望。

进入21世纪,民营经济在城市经济总量中的比重迅速增长,很快便超过了一半。民营经济的总量是不是超越了"红线",民营企业的再发展还有没有市场准入空间?情况表明,按所有制区别对待的政策,这种改革红利已经丧失殆尽。主要表现为三方面:

第一,所有制政策和现实的矛盾不断显现。例如各种所有制的经济总量和市场地位到底是政府的政策目标还是市场竞争的结果,两者之间已经不能兼容。民营经济的增长潜力实际上受到了抑制。

第二,国家在保持国有经济控制地位与放手发展民营经济之间轮番进行政策调整,出现了较大幅度的政策摇摆,这就大大强化了政府对不同所

有制企业的差异化政策。比如 2003 年中共十六届三中全会提出了实行
"非禁即可入"的市场准则,不久国务院发布了《关于鼓励支持和引导个体
私营等非公有制经济发展的若干意见》(以下简称"非公有经济 36 条"),但
是实施还没有到位,2006 年国有资产监督管理委员会又发了明确国有企
业要在电网、电力、石油石化、电信、煤炭等七大行业保持绝对控制,在装备
制造、汽车、电子、建筑、钢铁、科技等九大产业保持较强控股的指导意见。
2010 年国务院再次发布《关于鼓励和引导民间投资健康发展的若干意见》
(以下简称"民间投资 36 条"),短短的时间政策大幅度摇摆,各类企业对此
都没有稳定的预期。

第三,是在政策信号很不明确的情况下,"国进民退"还是"民进国退"
的争论前所未有的此起彼伏,各类所有制企业都感觉自己受到了不公平待
遇,都对发展环境不满意。民营企业发展到一定程度就对前景感到迷茫,
缺乏安全感,移民和财产向境外转移的数量和规模日益上升。很多国有企
业对政府的过度干预也倍感无奈,他们呼吁应该让企业回归本位,对国有
企业要实行二次解放。政府的轮番政策调整,较大程度上抑制了经济
发展。

20 世纪 90 年代初"姓资姓社"问题的突破,大大地解放了思想,为建
设社会主义市场经济体制扫清了障碍,极大地提升了经济增长潜力。现
在,我们要认真贯彻中共十八届三中全会精神,摘掉企业所有制标签,消除
所有制鸿沟,突破"姓国姓民"的制度,将是生产力的一次新解放。

三、关于股权分散化和混合所有制问题

发展混合所有制包括股权多元化,这是一个老命题。20 世纪 90 年代
中期,以国有企业上市为标志,混合所有制和股权多元化一度加速发展,上
市后的企业与传统国有企业的活力相比确实有所增强,但是也必须承认,

受发展阶段和改革不到位的制约,近十年混合所有制和股权多元化进展有所放缓,已经是混合所有制的企业,其混合所有制的效能和潜力没有充分发挥,其中有两个表现。

一是中央在涉及国有企业改革诸多文件中不断强调企业股权多元化和混合所有制的改革方向,但是国家对企业按所有制区别对待的政策没有改变,所有制鸿沟日益加深,跨所有制的资本流动和重组并购十分艰难。

二是国企上市普遍重筹资、解困而较少关注机制转换,已上市公司的股权结构一股独大,特别是国有股权基本不流动,没有控制权转移的危险。在这种情况下,旧体制因素不断向上市公司传递,形成了旧体制控制新体制的局面。上市公司与控股股东在人事、机构、经营业务和财务等诸多方面存在复杂的关联关系,导致混合所有制的公司缺乏独立性。国有企业的体制缺陷在混合所有制中没有能够消除,这就使得通过引进非公资本、股权多元化建立现代企业制度,改变政企关系,改善公司治理结构和转变经营机制的目标基本没有实现,企业的潜在效能未能发挥。这就是我所判断的现有的混合所有制存在的问题。

四、赋予混合所有制新的内涵

此一时的混合所有制应当不同于彼一时的混合所有制,要按照中共十八届三中全会精神,赋予混合所有制新的内涵。发展混合所有制应该有新概念,要做一篇新文章、大文章。概括地讲,在宏观层面要通过发展混合所有制,调整国有经济的功能和布局,破除行政垄断,在更多领域向民间资本放开市场。在微观层面,通过发展混合所有制,优化股权结构,改善治理机制,提升企业效益。我认为,这次推进发展混合所有制经济应该实现如下目标。

一是促进建立公平竞争环境。政府应该弱化直至取消按企业所有制成分区别对待的政策，促进实现各类企业权利平等、机会平等、规则平等，在股权结构中你中有我、我中有你，而且股权的比例是可以动态变化的。政府应该从管企业转向管资本，取消对企业的直接干预，保障企业的独立地位。混合所有制中，要同股同权，按出资额享受资产收益、重大决策和选择管理者的权利，这样就可以使各类投资主体享有平等的地位。

二是提高全社会资本的效益。打破所有制和行政区划的藩篱，有利于改变资本资源按所有制和区域板块化分割的结果，保障产权顺利地流动和重组，就可以从总体上提高我国资本资源的配置效益。通过市场的对接，各类投资主体按各自的比较优势和意愿来配置资源，取长补短，既可以释放国有企业掌控资源的效能，也可以发挥民间资本的市场活力，增强企业的竞争力。

三是调整国有经济的功能和布局，破除垄断，放开市场。打破所有制和区域边界的禁锢，将放大国有资本运作的空间，促进国有经济功能的转型和有进有退的调整。引入新的投资者，是打破行政垄断、放开市场的重要途径。另外，对某些垂直一体化大型企业进行业务重组，向专业化发展转型，发展混合所有制是重要的途径。对于自然垄断行业的国有企业来说，应该聚焦垄断的板块，把可竞争的板块逐步分拆，实行通过引入新的投资者，建立混合所有制，逐渐使那些竞争板块再回归到市场。比如电网公司，属于网络的部分具有天然垄断性质，但上下游比如输变电装备，材料、工程等应该分拆，实行混合所有制是一种重要的分拆途径。

四是改善公司治理。发展混合所有制，必须改变企业上市重融资、轻转制的倾向，应做到融资需求与转制需求并重，并且把转制放在关键的位置。在混合所有制公司中，国有企业去行政化，民营企业去家族化，实行所有权与经营权分离。此前，国家为保障自己的所有者权益，政府机构对企业不断加强干预、控制和监管，现在则应该由受财务约束的投资机构以股东身份进入企业，通过参与公司治理获得权益保障。

在混合所有制企业中,通过股权多元化和混合所有制改变企业的结构,这是改善公司治理的重要途径。改善治理结构应该从两个方面入手来改变股权结构,一是引入非国有资本,并且要达到一定的比例。二是国有股权应该分散给若干国有持股机构,形成一种制衡关系。多元机构投资者之间的相互制衡,有利于公司把目标集中于投资回报和创新,有利于提高公司的透明度和财务约束力度,有利于激励管理层创造良好的业绩。公司的经营状况不仅对民营投资机构,而且对国有资本投资机构以及职业投资经理人都至关重要。由他们进入董事会、股东会来决定管理层的激励和去留,由他们在董事会拍板公司的重大决策和重要收益分配。

五、发展混合所有制需要有一个必要的环境条件,避免重复过去的老路

要总结混合所有制公司的经验和教训,使发展混合所有制发挥更大的效用,为此必须创造必要的环境条件。

第一,混合所有制的国有股东,比如将来管理国有资本的两类公司,它们不能同时拥有行政管理权和监督权,也就是它们不能有行政权,不能有多重目标。它们应该受到强财务约束,以获得最高投资收益为投资目标。国有投资机构的股东行为对混合所有制将来能否发挥效应有决定性作用,如果它追求的是控制,它不管企业有没有利润,这个企业如果搞不好,就会对市场造成很大的祸害。如果国有股东追求投资回报,则对市场无害。

第二,混合所有制的企业应该按《中华人民共和国公司法》(以下简称《公司法》)规定设立董事会,实行所有权和经营权分开。投资机构应该通过股东会和董事会行使权力,通过股东会和董事会参与公司的决策,行使对经理人的控制,任何人不能超越《公司法》。

第三,为避免一股独大,国有股权应该划拨给若干投资机构分别持有,

形成制衡机制。

第四,政府管理两类公司,由两类公司作为界面(上面是政府,下面是投资企业),混合所有制应该回归到企业的属性,所有市场经济的独立主体,不应该再被分为体制内、体制外,企业没有行政级别,高管也没有行政级别。政府不能越权干预混合所有制企业,包括对人事、薪酬、考评以及投资、分立、并购的决策和监督。混合所有制企业不再实行工资总额管理。

这些说起来都是一些原则,改起来却非常之难。特别是现在对国有企业的评价不是靠市场,不是靠用户的货币选票,而是靠政府制定的一套指标来考核,这套体制涉及很多的权利,要改变很难,这要看中央的决心。

实行混合所有制必须要实现政资分开、政企分开,所有权和经营权分离,这些都是管资本不管企业的改革范畴,应该是中共十八届三中全会的题中应有之义,也是发展混合所有制的核心。另外,还必须有一些配套条件,比如,组建混合所有制公司时,首先应该妥善解决国有企业的历史存续问题,包括国有职工身份、企业办社会职能等,给混合所有制一个新的起点。在这次改制中要想各种各样的办法,必要时支付一些成本。

完善资本市场,包括股票市场、债券市场、产权交易市场。还要完善法制环境,包括《公司法》的执法环境,保障各类投资主体的权益。

我认为国家不应该再按企业股东的所有制成分来分类进行统计,至少应该逐渐弱化。股东可以多样化——外资、民营、投资机构、个人,而企业就是企业,市场面前企业平等。

发展混合所有制对于民营企业来说有很大的想象空间,为其提供了很多发展机会,需要在实践中不断地发展。

目　录

概　论　/ 001

第一章　晚清到民国时期的混合所有制经济　/ 017

一、洋务时期的混合所有制企业:官督商办,政府推进　/ 019

二、晚清到民初的混合经济:官商合办和"国退民进"　/ 029

三、国民政府时期的混合经济:"国进民退"　/ 041

四、混合所有制经济的历史评价:经验与教训　/ 049

第二章　西方主要国家的国有经济与混合经济　/ 055

一、西方国家混合经济的产生:概念、形式与起源　/ 057

二、西方国家混合经济的做法:美、英、法、德、日等五国简况　/ 060

三、西方国家混合经济的经验:四个结论判断　/ 082

第三章　混合经济已成为我国经济重要主体　/ 087

一、混合经济总体判断:国民经济"三分天下有其一"　/ 089

二、混合经济分析范围：16 种混合所有制企业　／091

三、混合经济主要数据分析：各项指标占 20%～50%　／091

四、混合经济工业数据分析：民营资本超过国有资本　／094

五、非公企业混合经济数据分析：大中型民企多为混合经济企业　／096

六、混合经济企业速度与效益：多数指标具有明显比较优势　／104

七、混合经济发展未来展望：2020 年占国民经济"半壁江山"　／109

第四章　深化国有企业改革　发展混合所有制经济　／111

一、国有企业改革的一个方向——发展混合所有制经济　／113

二、国有企业发展混合所有制经济的历程——三个历史阶段　／118

三、国有企业发展混合所有制经济的方式——三个层面多种
类型　／127

四、国企发展混合所有制经济面临的问题　／163

第五章　民营企业发展与混合经济改革　／167

一、民营企业参与混合所有制经济改革的五个动因与路径　／170

二、民营企业参与混合所有制经济改革的四条实践经验　／178

三、民营企业参与混合所有制经济改革需要解决四大问题　／185

**第六章　民营企业有效参与混合经济改革发展的 30 项政策
建议**　／187

一、解放思想、加强顶层设计 3 条意见　／189

二、改革国资国企与发展混合经济 12 条建议　／193

三、民营企业有效参与混合经济发展 15 条建议　／199

参考文献 / 208

附录一　不同所有制类型工业企业数据变化分析(2000—
　　　　2013 年) / 213
　　一、按登记注册类型分规模以上工业企业数据变化 / 215
　　二、按国有控股、私营、外商和港澳台商投资三种类型比较 / 230

附录二　2013 年度规模以上混合所有制工业企业主要指标及
　　　　比重 / 237

附录三　民营企业参与混合所有制改革五个案例 / 241
　　借助国企进军公用事业
　　　　——新奥集团混合所有制案例 / 243
　　以高效的绩效管理制度和员工激励制度成功改造国有企业
　　　　——新华联集团参与重组华磊光电的举措与经验 / 245
　　跨所有制组合资本、整合资源,实现快速发展
　　　　——泰豪集团混合所有制案例 / 253
　　强强联合、互靠双借,打造文化产业品牌
　　　　——重庆五洲文化传媒集团混合所有制案例 / 260
　　并购重组国有电缆厂,实现低成本、高效益的跨越式发展
　　　　——上海胜华电缆混合所有制案例 / 268

后　记 / 275

概　论

我国混合所有制经济的过去、现在与未来

混合所有制经济,从最本质的意义上讲,主要是指公有(国家与政府)资本与私人(社会与公众)资本共同投资、共同经营、相互融合的经济。因此,在任何一个经济社会组织中,如果它的资本或产权构成中,既有公有来源,又有私人来源,那么,这个经济社会组织就是一个混合所有制的经济社会组织。

这种形态的经济社会组织,国外早已有之,早已广泛存在,是西方国家经济的重要部分。中国不仅现在有,历史上也有,而且它曾扮演过十分重要的角色,将来会扮演更重要的角色。

1. 他山之石——西方国家的混合经济

混合经济的发源地在西方国家。"二战"以后在西方主要资本主义国家广泛出现了各种类型的混合经济,这些混合经济至今仍发挥着十分重大的作用。

　　针对 20 世纪 30 年代的西方国家经济大危机,英国著名经济学家凯恩斯在《就业、信息和货币通论》中指出,挽救资本主义制度的"唯一切实的办法"就是扩大政府机能,"让国家之权威与私人之策动力量相互合作"。这是关于"混合经济"观点与理论的较早期来源。针对"二战"后西方国家经济发展中面临的深层次矛盾与问题,美国著名经济学家保罗·萨缪尔森认为,自由放任的市场经济和国家干预指令经济是两种极端的经济组织形式,"当代社会中没有任何一个社会完全属于上述两种极端中的一个。相反,所有的社会都是既带有市场成分也带有指令成分的混合经济","混合经济"是现代社会的必然选择。萨缪尔森指出,"混合经济"就是国家和私人机构共同对经济实施控制,同时政府必须根据市场情况,通过财政政策和货币政策来调节的经济制度。西方经济学家们关于混合经济的理论,既是资本主义社会中混合经济发展的现实反映,又是进一步推动资本主义混合经济发展的理论指导。

　　将国家宏观政策调控与市场自由自主结合起来,将私人资本与政府资本、私人资本与社会公众资本结合起来,是现代资本主义与早期资本主义的最重大区别之一。正是这种结合,形成了当代资本主义的混合所有制和混合经济,它的产生和发展,极大地改变了资本主义的财产关系和阶级关系,极大地改变了西方资本主义国家的经济运行方式、轨迹和机制,极大地缓解了资本主义的阶级冲突、阶层矛盾与社会异化,极大地促进了资本主义经济社会的长期稳定与健康发展。

　　混合所有制经济的发展改变了西方发达国家的经济运行机制,对经济社会的快速发展起到促进作用,其主要成功经验对我国有一定启示作用。一是建立一整套完善系统与多元股权相关的法律制度;二是明确界定国有资本和政府资本的本质功能、作用范围和行为边界;三是平等、严格、全面保护私人财产;四是建立运行健康、富有效率的多元资本公司治理结构;五是确保公有与私有产权购并、转让、交易的公开、透明与规范;六是广泛发展各类基金会等社会公众资本机构。

2.历史借镜——中国历史上的混合经济

中华人民共和国成立之前的官督商办与官商合办企业。这是中国最早的混合经济。中国在清朝末与民国初,曾经大力发展各类官督商办和官商合办的企业,这是早期中国将政府经济与私人经济结合起来的混合经济。中国的近代企业从晚清开始创建。当时,中国民间资本欠发达,市场发育不够,最初的近代企业形式是官督商办,同时存在的还有官商合办和商办。其中官督商办是最为典型的混合经济企业形式,它在推进经济近代化过程中发挥了重要作用。民国初期,民国政府较少对国有企业投资,不少原来的国有企业也通过改制转向民营,经济中出现了"国退民进"趋势。从国民政府建立到抗日战争前,为尽快推进工业化,政府开始发挥重要作用,积极支持经济发展,混合经济得到较好发展并发挥着重要作用。抗战期间和战后期间,一方面由于战争需要,国有经济迅速发展,另一方面,趁着战时国有经济发展的惯性和接收敌产,国有经济迅速膨胀,出现了大规模的"国进民退"浪潮,其结果是官僚资本膨胀。这是国民政府加速腐败的重要原因。在民国时期,随着政府有关"国进民退"和"国退民进"政策和制度的变迁,混合经济也出现数次兴衰更替,并在中国工业化、现代化历史上承担着不同的角色。

中华人民共和国成立初期的公私合营企业。1949 年中华人民共和国成立初期,国家推行的是新民主主义经济的方针、政策。当时具有临时宪法性质的《中国人民政治协商会议共同纲领》规定,新民主主义经济的经济体制是五种经济成分并存的体制:国营经济、合作社经济、农民和手工业者的个体经济、私人资本主义经济和国家资本主义经济。在 20 世纪 50 年代中期,为了改造私人资本主义经济,国家提倡发展公私合营经济。这是中华人民共和国历史上最初的混合经济。公私合营经济的形式有:国家投入资金和派出干部到私营企业,实行合营;私人企业相互联合,然后进行公私合营;国营小厂与私营大厂合营;国营大厂投资私营小厂,将其作为附属厂;公私合营建立新厂;等等。公私合营经济对当时经济社会的发展与稳定起到了积极作用。但当时国家发展公私合营的混合经济,不是为了发展壮大混合经济,进一步发挥国有资本与私人资本两者的优势作用,而是通过公私合营办法,逐步用国有资本代替以至最后消灭私人资本和私营经济。

3.重要改革途径——改革开放以来的混合经济

改革开放初期的中外合资与合作企业。20世纪八九十年代的中外合资与中外合作企业,是改革开放以来最早的混合经济。20世纪80年代,中国制定了中外合资、中外合作与外国独资三部企业法律,其中的中外合作企业、中外合资企业,是外国资本与中国国内资本合资合作的企业。当时中国国内资本主要是国有资本和集体资本,都属于公有资本。这是中国的公有资本与国外的私人资本合资合作、共同经营的企业。这是改革开放以来最早发展的混合经济。合资企业政策规定外资股份比例不得低于25%。实际上,最初相当大的合资企业,中方资本居于控股地位。20世纪80年代末和90年代初,合资企业中的外资控股企业占多数。通过发展中外合资企业、中外合作企业等混合经济,中国引进了大量国外资本、国外技术、国外装备、国外人才和企业管理经验,明显推动了中国经济、中国市场的迅速发展,也推动了国有企业、集体企业和私营企业机制改变和管理水平的提高,还为其他类型如国有与私营、集体与私营合资的混合经济建立与发展提供了重要的经验借鉴。

1979年至2000年,在中国的外商直接投资总额达3423亿美元,外商直接投资相当于中国GDP的总量,1983年为0.3%,1994年最高达到6%,2000年为3.4%。

改革开放后特别是进入21世纪以来的公司制企业。公司制企业是中国经济中混合所有制经济的主体。1993年,中国出台改革开放以来的第一部《公司法》,明确了有限责任公司与股份有限公司即公司制企业在中国的法律地位。随后,国家相应制定了一系列与《公司法》相关的法律与政策规范,并在 1999 年和 2005 年两次修改了《公司法》。《公司法》的制定,一个最主要的目的是鼓励和推动企业向资本多元化、股权社会化、公有资本与民营资本融合方向发展,实质是鼓励和推动混合所有制经济发展。《公司法》出台后,特别是进入 21 世纪以来,我国的公司制企业广泛而快速地发展。大量国有企业进行公司制改造,有的在保持国有资本控股的前提下,大量吸引民营与社会资本参加,有的将国有企业股权分散化、民营化,转制为非国有控股的普通公司。与此同时,大量有一定规模的民营企业向规范的公司企业发展,吸引国有资本、集体资本和社会资本参与,建立以私营控股为主的多元资本、多元股权的公司企业。

到 2014 年,中国规模以上工业企业中的股份制企业即有限责任公司和股份有限公司,企业数量 9986 家,资产总额 12.19 万亿元,主营业务收入 10.36 万亿元,利润总额 7303 亿元,税金总额 7379 亿元,分别占全国规模以上工业企业相应指标的 2.76%、13.17%、9.46%、11.28%、15.24%。2014 年全国城镇股份制企业(不含私营与外资企业中的公司企业)从业人员有 8066 万人,占城镇就业人员的 20.50%。到 2015 年 6 月,全国股份公司上缴税收 36645 亿元,占全国税收总额的 51.00%。

4. 重大改革措施——混合经济改革发展方针政策的提出与演进

在推进三资企业和公司制企业发展、深化国有企业改革的同时,中共中央相应地提出了发展混合所有制经济的方针、政策。

1997 年 9 月,中共十五大第一次正式提出混合所有制经济概念:"要全面认识公有制经济的含义。公有制经济不仅包括国有经济和集体经济,还包括混合所有制经济中的国有成分和集体成分。"

1999 年 9 月,中共十五届四中全会《中共中央关于国有企业改革和发展若干重大问题的决定》,首次明确提出了发展混合所有制经济:"积极探索公有制的多种有效实现形式","大力发展股份制和混合所有制经济"。

2002年11月,中共十六大明确提出探索公有制的多种有效实现形式:"要深化国有企业改革,进一步探索公有制特别是国有制的多种有效实现形式,大力推进企业的体制、技术和管理创新。除极少数必须由国家独资经营的企业外,积极推行股份制,发展混合所有制经济。"要"实行投资主体多元化,重要的企业由国家控股。按照现代企业制度的要求,国有大中型企业继续实行规范的公司制改革,完善法人治理结构"。

2003年10月,中共十六届三中全会《关于完善社会主义市场经济体制若干问题的决定》,更加明确地提出要大力发展混合所有制经济:"推行公有制的多种有效实现形式"。"积极推行公有制的多种有效实现形式,加快调整国有经济布局和结构。要适应经济市场化不断发展的趋势,进一步增强公有制经济的活力,大力发展国有资本、集体资本和非公有资本等参股的混合所有制经济,实现投资主体多元化,使股份制成为公有制的主要实现形式"。要"完善国有资本有进有退、合理流动的机制,进一步推动国有资本更多地投向关系国家安全和国民经济命脉的重要行业和关键领域,增强国有经济的控制力。其他行业和领域的国有企业,通过资产重组和结构调整,在市场公平竞争中优胜劣汰。发展具有国际竞争力的大公司大企业集团"。

2007年10月,中共十七大明确提出以现代产权制度为基础,发展混合所有制经济:"坚持和完善公有制为主体、多种所有制经济共同发展的基本经济制度,毫不动摇地巩固和发展公有制经济,毫不动摇地鼓励、支持、引导非公有制经济发展,坚持平等保护物权,形成各种所有制经济平等竞争、相互促进新格局。深化国有企业公司制股份制改革,健全现代企业制度,优化国有经济布局和结构,增强国有经济活力、控制力、影响力"。"深化垄断行业改革,引入竞争机制,加强政府监管和社会监督"。"完善各类国有资产管理体制和制度"。"推进公平准入,改善融资条件,破除体制障碍,促进个体、私营经济和中小企业发展。以现代产权制度为基础,发展混合所有制经济"。

2013 年 11 月,中共十八届三中全会《关于全面深化改革若干重大问题的决定》,将"积极发展混合所有制经济"作为独立的一节内容,进行了充分的论述,明确提出:"国有资本、集体资本、非公有资本等交叉持股、相互融合的混合所有制经济,是基本经济制度的重要实现形式,有利于国有资本放大功能、保值增值、提高竞争力,有利于各种所有制资本取长补短、相互促进、共同发展。允许更多国有经济和其他所有制经济发展成为混合所有制经济。国有资本投资项目允许非国有资本参股。允许混合所有制经济实行企业员工持股,形成资本所有者和劳动者利益共同体。"中共十八届三中全会将混合所有制经济作为基本经济制度的重要实现形式,更加强调了发展混合所有制经济对深化国有企业改革、推进民营经济发展、建立现代企业制度、完善社会主义市场经济体制的重要意义。

在此政策的推动下,一场以发展混合所有制经济为主要特点,广泛涉及中国特色社会主义经济理论、国有资产管理体制改革、国有企业深层次改革、民营经济发展、社会资本大动员的浪潮正在兴起,它将对中国未来的经济与社会体制、经济与社会组织的发展产生巨大而深远的影响。

5. 期望与担心——政府、国企与民企对混合经济的不同态度

中共十八届三中全会把发展混合所有制经济的重要性、必要性提到一个空前高度。这给各级政府、各地国有企业和广大民营企业带来了进一步激活企业、提高市场竞争力、加快发展经济的新的期望,但由于社会对如何发展混合经济的理解不尽一致,特别是对过去混合经济发展中出现的一些问题,政府、国有企业和民营企业都有一些疑虑和担心。消除疑虑与担心,是顺利推进混合所有制经济改革发展的重要条件。

政府的期望与担心。地方政府都希望通过发展混合所有制经济,进一步调整国有资产布局结构,将国有资本更有效地投到能够产生更大社会效益与经济效益的领域;进一步改革国有资产管理体制机制,在推进国有资本有序运行的前提下,保障国有资本发挥更大效能与作用;进一步深化国有企业改革,完善国有企业法人治理结构,真正提高国有企业管理人员与员工的积极性与主动性,提高国有资本效益与效率,更好地发挥国有资产功能作用。

但是,有一些地方政府管理部门和管理人员,出现各种各样的担心。有的担心由此可能导致国有资本的整体重要性降低;有的疑虑原来意义上的传统的国有企业、国有经济是否可能从此真正消失;不少人非常担心发展混合经济过程中有人可能浑水摸鱼,导致国有资产新的重大流失;不少人担心,如果监管不严,可能产生一批新的政府部门与国企干部贪污腐败分子;等等。

国有企业的期望与担心。相当一部分国有企业希望通过发展混合经济,吸纳社会资本来不断壮大自己,提高企业在市场上的竞争力;不少企业希望能够将部分经营不好的企业、质量差的资产转让出去,以卸掉部分自己管不好、不想管的资产包袱;许多企业特别看好引进社会股东,相信其能够进一步优化自身企业的治理结构,改善企业经营管理机制;许多企业的管理人员盼望着进一步推进经理人市场化、职业化,管理人员可以在公开、正式的渠道实行市场化选择;不少管理人员更加盼望管理人员的薪酬与福利待遇限制能够逐步放开,逐步向外资与民营企业看齐;不少企业管理人员和普通员工盼望着可以公开进行管理人员股权激励和普通员工持股,以将企业的长期发展与自身个人利益更紧密地结合起来。

但是,不少企业高管担心经理与管理人员市场化竞争后,其原有的行政待遇可能降低甚至取消,从而降低自己的政治地位与社会地位;一些企业高管担心由此可能导致企业高管与政府高官身份转换的旋转门关闭,自己的从政之道可能断绝;许多管理人员甚至普通员工担心,这可能导致国有企业既有潜规则带来的特殊利益明显减少;一些管理人员顾虑今后与民营投资人可能产生矛盾摩擦,影响自己的形象;不少人还担心企业经营管理与市场风险压力可能明显加大,与企业普通员工的劳动纠纷矛盾可能加大;等等。

民营企业的期望与担心。大多数民营企业发展混合所有制经济,主要是想扩大自己的生存与发展空间,提高自己在国内与国际市场的市场竞争力与市场份额。一些有较强实力的大中型民营企业,一直想参与以国有企业为主的领域投资,特别是垄断行业领域投资,这些领域有很大发展空间,可以获取更大的利润。不少民营企业想通过与国有企业合资合作,或兼并、收购,参与公共公益性项目投资经营,分享这类投资可能带来的利益。也有不少民营企业,想通过与国有企业联合,将自己做大做强,以提高自己的社会身份、地位;有的还想借此路径,能够更好地进入人大、政协、工会、青年团、妇联等政治与社会组织,以提高自己的政治地位。一些民营企业,想借此让政府对自己另眼相看,减少政府监管部门对自己的轻视、漠视甚至歧视,减少政府部门和社会组织对自己的干扰。

当前,不少民营企业对与国有企业合资合作发展混合经济,大都抱比较慎重的态度,有的对国有企业主动吸引民营企业建立混合企业抱警惕的态度。就其与国有企业的关系而言,有的民营企业,若与国有大企业、强企业、好企业合资合作,往往担心自己惹不起,因对方强势,己方弱势,缺少话语权,只当配角,易受人支配。若与经营一般的国企合资合作,往往担心自己拖不起,因对方"老大"心态难变,治理结构难变,运营机制难变,员工难管,生产效率难提高,经营效益难实现,时间一长,可能拖累自己,甚至陷入困境。若与经营不好的国企合资合作,往往担心自己赔不起,因对方的实际困难可能远大于公开困难,特别是一些管理上的深层次矛盾,经营上的严重财务问题,管理人员的腐败问题,自己一旦进入,可能深陷企业黑洞。就其与政府部门和国有资产管理机构的关系而言,有的民营企业担心,规则不规范、不透明、不公平;有的担心政府部门的政策支持,可能出现前轻诺、后失信、再反悔的情况;有的担心政府部门的相关人员,设置不合理条件,暗箱操作,索拿卡要。就其与国有企业原有职工关系而言,有的民营企业担心,国有企业老员工所谓"企业主人翁"心态过重,国企员工优越感过强,要求过高的职工身份转变补偿,要求过高的工资待遇,要求过高的社会保障条件,难接受更严格的劳动岗位管理,难接受工资能高能低、岗位优胜劣汰的机制。

消除三方的上述顾虑与担心,必须在总结混合经济发展的成功经验的同时,分析失败教训,按照中共十八届三中全会《决定》精神,进一步解放思想,搞好顶层设计,制定完善政策,精心执行操作,尊重企业意见,发挥市场作用,完善监管办法。

6. 混合经济发展状况——中国经济增长的主要动力

混合所有制经济的范围。根据中共十八届三中全会关于混合所有制经济的论述,只要是"国有资本、集体资本、非公有资本等交叉持股、相互融合"的经济,都是混合所有制经济。进一步讲,只要是三种资本中任何两种性质的资本交叉持股、相互融合的企业,都是混合所有制企业。我国按登记注册类型划分的十大类企业,其中有五种类型下又分别细分为二至五种次级类型。这十大类型企业中,拥有两种性质资本股权以上的企业类型主要是:股份合作企业,联营企业中的国有与集体联营企业和其他联营企业,有限责任公司中的非国有的其他有限责任公司,股份有限公司,私营企业中的私营股份有限公司,港澳台企业中的合资企业、合作企业和股份有限公司,外商投资企业中的全资企业、合作企业和股份有限公司等16种企业。这16种企业至少由两种以上的不同资本投资形成,因此,都属于混合所有制经济。

鉴于国家公布的统计数据有限,鉴于十大类型企业中的联营企业数量很小,从数据可靠又可收集以及方便分析的角度出发,我们将有限责任公司与股份有限公司即公司制企业作为混合所有制经济的主体进行数据分析。

混合所有制经济的重要地位与作用。我国以公司制企业为主体的混合所有制经济在全国各类所有制企业的主要经济指标中占 20%～50%，总体上大约占国民经济的 1/3。

以公司制企业为主体的混合所有制经济，占工商登记企业注册资本的 38%，占企业法人单位的 20%，占全国城镇就业的 20%，占全社会固定资产投资的 1/3 左右，占全国税收的近 50%。

以公司制企业为主体的混合所有制经济，在 2013 年的规模以上工业经济各项主要指标中占 30%～60%。企业数量占 22.27%，资产总额占 42.39%，主营业务收入占 33.33%，利润总额占 33.70%，税金总额占 45.17%，研发人员全时当量占 50.00%，研发经费占 5.51%，专利申请数量占 42.00%，有效发明专利占 52.00%。

以公司制企业为主体的混合所有制经济，占商贸企业的 30%～50%。2013 年我国限额以上批发与零售企业中，混合所有制的公司制企业的比重为：企业数量占 29.92%，资产总额占 51.72%，所有者权益占 47.77%，主营业务收入占 51.82%，主营业务利润占 35.39%。2013 年我国限额以上住宿与餐饮企业中，混合所有制的公司制企业的比重为：企业数量占 29.49%，资产总额占 40.96%，所有者权益占 37.81%，主营业务收入占 30.60%，主营业务利润占 32.24%。

混合所有制经济占上市公司的 80% 以上。混合所有制经济占我国 500 强企业 80% 以上。我国进入世界 500 强的企业基本都是混合所有制企业。

7. 民营混合经济特点——民企探索发展混合经济的多种途径

改革开放以来，我国民营企业积极投身于混合经济发展，其形式多样，途径多种，办法各异，经验各具。

一是民营企业建立多元持股的有限公司和股份公司。股东以私营企业或自然人资本为主，同时引入一个或多个国有资本、集体资本、外资资本，或以这些资本为最终股权的法人资本，另外，还有社会团体资本。

　　二是民营企业入股国有和集体企业参与其改制。自 20 世纪 90 年代以来,不少民营企业积极参与国有企业和集体企业改制,以参股形式进入国有和集体企业,后者仍保持控股权,但企业的资本得以充实,治理结构得以调整,经营机制得以改善。

　　三是民营企业收购、兼并国有和集体企业。不少民营企业为了做大做强,通过同行业的横向与纵向或跨行业的收购兼并中小型国有企业或集体企业,后者往往经营效益不高甚至亏损,有的面临破产、倒闭困境。收购兼并后,国有企业或集体企业仍保持一定比例股份。

　　四是民营上市公司发展混合所有制企业。不少民营企业在上市前即通过吸引国有企业或集体企业入股形成股份公司,上市发行时往往有不少机构投资者进入。这些机构投资者中有的是国有或集体企业所属公司,有的是社会团体所属公司,特别是大量的基金公司,往往本身就是混合所有制企业。上市后,民营企业又通过收购兼并国有或集体企业,或参股国有或集体企业上市公司,或在增资扩股中吸引国有或集体企业公司认购股份,等等,民营上市公司成为资本市场上发展混合所有制经济的最活跃力量。

　　五是民营企业参股国有上市公司。国有企业在资本市场上市,上市前要改制为股份有限公司,不少企业往往要吸收部分民营企业参股;在发行上市时,大都要吸引机构投资者参与申购股份,这些机构投资者中不少就是民营企业,或其所属基金公司。国有企业上市后,在增资扩股中,往往也要吸引民营企业或其所属基金公司参与增资扩股。

　　六是集体企业改制为股份合作企业。我国绝大多数股份合作制企业都是由集体企业改制而成。股份合作企业,其股东既有原集体组织,又有企业经营者,更有企业职工个人或集体经济组织成员的家庭,由此构成了集体与个人股份合作的产权结构。

　　七是基金公司成为产权多元混合的企业。我国自资本市场建立以来,成立和发展了大量的基金公司。这些基金公司,有的是国有企业控股的股权多元化公司,有的是民营企业控股的股权多元化公司,有的是社会团体组织控股的股权多元化公司。基金公司发行基金,基金的来源以社会广大的个人为主,同时,也有不少是机构投资者。基金发行上市后,其投资主体在个人之间、机构之间经常变动。目前我国有 60～70 家基金公司,管理着几百上千只基金,基金总规模达几万亿元,成为我国资本市场的主体力量之一。

八是民间社团发展多元持股的公司企业。改革开放以来,特别是进入 21 世纪之后,我国民间社会团体广泛发展起来,目前已达上百万家。其中一些民间社会团体,有的成立了专门的公司企业。民间社会团体的开办主体,有的是国有或国有控股的机构,有的是民营或民营控股的机构,有的是难以明确其国有或民营身份的机构,有的直接就是个人。民间社会团体开办的公司企业,不少企业的股权也是多元化的,也是混合所有制经济企业。

九是民企国企联合"走出去"开展国际化经营。有的民营企业是独自"走出去"开展国际化经营,不少民营企业则想通过发展混合经济企业,联合国有企业、社会机构共同"走出去",开展国际化经营。一些民营企业通过自己在国际市场上打先锋,找市场,以国有企业作为后盾,提高自己的国际竞争力。

十是民营企业推行员工持股。不少民营企业开始逐步提倡和信奉"财聚人散,财散人聚"的新理念,先是对共同创业者进行股份奖励,接着是对贡献大的管理人员、技术人员进行股权激励,后又积极推行员工持股,将管理人员、技术人员和普通员工的利益与企业资本增值的长远利益结合起来,以进一步调动管理人员和普通员工的积极性,增强其将自己视为企业主人的理念。

未来,民营企业为主的混合经济可能继续沿着多条路径不断发展。有的将大量吸收社会公众资本参与投资,企业成为单一或多家私人或外资控股的、社会资本不同程度参与的公司企业。有的将吸收国有资本、集体资本参与投资，以私营或外资控股为主。这是今后混合所有制经济发展的一个重要方向。有的非公有制企业参与国有控股企业投资，成为其重要股东，参与企业生产经营，改善企业法人治理结构与机制。这是国有企业发展混合所有制经济的重要方向。有的以社会公众为主的公司企业，社会公众股东参与投资，任何单一的私人、外资、国有和集体股东均不控股企业。有的以多个法人单位共同参与投资的公司企业，任何单一法人单位均不控股。这些法人单位的性质，很难简单地直接划分为国有、集体或私人法人，大多数法人本身就是一个混合经济体，但其最终资本和股权来源都可能追溯到个人、外资、国家身上，等等。

8. 民企如何深入参与——民营企业有效参与混合经济改革建议

一般说来，只有大中型民营企业，才有推行股权多元化，与国有、集体和其他法人资本相互融合，发展混合所有制经济的必要。推进大中型民营企业有效参与混合所有制经济改革发展，需要从以下几方面努力。

一是必须加强顶层设计。重点是破除企业"姓公姓私"观念，重新认识公有制的内涵与外延，搞好混合经济改革方案与实施路径的顶层设计。

二是必须全面深化国有资产管理体制与国有企业改革。重点是：全面调整国有经济行业、地区与层次布局，明确国有企业主要功能、作用范围与行为边界；推进国有经济管理从管企业、管资产向管资本转变，调整国有资产监督管理委员会的功能作用与职责范围，合理设计国有控股混合企业的股权、股东结构；严格企业资产交易公开、透明和监管制度；规范高管与普通员工持股行为，实行企业高管分类薪酬制度；限制企业高管与政府高官身份互换，推行统一、平等的全员劳动合同制，保障企业工会的民主、独立与自主，稳妥处理国有企业历史遗留问题。

三是必须为民营企业参与混合所有制经济发展创造良好环境。重点是：严格私人财产法律保护，进一步打破垄断，结合贯彻中共十八届三中全会精神进一步推动国务院关于民营经济和民间投资的两个"36 条"落实，推行负面清单管理，大力推行 PPP 制度。强化行政执法与司法公正、平等，创新民营控股混合企业股权制度设计，推进民营混合企业股权多元化、社会化，建立混合所有制企业的退出机制，推进民营公司治理规范化、现代化，大型民营混合企业管理逐步去家族化，合理引导企业家的社会身份追求，企业工会独立自主，推进党务管理"三化改革"，处理好民营企业新老"三会"的关系。

9. 混合经济的未来发展——中国经济稳定发展的重要主体

展望未来，中国混合所有制经济发展，将主要从两个方面推进。一方面，以国有企业为主体，采取各类不同形式与方法，吸引民营资本广泛参与，发展国有资本控股的混合所有制经济。另一方面，以民营企业为主体，采取各类不同形式与方法，吸收国有与集体资本或社会机构与公众资本，发展民营资本控股的混合所有制经济。随着中共十八届三中全会《决定》的全面贯彻落实，我国的公有制为主体、多种所有制经济共同发展的基本经济制度将更加完善，我国的社会主义市场经济体系和产权保护制度将更加健全，国有资本、集体资本、非公有资本等交叉持股、相互融合的混合所有制经济将得到更快、更大、更好发展。

2005 年以来，我国企业注册资本中，混合所有制的公司制企业的比重由 36.6％提高到目前的 40％以上，城镇就业人员的比重由 9％提高到目前的 13％，投资的比重由 30％提高到目前的 34％，税收的比重由 34.5％提高到目前的 47％。根据混合所有制经济过去的发展速度及未来可能的发展趋势，粗略推算，到 2020 年，我国混合所有制经济将占国民经济的 50％以上，一些主要经济指标将占 60％～70％。今后，我国的混合所有制经济企业，将在垄断行业中起主体作用，在竞争性领域的重要行业中起主体作用，在竞争性领域的一般行业中起主导与骨干作用，在我国企业"走出去"参与国际市场竞争中起绝对主体作用。

第一章　晚清到民国时期的混合所有制经济

中国的近代企业从晚清开始创建。由于中国民间资本欠发达，市场发育不够，最初的近代企业形式是官督商办，同时存在的还有官商合办和商办。其中官督商办是最为典型的混合经济企业，尽管伴随着政府干预和效率低下等矛盾和问题，但在推进经济近代化过程中仍发挥了重要作用。民国初期，民国政府较少对国有企业投资，不少原来的国有企业也通过改制转向民营，总体趋势是"国退民进"。从国民政府建立到抗日战争前，为尽快推进工业化，政府开始发挥重要作用，但并未出现大规模的"国进民退"，混合经济能够较为健康地发展。抗战期间和战后期间，一方面由于战争需要，国有经济迅速发展，另一方面，趁着战时国有经济发展的惯性和接收敌产，国有经济迅速膨胀，出现大规模的"国进民退"浪潮，其结果是官僚资本膨胀，最后导致国民政府的加速腐败。总的来看，随着"国退民进"和"国进民退"政策和制度的变迁，混合经济也出现数次兴衰更替，并在中国工业化、现代化历史上承担着不同的角色。

鸦片战争和五口通商后,为应对西方经济的侵入,中国开始创办近代企业。由于市场发育不足,民间资本有限,加上封建主义观念影响,最早的近代企业不得不由政府主导创办。这种现代化的发动形式,对以后的企业发展产生了深远的影响,在一个较长的历史时期,混合所有制成为中国近现代企业的重要形式。

一、洋务时期的混合所有制企业:官督商办,政府推进

1.官督商办企业的创办和发展

洋务派企业,就其体制而言,有官办、官督商办和官商合办三种类型。一般来说,洋务派所创办的军事工业都采取官办形式。这类工厂完全由政府出资,并由政府派官员进行管理,也没有所谓的成本核算。所以,这种工厂除了使用机器进行生产外,与过去官营手工业没什么区别。后来,洋务派在创办民用工业的时候,由于财政资金不足,难以承担大规模的资本投资,提出利用民间资本的想法。与此同时,对外通商以来,买办商人通过代理进出口贸易,积累了较大规模的资本,其他社会阶层如地主、官僚等也有

投资于近代工业的愿望和能力。他们都希望利用政府的权力获得利益。这样就产生了官商结合的投资形式。但洋务官员普遍相信商人不具备对此等重要事业的创始能力,更没有对国计民生负责的精神,更重要的是,洋务官员不愿轻易放松对新兴企业的控制权,认为"官督"的作用不可或缺。"此等创举,责之民办,而民无此力;责之商办,而商无此权","非官督不能经始"[①]。所以官商结合企业的早期形式就是官督商办。

经营"官督商办"企业的具体措施是,先由官方提供部分官款作为垫借资本,同时指定与官方有一定联系的"商人"[②]出面,向社会招募资本,然后由该企业以其经营所得,陆续归还官方前期垫借的款项。[③]甲午战争之前,中国近代企业中大型的航运、煤矿、电信和纺织企业几乎都采取官督商办形式。(表1-1)当时一些著名的近代企业,如轮船招商局、开平矿务局、上海机器织布局、天津电报总局、中国铁路公司、漠河金矿、华盛纺织总厂等,大多数都采用了官督商办的组织形式。

表1-1 1872—1894年若干典型近代企业的组织形式

企业创办年份	企业名称	组织形式	企业创办年份	企业名称	组织形式
1872	轮船招商局	官督商办	1878	直隶开平煤矿	官督商办
1873	继昌隆缫丝厂	商办	1878	上海机器织布局	官督商办
1876	仁和水险公司	商办	1880	山东峄县煤矿	官督商办
1878	济和水火险公司	商办	1882	热河三山银矿	官督商办
1877	安徽池州煤矿	官督商办	1882	上海电报局	官督商办

---

① 转引自李玉:《晚清公司制度建设研究》,人民出版社,2002年,第8页。
② 这些商人的身份极其复杂,既包括买办,又包括与买办存在密切关系的旧式商人,还包括退职的官吏,其后还包括一些地主。参见严中平(主编):《中国近代经济史(1840—1894)》[下册],人民出版社,2012年,第1463页。
③ 参见严中平(主编):《中国近代经济史(1840—1894)》[下册],人民出版社,2012年,第1463页。

续表

企业创办年份	企业名称	组织形式	企业创办年份	企业名称	组织形式
1882	江苏徐州利国驿煤矿	官督商办	1887	漠河金矿	官督商办
1882	烟台缫丝局	商办	1887	中国铁路公司	官督商办
1882	公和永丝厂	商办	1889	广东天华银矿	官督商办
1885	山东平度、招远金矿	官督商办	1892	热河建平金矿	官督商办
1887	云南铜矿	官督商办	1894	上海华盛防治总厂	商办

资料来源：严中平（主编）：《中国近代经济史（1840—1894）》[下册]，北京：人民出版社2012年版，第1635～1639页。

2. 官督商办企业的历史价值

从近代资本主义企业发展的早期形式来看，参与投资官督商办企业实际上是有利可图的。在官督商办企业发展的早期，因为官督商办企业集中在与国计民生密切相关的行业，这些企业本身又具有行业中的法律上或事实上的独占地位，尽管产权关系上存在天然的缺陷，然而潜在巨大的商业利润会对投资人产生正向的激励。除此之外，一些具有多年经营管理经验的"商人"（有买办、退职乡绅、商人和在职官员等）主持大局，在事实上会消除官督商办企业早期发展阶段中产权缺陷对企业发展和壮大的制约。

第一，现代企业制度的最初尝试。

官督商办企业是清政府洋务派官员对西方公司制度有意识地学习、模仿和付诸实践的结果。例如轮船招商局在其章程中明确规定，"轮船之有商局，就外国之有公司也"[1]；上海机器织布局为"中国试行西法"而创立的"公司"[2]；漠河金矿"仿照西国公司之法，招集股本二十万两"[3]等。而且，这些企业在集资经营方面确实采取了许多西方股份有限公司的做法，诸如

---

[1]　聂宝璋：《中国近代航运史资料》第一辑[下册]，中国社会科学出版社，2002年，第771～778页。
[2]　李鸿章：《李文忠公全书》，奏稿，卷四十三，第45页。
[3]　《中国近代史丛书》编写组：《洋务运动》（七），上海人民出版社，1973年，第321页。

发行股票,公布企业章程,并在章程中规定公司的运作程式和股东的权利与义务等。在实际经营过程中,官督商办企业也部分地应和了公司企业的运作要求。例如各企业一般设有"商董"或"会办"等职以代表商股。这些职务多由各企业的大股东担任,他们在某种程度上可与官方代表抗衡,使各企业在企业章程的议定、股本的筹措、日常的经营管理等方面部分地体现了公司企业民主管理的原则。不少企业在经营过程中一再试图从"官督"机制下解放出来,力求做到"局内所有各厂司事,必须于商股中选充"[①],"一切仍照买卖常规",使"官场浮华习气一概芟除"[②]。这些都是符合商品经济条件下的公司经营运作要求的。

第二,政府推动弥补了市场激励的不足。

在早期,创办近代企业风险极大,民间资本往往裹足不前,望而生畏。大多数大型企业起步时,都依靠政府提供的直接融资。比如轮船招商局起步的时候,筹集不到资金,政府拿出了 20 万两白银军费,否则难以启动。其他不少企业,如上海电报局、漠河金矿、开平煤矿等,都是靠财政投入才得以创建和维持。在这种情况下,垫借官款、"官为主持、商为承办"在很大程度上起到了"扶持"的作用,因为它有助于释放经济中的投资激励。这样,在资本等要素未充分发育的近代中国,政府干预弥补了市场激励的不足。官督商办企业一般在全国范围集资,不少企业,如轮船招商局、上海电报局等在各地都设有分局,而那些铜矿、金矿、煤矿则地处偏远的内陆地区,如开平煤矿在直隶唐山(今河北),漠河金矿地处黑龙江边地,平泉铜矿在直隶平泉(今河北),青豀铁厂则位于贵州极为偏僻的青豀小江口。这样,虽然各官督商办企业的资本主要来自于上海、天津、广州等通商口岸城市,但它们的经营活动对开通内陆腹地的"公司、股分之风"起到了很大的推动作用。其次,官督商办企业依靠官款的资助和官府的庇护,相对减

---

① 《中国近代史丛书》编写组:《洋务运动》(七),上海人民出版社,1973 年,第 316 页。
② 《中国近代史丛书》编写组:《洋务运动》(七),上海人民出版社,1973 年,第 131 页。

少了地主、商人的犹疑,促进了他们由热衷于投资土地或高利贷向积极投资新式企业的投资观念的转变。例如在这些企业招商募股的宣传和影响下,19 世纪 70 年代末 80 年代初,上海等地"股分风气大开,每一新公司起,千百人争购之,以得股为幸"①。当时的一家新闻媒介专门就 1882 年上海的社会资本流动趋势做了归纳,指出这一年"自春徂冬,凡开矿公司,如长乐、鹤峰、池州、金门、承德、徐州等处,一经禀准招商集股,无不争先恐后,数十万巨款,一旦可齐"②。

第三,产生了第一批亦官亦商的经营管理人才。

政府发展民用工业存在的一个现实困难,就是缺乏熟悉企业经营管理的人才。在这样的背景下,官督商办企业"由官总其大纲,察其利病",但这些企业的创建一般采取向社会招商集股的形式,逐步吸引私人资本进入企业。有的企业在其招商章程中,一开始就明确了投资人(即股东)的权益。比如在开平矿务局的招商章程中,一开始就明确了投资人的权利和义务。政府通过吸纳一些懂经营管理的商人(买办等)进入企业的管理层,提高了企业的经营管理效率。1873 年加入招商局任总办的唐廷枢和任"会同帮办"的徐润,这两人实际上是买办商人,并不是政府官僚。尽管面临着来自政府层面的诸多干预和阻挠,这些懂经营管理的新式商人的加入确实有助于提升企业的经营和管理效率。再比如官督商办的开平矿务局,1878 年唐廷枢任总办。当时,李鸿章为了防止地方守旧势力的阻挠,特意增派前天津道丁寿昌和时任天津海关道台的黎兆棠"会同督办"(即会办)。在唐廷枢任总办期间,开平煤矿生产和营运效率的提升,对私人资本产生了极大的吸引力。

---

① 《申报》1882 年 8 月 12 日。
② 《字林沪报》1883 年 1 月 22 日。

3. 官督商办企业的弊端

官督商办企业的出现,在很大程度上是因为洋务派官僚意识到发展民族工业有利于"求富","求富"又有利于"图强",用李鸿章的话说就是,"欲自强必先裕饷,欲浚饷源莫如振兴商务"①,而且通过发展民族工业还可以"稍分洋商之利"。所以,官督商办企业实际上也是政府利用私人资本的一种企业组织形式。正是这种出发点的矛盾,导致在官督商办企业发展过程中出现一系列弊端。

第一,产权不清导致治理结构混乱。

所谓官督商办企业,就是企业的创办及运营必须置于官府的监督之下,而实际的运营则是通过商人,这些商人在企业的创办及运营过程中不断招徕社会上的个人资金。在金融业尚不发达的情形下,垫借官款是晚清官督商办企业的一种特有和普遍的现象。② 在企业创建之初,因为难以募集到足额的社会股本(商人股本),政府以债权人身份垫借一定数量的资金作为企业的建设费用或流动资金,等企业生产运营具有一定成效后再以募集商股的办法陆续归还给政府。③官府垫借的款项从性质上不同于企业募集而来的商股,因为官府垫支的款项实际上无须承担企业实际生产经营过程中的风险,它实际上类似于政府在企业中的存款。从官督商办企业的产权关系来看,官府垫借的款项是企业的债权,它并不是企业注册资本中的股本,而募集而来的商股则是企业的股本。④ 以轮船招商局的创办为例,轮船招商局在创办之初,"借领直隶练饷公帑,纯系存项性质,非股本也"⑤。实际上,企业成了无限责任企业。

---

① 李鸿章:《李文忠公全集》,奏稿,卷三十九,第 32 页。转引自徐建生,徐卫国:《清末民初的经济政策研究》,广西师范大学出版社,2001 年,第 5 页。

②③ 参见张忠民等:《近代中国的企业、政府与社会》,上海社会科学院出版社,2008 年,第 9 页。

④ 私人资本的商股所获得的收益被称为"官利股息"。在官督商办企业中,尽管在招商章程中议定给予商股固定的股息,但是,在企业的经营过程中,"官利股息"时有变化,比如轮船招商局的"官利股息"时时变化。总体来看,私人成本承担了一定的经营风险,而官方垫借的款项则属于企业的借款。

⑤ 聂宝璋:《中国近代航运史资料》第一辑[下册],上海人民出版社,1983 年,第 785 页。

第二,政府的干预导致官商矛盾。

从企业组织形式来看,"官督商办"企业在产权关系上存在天然的缺陷:尽管出资人是私人资本,然而,官督商办企业在其创建、经营和管理上与政府存在千丝万缕的联系,随着企业的发展壮大,官商之间的矛盾愈演愈烈,必将干预企业自身的生产和运营。政府垫款不是股份。清政府坚持了一点:即便投资额巨大,也尽量不在企业占股,所投资金则作为贷款,并且是低息甚至无息的。政府有这么多钱投在其中,要派人进行监管,这就导致政府的干预问题。企业高管的人事任免权,都集中在政府监管部门手中,股东,甚至大股东,对企业的核心问题缺乏发言权。政府所任命的高管,与股东们的主流利益未必一致,导致日后严峻的委托代理失控问题。因为产权界定的不清楚以及所有权和经营权之间的分离等,官督商办企业实际上名为"官督商办之局",实际上"权操在上","从企业发展的长远利益来衡量官款所起的作用,总的来说是挟持,而不是扶持"。① 因为缺乏较为完善的法律保护,官商之间的关系是较为混乱的。尽管商人名义上是企业的所有人,然而实际操纵企业大权的通常是官僚。这一官商之间权益的不对等逐渐严重地挫伤民间资本参与官督商办企业的积极性。比如当时的社会舆论就认为,官督商办企业实际上是"本集于商,利散于官"。② 随着官督商办企业的逐步发展,"官"与"商"之间的矛盾变得越发尖锐。在一些官督商办企业中,随着企业本身的发展壮大,官商之间展开对企业经营管理权的争夺,官方权力的扩大引发了私人投资者的不满。

第三,市场垄断导致自身效率低下也限制其他企业发展。

企业在创办之初,为了保证企业经营,政府往往给予企业一定时期的市场"专利"。比如办一家企业,就规定在方圆多少范围内、多少年限内,不

---

① 张国辉:《洋务运动与中国近代企业》,中国社会科学出版社,1979 年,第 173 页。
② 严中平(主编):《中国近代经济史(1840—1894)》[下册],人民出版社,2012 年,第 1636 页。

再批准第二家,以确保这家企业的市场地位。如轮船招商局作为航运企业,就享受了垄断政府运输业务的"专利",比如漕粮。轮船招商局的运费大大高于外资航运公司,但政府要扶持它,还是选用它。这种扶持,起步的时候的确有极大的帮助,但扶得久了,企业对此也形成了依赖,对自己的发展就缺乏压力和动力了,最后还是害了企业。这种"专利"是双刃剑,有保护培育的作用,也造成垄断和不公,既迟滞了该企业本身的发展,也压制了其他企业的发展。

第四,政府对企业无限制地索取加重了企业负担。

在政府看来,既然给了企业很大的支持,在政府需要的时候企业就应当做些贡献。这种贡献主要是以"官利"形式出现的。"官利"就是企业不论盈亏每年必须按定率向官府支付的利息。在各官督商办企业的章程中,"官利"定率均为必不可少的一项内容,例如轮船招商局、上海电报局和开平煤矿规定的官利均为 10%[1],上海机器织布局和中国通商银行的官利均为 8%[2],漠河金矿官利为 7%[3],官利最高的平泉铜矿是一分三四厘左右[4]。随着企业发展,政府对企业的索取也变本加厉。轮船招商局自 1899 年至 1906 年,共向清政府报效 65 万余两白银,其中以企业折旧基金垫付的即达 20 余万两白银[5]。漠河金矿每年盈余的六成充作黑龙江将军衙门军饷,自 1888 年至 1895 年,该企业共向清政府报效 85 万余两白银。[6] 此外,这些企业还得担负清廷的各种"特别报效",如 1894 年慈禧太后 60 岁生日之时,轮船招商局一次就报效 5.5 万两白银,开平煤矿一

① 聂宝璋:《中国近代航运史资料》第一辑[下册],第 775 页;《中国近代史丛书》编写组:《洋务运动》(七),第 131 页。
② 夏东元(编):《上海机器织布局招商集股章程》,《郑观应集》[下册],上海人民出版社,1988年,第 524 页;中国人民银行上海市分行金融研究室编:《中国第一家银行》,中国社会科学出版社,1982年,第 109 页。
③ 《中国近代史丛书》编写组:《洋务运动》(七),上海人民出版社,1973 年,第 321 页。
④ 引自夏东元:《洋务运动史》,华东师范大学出版社,1992 年,第 279 页。
⑤ 复旦大学历史系(编):《近代中国资产阶级研究》,中国社会科学出版社,1978 年,第 85 页。
⑥ 张国辉:《洋务运动与中国近代企业》,中国社会科学出版社,1989 年,第 335 页。

次报效 3 万两。①

第五，侵害商股权益，使商民对"公司"产生恐惧感。

洋务派最初确定对官督商办企业的指导方针，是"由官总其大纲，察其利病，而听任商董自立条议，悦服众商"②，并强调"商务应由商任之，不能由官任之"③，等等。各企业在招商时也一再强调"商办"，并在章程中对商股的权益做了明确规定。但是，企业一经成立，官方即违背前诺，掌握了企业的经营管理大权，各企业就成了变相的"官办"企业。各企业一般实行督办（总办）负责制，督办一职"均由北洋大臣札委"④。官方控制了各企业的高级经理人员任免权、决策权和监察权，即相当于西方公司董事会、监事会一级的权力。各企业虽然均设有"商董"，或规定"会办"、"帮办"代表商股，但这些商股代表实际上无关于中小商股。各企业章程中规定的股东权益大多变成具文，无法兑现。各企业一般不召集股东大会，有的"即使召开股东会，但都是敷衍塞责而已"⑤，因而，真正支配企业运作的是各企业的官僚管理机构。在这种"官督"高于一切的管理机制下，各企业商股除了出资和每年领取由官方代表决定的股息与红利外，没有其他任何权利。正如时人评价的那样："虽谓官督商办，其实商股不敢过问。"⑥最终的结果就是使广大商股的法律权益（股权）和经济利益受到严重侵害，以至于"入股者寒心，未入股者裹足"⑦，极大地打击了商民投资新式企业的热情。

第六，滋生政府和企业的腐败。

官督商办企业实际出资人的权利缺乏制度化的保障，受委托的管理人获得了巨大的寻租空间，时人所谓"正如肥肉自天而将，虫蚁聚食，不尽不

---

① 《捷报》1894 年 4 月 6 日。

② 李鸿章：《李文忠公全书》，译署函稿，卷一，第 39 页。

③ 李鸿章：《李文忠公全书》，奏稿，卷三十六，第 35 页。

④ 《中国近代史丛书》编写组：《洋务运动》（六），上海人民出版社，1973 年，第 111 页。

⑤ 费正清：《剑桥中国晚清史》[下卷]，第 475 页。

⑥ 《招商局隶部章程》，引自许涤新、吴承明（主编）：《旧民主主义革命时期的中国资本主义》，人民出版社，1990 年，第 444 页。

⑦ 《中国近代史丛书》编写组：《洋务运动》（七），上海人民出版社，1973 年，第 321 页。

止"，何况，这块"肥肉"的一大部分还是政府垫资，"虫蚁聚食"更是没有心理障碍。所以，各企业普遍存在着管理人员侵吞、挪用公款的现象。例如1884年，轮船招商局总办徐润侵吞、挪用公款达167000两白银。唐廷枢私设的长裕泰船行先后拖欠招商局公款达20多万两白银。① 招商局的另一位督办盛宣怀上任后，一方面套取招商局股票，用招商局的资金广为投资，当他自己捞到了一连串"督办"、"总办"、"董事长"等"桂冠"后，给招商局广大股东带来的却是一堆"死气沉沉"的股票。② 另外，政府对企业家的扶持就是给企业家一定的政治身份，即发"官帽"。而政治身份的授予或者获取，主要的渠道就是"捐纳"。这就使官督商办企业成了买官卖官的通道，到晚清的后期，捐纳者能够获得实职并进入官场，这就加剧了官僚机器的腐烂和政权的崩溃。这些官员企业家一身两制，最初固然有率先垂范、鼓励工商的作用，但后来演变为另一种形式的"与民争利"。

对于官督商办企业的弊端，早就有人提出批评，如郑观应、何启、胡礼垣等。他们指出：实践证明，"中国人非不乐公司股分也，不乐其为官办也"③，因为在官督商办企业之中，"官有权而民无权，官有势而民无势。以无权者而与有权者竞，则有权者胜而无权者负矣；以无势者而与有势者争，则有势者得而无势者失矣"。故此，在这些企业"有利焉，其利必先官而后民，……有害，必先民而后官也"④。早期改良派思想家明确指出，"官督商办"早已成为中国创办公司"不善之方法"⑤，必须予以彻底"开除"⑥。

---

① 《中国近代史丛书》编写组：《洋务运动》(六)，上海人民出版社，1973年，第126页。
② 《申报》1897年3月7日。
③⑥ 《论华地创设公司宜开除官办名目》，引自《皇朝经世文四编·卷25·户政》。
④⑤ 何启，胡礼垣：《新政真诠》三编，第10页。

二、晚清到民初的混合经济：官商合办和"国退民进"

1. 官商合办企业的产生

甲午战争之后，清政府进一步陷入了政治经济内外交困的境地。此时，由清政府一手控制的各"官办"、"官督商办"企业经过二三十年的经营实践，各种弊端日益暴露，已进入普遍衰败的状态。对此，清廷最高统治者也有所认识，指出：原办各局"经营数载，糜币实多，未见明效"①。一些参与洋务实践的清廷重臣也逐步开始从企业机制方面去检讨"官督商办"企业模式经营失败的原因，纷纷建议清政府将"官督商办"改为"官倡商办"。在各方面的压力下，清政府终于决定对原有各局"从速变计，招商承办"②，并强调"一切仿照西例，商总其事，官为保护，若商力稍有不足，亦可借官款维持"③。同时，清政府对民办企业的态度也逐渐有所转变。1898 年，清廷颁布了《振兴工艺给奖章程》，首次承认了民营企业的合法性。1903 年清政府发布的谕告称，"通商惠工，为古今经国之要政"。④ 1904 年 1 月清政府颁布了中国历史上第一部公司法——《公司律》，规定："无论官办、商办或官商合办各项公司，均应一体遵守商部定例办理"⑤，各公司的"附股人不论官职大小，或署己名，或以官阶署名，与无职之附股人均只为股东，一律看待，其应得余利暨议决之权以及各项利益，与（其他）股东一体均沾，无稍立异"⑥。为了鼓励民间资本参与实业，清政府把曾经属于"官督商办"（以及"官办"）的一些商品性生产事业逐渐向民间资本开放。一些官督商办企业或被收归国有（如天津电报局）或逐渐转为商办，还有一些曾经属于官办

---

①②③　（清）朱寿朋：《光绪朝东华录》（四），中华书局，1958 年，总第 3637 页。
④　转引自蒋晓伟：《中国经济法制史》，知识出版社，1994 年，第 279 页。
⑤　《大清光绪新法令》第十类，实业，上海商务印书馆，1909 年，第 1、3、5 页。
⑥　《大清光绪新法令》第十类，实业，上海商务印书馆，1909 年，第 1、4、5 页。

的企业也逐渐引入私人资本转为"官商合办"。清末新政中,官商合办企业所处的行业包括纺织工业、水泥、造纸和制革等,甚至还包括一些公用事业,比如1906年设立的广州自来水公司就属于官商合办企业。

北洋政府时期,由于政府财政紧张,拿不出钱来办企业,所以更注意吸收民间资本,所以官商合办企业也就成为一个较好的选择。北洋政府时期官办工业企业的规模较小,很多也采取官商合办的形式。这其中很多企业是北洋政府从清政府手中接收过来的,比如创立于1905年的广东增源造纸厂、1906年创办的广东省河自来水公司、张之洞于1908年创办的湖北毡呢厂等,后来通过吸引民间资本来增加投资,成为官商合办企业。值得注意的是,北洋政府时期的矿业企业中也有不少是采取官商合办的形式。如1911年创办的余庆沟金矿一开始就采取了官商合办的形式,到1923年,又进一步完全转变为商办企业。1918年设立的河北龙烟煤矿投入资本为500万元,也采取官商合办形式,这在北洋政府时期属于较大规模的官僚资本参与经营的矿业企业。1921年张作霖参与投资的热河北票煤矿,也采取官商合办的形式。

2. 官商合办企业的进步意义

在官商合办企业中,"官"特指政府,而"商"则是指私人投资者,它既包括民间商人(其中主要是买办商人),又包括一些官僚。政府与商人以各自的资本入股,按照股份的多少承担企业的经营风险和分享收益。从现代所有制形式来看,官商合办企业本质上是一种混合所有制的股份公司组织形式。相比之前的官督商办企业组织形式,官商合办企业在一开始就明确了政府与私人投资者在企业中的权利及义务,并且随着法律的逐步完善,官商合办企业中的产权关系也较为清晰。从投资形式和经营机制来看,官商合办企业与官督商办企业存在较大差别。所谓官商合办,是指政府与私人共同投资入股、共同参与经营管理、共同承担损失并且共同分享盈利的一种企业组织形式。官商合办实质上是国家资本与私人资本相结合的一种形式,不同于官督商办企业中的政府垫借官款,官商合办企业一开始就是政府与私人共同投资入股,从企业组织形式上来看,它是一种包含政府投资和私人投资的股份制经济;从产权结构上来看,它是一种混合所有制,官股所占比例既可以大于商股所占比例,又可以等于或是小于商股所占比例。

第一,官商较为平等减少了政府干预。

以"官商合办"形式出现的企业通常是民用企业,从事的是以获利为目的的商品生产活动。官商合办意味着政府和商人共同出资出力,而具体组织形式是由代表清政府利益的官僚和商人签订协议、订立合同、各自认购股份、对企业进行共同管理并且按股份比例分配盈利或负担亏损。尽管官商合办企业与官督商办企业的出现在时间上不存在明显的前后相继的关系,但官商合办企业是在官督商办企业步入困境以后才受到重视的,也是为解决官督商办企业矛盾而出现的一种企业组织形式。在官商合办企业中,相比官督商办,官股与商股拥有较为平等的地位,政府与商人按照在企业中占股份的多寡拥有对应的权益。此外,在官股占比例较少的官商合办企业中,由于资金主要来源于商人,政府的直接干预较少。就当时的历史条件来说,因为清末及民国初期政府的公共储蓄较为匮乏,官商合办这一企业组织形式最大限度地发挥了民间资本参与企业的积极性,而且有些官商合办企业的经济效益也较好,比如早期的交通银行等。

第二,官商权益得到比较清晰的界定。

相比官督商办企业,官商合办企业在其创立之初,就明确了政府资本和私人资本的权益。比如于1907年在北京创办的博利呢革公司,是由清朝陆军部和商人合资兴办的企业。创立之初,负责筹备工作的候补道谭学裴即提出,该呢革厂"仿照商立公司体例,无论官本商本,悉依商律而定,同享股东应得之利益,并无歧异"。① 后来陆军部表示,这一提法较为妥当,但是因为企业产品是出于军队的需要,所以陆军部还是应该有"稽核制造之权"。再比如两广总督袁树勋在奉命创办官商合办企业时,明确宣布官商合办企业中无论官股还是商股都具有股东地位。在这种情况下,商股的利益大致能够得到保障。

第三,公司治理结构初步形成。

随着大清《公司律》的颁布以及民国《公司条例》的颁布,官商合办企业的公司制度、法人财产权以及公司治理结构也逐渐完善起来。在有些官商合办企业中,虽然政府拥有支配权,但商股仍然可以同官股据理力争,充分利用股东大会、议定的公司章程等来保护自身的合法、合理的权益。比如在 1911 年,交通银行召开第一次股东大会。原来确定的议程是先选举董事会,然后是股东做各项提议及讨论。不过,邮传部主管盛宣怀在开股东大会时临时变卦,不允许给股东分红。这一不合理做法激怒了参与股东大会的众多私人投资者,最后,商人股东们与邮传部委派的交通银行总理及相关官吏们搞得"相持不下"。这从另一个侧面反映出商股在官商合办企业中拥有一定的力量,这一力量本身源自私人资本在官商合办企业中所占的股份。

创立官商合办企业最初的目的在于:政府想利用这一种政府与私人共同投资、共同参与经营管理的组织形式来提高私人投资者的投资热忱,并且化解官督商办企业中官商不分的矛盾。从官商合办企业的发展历程来看,官商合办企业名义上是由政府和商人合办,实际上的经营管理大权却是清政府委派的官僚,商人代表处于从属地位。在官商合办企业内部,由于政企不分、产权不明确,官商之间往往在企业经营方针、发展前途以及管理权限等方面产生尖锐的矛盾。这些矛盾总是难以避免。

---

① 转引自周军:《晚清官商合办论析》,《云南财贸学院学报》1991 年第 3 期。

3. 官商合办企业的发展：户部银行和交通银行

清末的官商合办企业不仅包括一些矿业企业和工商企业，在新出现的金融业中，官商合办企业的数量也占据较大比例。1905 年设立的户部银行和 1907 年创办的交通银行都采用官商合办的形式。在户部银行的设立中，额定资本共 400 万两库平银，全部资本分为 4 万股，清政府和商人各自认购一半。而 1907 年创办的交通银行，在 500 万两白银的总股本中，商股和官股分别占 60％和 40％。不过，私人资本参与官商合办之后，在银行的权益通常会遭遇一定的损害。以户部银行为例，1904 年户部会同财政处遵旨试办银行，采取官商合办形式。户部派张允言为总办、瑞丰为副总办，财政处提调候补内阁学士徐世昌、商部右丞绍昌为监察。设定资本 400 万两库平银，官商各半。第一年实收 100 万两，到 1908 年才收足 400 万两。[①]尽管官股与商股各占一半，但是清政府又规定银行的正、副总办都必须由清朝户部选派。当然，因为清政府同时还授予户部银行铸造硬币、发行纸币和代理国库等特权，某种意义上户部银行类似于当时的中央银行，中央银行的相关官员由政府委派是无可厚非的，问题是户部银行创立的时候是以官商合办的形式出现的，从出资额来看，商股的权益理应与官股的权益相对等。但创办初期户部银行的总行和分行中的总办们都属于官员，商人视"官场为畏途"。以后，在北京总行和上海及天津等地的分行，户部银行通过招揽一些纯属于商人的经营管理人才逐渐赢得了商人们的信任。户部银行通过"按照商家章程，订立合同，取具保单、押柜银两、隆以礼貌，重其薪红，总办任监察之责而不侵经理协理之事权，于是商家渐知信从"[②]。随着经营管理的改善以及在商人中信誉的提升，户部银行（1908 年更名为大清银行）的经营效率出现较大的上升。1905 年至 1910 年，其盈利总额、

---

① 参见汪敬虞（主编）：《中国近代经济史（1895—1927）》[下册]，人民出版社，2012 年，第 2247 页。
② 《大清银行始末记》，第 55 页。转引自汪敬虞（主编）：《中国近代经济史（1895—1927）》[下册]，人民出版社，2012 年，第 2249 页。

办事人员花红、官息及红利等都较为可观,官股与商股之间的利益分配也较为合理,经营管理人员也获得了较好的激励。1905 年至 1906 年,户部银行的盈余总额为 350150 两白银,办事人员花红为 94215 两白银,官息及红利为 219835 两白银。到 1909 年,大清银行的盈余总额为 1525505 两白银,办事人员花红为 367620 两白银,官息及红利为 825000 两白银。[①] 仅仅几年间,盈余、办事人员花红和官息红利都出现极大的增长,无论是投资者还是实际的经营管理人员都获得了较好的收益。

1908 年由清政府邮传部奏准成立的交通银行,设立的宗旨是"借以利便交通,振兴轮、路、电、邮四政"。该行开办资本原定 500 万两白银,邮传部认购 200 万两白银的股份,也是最大股东,其余 300 万两白银拟招商入股。当交通银行在北京、上海、天津、汉口及广州等地募集商股的时候,投资者十分踊跃,挂号认购股份的数额超过原定的 300 万两的好几倍。结果是,交通银行决定增加资本、扩充营业。作为新式的银行业,这一时期盈利的情况普遍良好,吸引了私人资本的参与。1909 年,交通银行净盈利 37.5 万两白银。1910 年,交通银行的净盈利增加到 69.6 万两白银。[②] 以官商合办形式出现的近代银行业仍然获得较大的发展,充分发挥金融作为经济润滑剂的作用,在客观上加速了中国民营资本的发展。

4. 官营企业转制

甲午战争以前,洋务派官僚创建了一批官办企业和官督商办企业。甲午战争以后,面对外国商品和外资企业的激烈竞争,加之清政府财政拮据和企业自身的经营不善,许多官办和官督商办企业的经营每况愈下,有的干脆实在办不下去,只好改弦更张,实行转制:一方面,将原有的官办企业转为官督商办,一方面将原有的官督商办企业转为商办。

---

① 相关数据及盈余总额、办事人员花红、官息及红利的说明可参见汪敬虞(主编):《中国近代经济史(1895—1927)》[下册],人民出版社,2012 年,第 2250 页。
② 汪敬虞(主编):《中国近代经济史(1895—1927)》[下册],人民出版社,2012 年,第 2251 页。

　　官办转为官督商办的例子可见于部分军工企业。甲午战争后，政府财政吃紧，拿不出更多的银子来养军工企业，纯粹的军工生产很难维持。这样就产生了"军民两用"的想法，部分军工企业在"制造军火之暇，兼造各种机器"，部分实行"军转民"。如光绪三十一年(1905)，江南制造总局将船坞、轮船厂、机器厂等划出另组"江南船坞"，归海军督察，采用商办方式，到1912年4月共制造各式兵轮、商轮130多艘，打破了由耶松船厂垄断上海造船业的局面。

　　由官办转为官督商办，又进一步转为商办的例子，是张之洞的汉阳铁厂和大冶铁矿以及萍乡煤矿转为盛宣怀汉冶萍煤铁厂矿公司。汉阳铁厂和大冶铁矿是张之洞用官款开办的。自开办到1896年5月，已耗费官款近568万余两白银，但经营效率极差。甲午战后，官款难以为继，不得不由盛宣怀招股100万两白银接办，1898年又招股100万两白银，是为官督商办。此后，经营总算有了起色。到1907年生铁的年产量比1894年投产之初提高了11倍多，达到6.2万余吨，并年产钢8538吨。为了保证炼铁厂的燃料供应，企业又投资500多万两开采江西萍乡煤矿，到1908年时日产煤量达1300吨，炼焦600吨。但企业依旧亏损。为了进一步提高经营效率，1908年，又将三个厂矿合并扩充并改商办，为"汉冶萍煤铁厂矿公司"。改为商办后，企业虽仍未摆脱亏损状况，但生产规模进一步扩大，到1911年时，年产钢达7万吨、铁砂50万吨、煤60万吨，成为当时亚洲规模最大的钢铁联合企业。

　　这一时期企业转制的例子主要是由官督商办转为商办。这种情况主要发生在轻纺工业部门。华盛纺织总局是李鸿章奏准朝廷发起，由盛宣怀主办的官督商办企业，在当时是规模最大的棉纺织企业。1894年建成并部分投产，同时在上海招股购机筹设华新、裕源、裕晋、大纯四个分厂。甲午战争后，该厂面临洋商激烈竞争，经营顿入困境。到1901年，盛宣怀借口亏损奏准添加商股，改组为商办的"集成"纺织厂，后又改名"又新"，实际上被盛宣怀控制为己有。辛亥革命时,盛宣怀怕被政府查抄,聘英国人为总理,一度在香港注册,挂英国招牌。1913 年又改名为"三新"。

　　从部分企业转制的例子来看,有的是经由承租而逐步转变为完全商办的。如湖北纺织四局,包括湖北织布官局、缫丝局、纺纱局和制麻局,均为官办企业。四局动用经费近 400 万两白银,利用本地原料,采用机器生产。后因经费不足,产品滞销,生产停顿,经营严重亏损,于光绪二十八年(1902)租给粤商韦应南的应昌公司经营。当时的租赁合同规定:租金每年 10 万两白银,租期 20 年,经营资金由承办人自行集股;原有外债欠款由承租者归还,原有吸纳的商股由官府自行理清;承租期内,无论亏盈,官府"不得抑勒收回,商亦不得辞退"。[①]改归商办以后,该四局经过整顿,逐渐扭亏为盈。宣统三年(1911)转归张謇等人的"大维公司"承租,1913 年又归"楚兴公司"承租。楚兴公司承租时,议定每年租金 11 万两白银,租押 25 万两白银,租期 10 年。其生产的纱、布在武汉销售,概免厘税,如转运他埠,在江汉关只完正税,沿途概免厘税,仍保留湖北官局名义。租办期间,由于经营得法,扣除租金及机械修理费用外,"每年的净利,据说都在 15% 以上"。[②]由张之洞发起建成于 1896 年和 1897 年的苏经丝厂和苏纶纱厂,初建时虽在名义上采用官督商办体制,但官府不入股,不问盈亏,亦很少干预。到 1898 年,两厂由商务局招商承租,企业在原有自主经营的基础上又获得了用人、理财的自主权。到 1908 年又完全改归商办。

5. 商办企业成为企业发展的主流

　　甲午战争之后,尚存的官督商办企业或收归国有,或是改为商办或官商合办。[③] 在官督商办企业之后,商办企业逐渐成为近代中国资本主义企

---

　　① 江敬虞(编):《中国近代工业史资料》第 2 辑[上册],科学出版社,1957 年,第 580 页。
　　② 《中国棉货》,第 169 页。引自汪敬虞(编):《中国近代工业史资料》第 2 辑[上册],科学出版社,1957 年,第 591 页。
　　③ 参见胡勇华:《官督商办企业:由传统向近代企业制度演进的过渡性组织形态》,《江汉论坛》2006 年第 6 期。

业的主要组织形式。1895 年至 1900 年,全国新创办的工业和矿业企业共有 147 家,其中有 127 家商办企业(参见图 1-1)。[①]

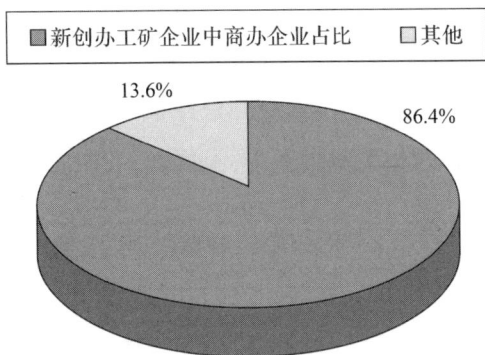

图 1-1　1895—1900 年新创办的工矿企业的组织形式

数据来源:杜恂诚:《民族资本主义与旧中国政府》,上海人民出版社,1991 年,第 30、33 页。

在新创办的工业和矿业企业中,商办企业资本占全部资本的比例也很大(参见图 1-2)。商办企业资本额占总资本额的 83.3%,其他类型企业的资本额仅为商办企业资本额的 1/5 左右。

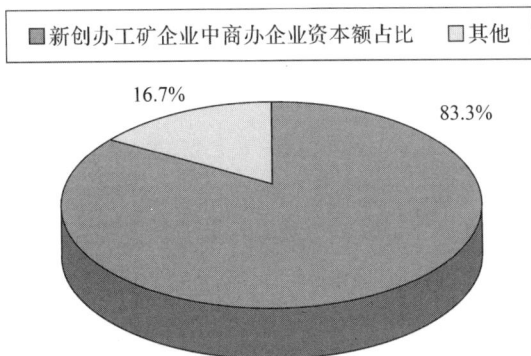

图 1-2　1895—1900 年新创办的工矿企业中商办企业的资本额占比

数据来源:杜恂诚:《民族资本主义与旧中国政府》,上海人民出版社,1991 年,第 30、33 页。

①　杜恂诚:《民族资本主义与旧中国政府》,上海人民出版社,1991 年,第 30、33 页。

在由官商合办转为商办时,通常是采取由私人资本收购国家手中持有的股份的方式。比如在北洋政府时期,在近代银行业蓬勃发展的过程中,一些地方政府既出资创办官办银行,又联合私人资本创办官商合办的地方性商业银行。在1912年至1927年创办的华资银行中,官办银行累计有37家,官商合办银行累计有11家,而商办银行累计则有249家。民营资本在近代金融业的发展中占据关键地位(参见图1-3)。

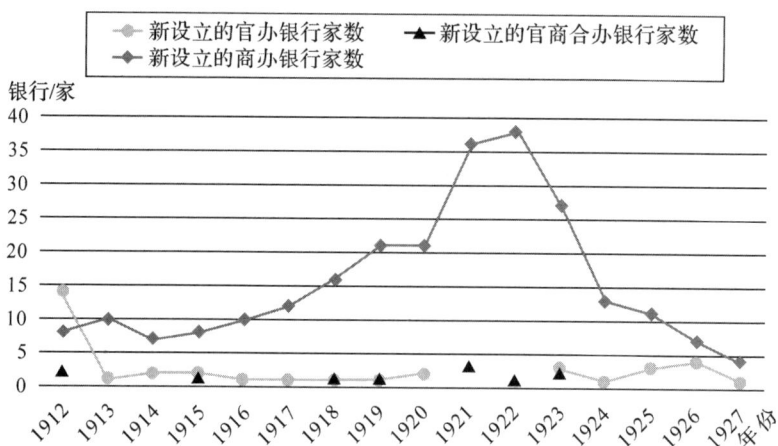

图 1-3　1912—1927年华资银行的设立概况

资料来源:汪敬虞(主编):《中国近代经济史(1895—1927)》[下册],人民出版社,2012年,第2255页。

从新设立的华资银行实收资本来看,1912年至1927年,37家新设立的官办银行累计实收资本4524万元,11家新设立的官商合办银行累计实收资本1209.3万元。此外,249家新设立的商办银行实收资本11059万元(参见图1-4)。尽管从1912年至1927年,新设立的官商合办银行的家数既少于新设立的官办银行的家数,又显然不如新设立的商办银行的家数。不过,从每家银行平均实收资本的数量来看,官商合办企业既高于完全商办的银行,又高于官办银行。

尽管有些银行刚设立的时候属于官办银行或是官商合办银行甚至商

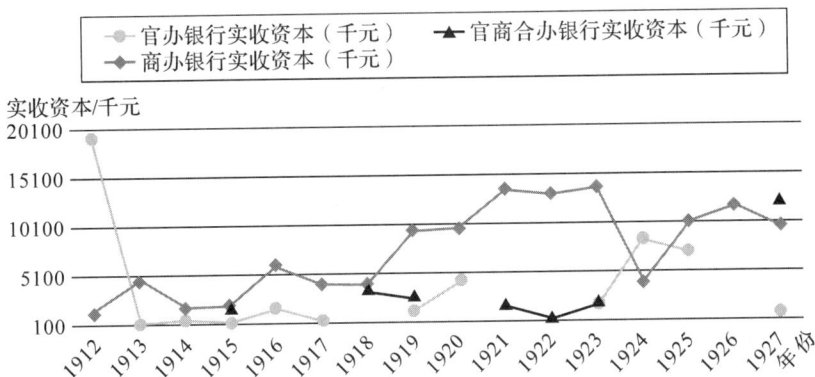

图 1-4　1912—1927 年新设立的华资银行实收资本数量

资料来源:汪敬虞(主编):《中国近代经济史(1895—1927)》[下册],人民出版社,2012 年,第 2255 页。

办银行,随着时间的推移,这些银行本身也可能转变为别的组织形式。比如创办于 1912 年的山东银行,原是由山东地方政府出资创办的官办银行。但是因为地方财政较为紧张,在 1914 年,山东商务总会接收了山东银行,通过募集商股来偿付山东地方政府以及注入的资本金,名称也改为商办山东银行。[1] 再比如 1909 年创办的浙江实业银行,本属于官商合办,在 71 万元资本金中共有地方官股 31 万元。然而到 1923 年,因为地方政府无力偿还历年积欠的烂账,导致商股与官股的彻底决裂。不久,在参股商人的努力下,逐步利用银行中的官股资本来清偿地方政府在银行的烂账。没过多久,浙江实业银行也完全成为商办银行。不仅在银行业中存在官股与商股之间的权益博弈,而且在其他一些官商合办企业官商之间也存在一定的冲突。从企业组织形式来看,相对官督商办企业,官商合办企业在政企关系、产权关系、管理模式以及经营效率等方面具有一定的进步性。

---

① 参见汪敬虞(主编):《中国近代经济史(1895—1927)》[下册],人民出版社,2012 年,第 2332 页。

【资料】

民国初期民营资本的发展

北洋政府时期,民族资本主义工商业获得了较快的发展。与此相对应的是,国有经济的发展出现停滞。[①] 从辛亥革命到第一次世界大战期间,被称为中国民族资本主义发展的黄金时期。在1894 年,在华资的工矿业、交通运输业企业中,国有资本的比重分别为 61.8% 和 94.4%,而民族资本的比重分别为 38.2% 和5.6%。到1913 年,在工矿业、交通运输业和金融业企业中,民族资本所占的比重分别为 70.9%、17.3% 和92.1%。[②] (参见图1-5)

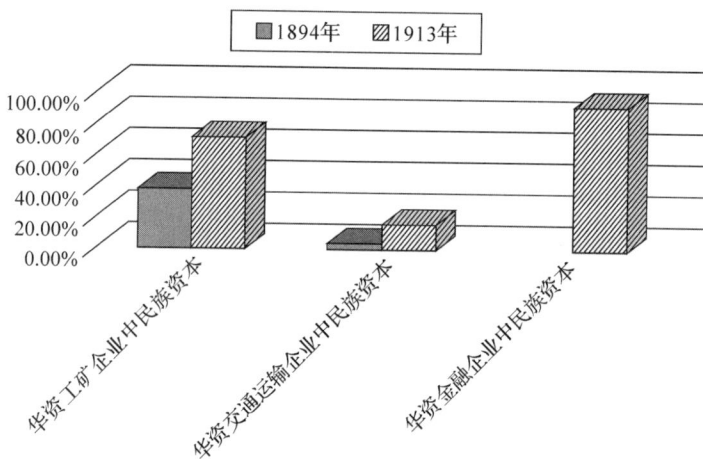

图 1-5　1894 年与 1913 年民族资本工矿及交通运输企业的发展

资料来源:许涤新,吴承明(主编):《中国资本主义发展史》第 2 卷,人民出版社,2003 年,第1063 页。

[①]　徐建生,徐卫国:《清末民初经济政策研究》,广西师范大学出版社,2001 年,第 189 页。
[②]　许涤新,吴承明(主编):《中国资本主义发展史》第 2 卷,人民出版社,2003 年,第 1063 页。

三、国民政府时期的混合经济："国进民退"

1. 基本国策：节制私人资本，发达国家资本

孙中山发展工业的思想可以概括为"节制私人资本，发达国家资本"。南京国民政府建立后，根据孙中山的基本思想，基本确定了国家资本和私人资本的范围。1928 年 10 月的《训政时期施政宣言》指出，"惟进行经济建设之原则，必以个人企业与国家企业之性质而定其趋向。凡夫产业之可以委诸个人经营或其较国家经营为适宜者，应由个人为之，政府当予以充分之鼓励及保护，使其获得健全发展之利益……若夫产业之有独占性质，而为国家之基本工业，则不得委诸个人，而当由国家经营之。此类事业，乃政府今后努力建设之主要目标，并将确定步骤，以求实行"。1929 年，国民党三大还通过《训政时期经济建设实施纲要方针案》，进一步明确了建立国家强有力的物质基础的重要意义，指出："物质建设实施程序之标准，应以交通之开发为首要。其主次顺序为，在国家物质建设方面：一为铁道、国道及其他交通事业；二为煤铁及基本工业；三为治河、开港、水利、灌溉、垦荒、移民等事项。在地方物质建设方面：一为省道及地方交通事业；二为农林、畜牧、垦荒、水利等事业；三为都市改良及公用、卫生建设事业。要求以全国税收之半，为中央建设费，以地方收入之半，为地方建设费。"1937 年 2 月，国民党五届三中全会通过《中国经济建设方案》，重申中国经济建设的首要目标是"充实国防需要"，并明确提出"中国经济建设之政策，应为计划经济。即政府根据国情与需要，将整个国家经济，如生产、分配、交易、消费诸方面，制成彼此互相联系之精密计划，以为一切经济建设进行之方针"。关于国有经济与民营经济的范围，按照南京政府的计划，中央经济建设之实施工作，如重工业、基本化学工业、铁道交通及大规模水利建设等，应由中央各主管机关分别担任执行。各经济区之大小轻工业，得由中央政府、

地方政府与人民合力推进,照公司组织经营。至地方经济建设实施工作如地方局部之公用、交通事业,农工建设,地方合作事业等,则由地方政府举办,或地方官民合力举办。[①] 这就提出了国营、民营和官民混合经营几种模式。

2."黄金十年"的国营经济发展

1933 年,实业部制订并公布了一个《实业四年计划(1933—1936)》。这个计划的核心是政府要把谷物、棉花和煤的生产国有化,还计划建立钢铁工厂、化学工厂、造纸厂以及庞大的为农业服务的业务,试图通过统制经济实现现代式的国家。在 1936 年和 1937 年间,实业部组织了很多贸易和生产计划。例如,1936 年,实业部与六个省份共同建立了中国植物油料厂股份公司,1937 年该公司出口交易量达到 1300 万元。1937 年开办了中国茶叶股份有限公司。该公司资本为 200 万元,实业部和六个省份购买了公司股票,然后又将这些股票中的一半卖给私人。在各省的支持下,公司也将茶叶贸易控制起来。

1928 年 2 月 18 日,建设委员会在南京成立,附设有全国电气事业指导委员会、电气试验所等,实际上是一个筹办、经营国营电气事业,并监督、指导民营电气事业,同时兼顾水利和矿业的经济管理机构。建设委员会接收和新建了一批国营或带有国有性质的工矿企业,包括首都电厂、戚墅堰电厂(二厂合组为扬子电气公司),长兴煤矿、淮南煤矿(合组为淮南路矿局)等。建设委员会还设有振兴农村设计委员会,公务员补习教育委员会,以及预算、法规、统计、图书、训育等委员会。

1931 年 9 月,全国经济委员会成立,主要职责为:关于国家经济建设或发展计划之设计审定;国家经济建设或发展计划应需之经费之核定;各项既定经济建设或发展计划之直接实施或督促等事项。全国经济委员会

---

① 张其昀:《党史概要》,中央文物供应社,1968 年,第 1497～1500 页。

工作由宋子文主持,成为当时"统筹全国经济事业的总机关"。宋子文联合国内 10 多家最大的银行,集股组建了"中国建设银公司",作为实际上与经济委员会联系密切的投资机构,并由中国建设银公司出面投资建立了川黔铁路特许公司、华南米业公司、中国国货联营公司等,并控制了广东银行、中国保险公司、南洋兄弟烟草公司等一批官营或民营的企业。

在国民政府的经济机构中,最重要的是资源委员会。1936 年资源委员会制定了《中国工业发展三年计划》和《重工业五年建设计划》,计划投资 2.7 亿元用于建立国家经营的重工业工矿企业,其中包括钢铁有色金属的开采和冶炼,制酸、制碱等基础化学工业,机械和船舶制造工业,煤的采掘和发电厂以及电器制造工、农工业。全国资源委员会的项目大都如期开工,如设立钨业管理处、锑业管理处;筹备茶陵铁矿,高坑煤矿,大冶、阳新、彭县铜矿;开放云南锡矿,青海、四川金矿,湘潭天河煤矿,灵乡铁矿,四川油矿,水口山铅锌矿等。资源委员会投资兴建了中央钢铁厂、中央机器厂、中央电工器材厂、中央无线电机制造厂、中央炼铜厂以及一批有色金属矿厂、煤矿、发电厂等。抗日战争爆发后,资源委员会以国防重工业建设为目标,实际上成为兴办、建设国有矿业和基本工业的唯一机构。[①]

3. 抗战时期国有资本扩张

抗战之初,后方工矿业十分有限,为此国民政府曾组织了上海等地大批的民营工矿企业内迁,但是这些内迁工矿企业的数量和生产能力均远不能满足后方经济的需要。于是,加速创建国家资本的工矿企业,就成为国民政府实现为抗战提供必需的物质条件的重要措施,成为开发和建设抗战时期大后方工矿业基地的主要依靠。1938 年 4 月,国民党临时全国代表大会通过的《抗战建国纲领》提出"以军需工业为中心","开发矿产,树立重

---

① 张忠民,朱婷:《1927—1937:南京政府国有经济政策述论》,载刘兰兮(主编):《中国现代化过程中的企业发展》,福建人民出版社,2006 年,第 289～314 页。

工业的基础"。这标志着国民政府工矿业建设的重心已经转移到大规模投资发展国家资本企业上,国家资本企业首先要在基础工业、重工业领域取得主导地位,并成为战时后方经济的支柱性产业。[1]

作为承担战时国家资本工矿业建设的主要机构,资源委员会所属企业在战时得到极其迅速的发展。抗战开始时,资源委员会企业仅 24 家。到抗战结束时,资源委员会下属单位已达 130 家,其中 115 家是生产企业。这 115 家生产企业中,由资源委员会独资经营的有 57 家,占总数的 49.6%,以资源委员会为主与私人或其他机关合办的有 41 家,占总数的 35.7%,其余 17 家是资源委员会参与投资而不主办的企业亦即混合经济。[2] 资委会创办企业的资金,主要是政府财政拨款,还有部分外汇款和银行贷款。据统计,1936—1945 年,资源委员会历年从国库得到的库拨资金高达法币 11.7 亿元。其中电力、煤炭、钢铁、机械行业居投资额的前四位,所获资金都在总投资额的 10%～20%。[3] 资委会的投资集中在重工业部门,主要包括:石油、钢铁、电力、电工、金属、机械、煤炭、化工等(参见表1-2)。这样,以资源委员会所属企业为主体的国有资本企业基本上确立了在重工业、基础工业领域中的主导地位。

表 1-2　1936—1945 年资源委员会分业投资额[4]

单位:千元(1936 年币值)

	合计	电力	石油	钢铁	电工	金属	机械	煤炭	化工	其他
金额(千元)	71914	12824	12408	11636	8920	8014	7939	4958	3335	1880
占比(%)	100.0	17.9	17.2	16.2	12.3	11.2	11.1	6.9	4.6	2.6

---

[1]　张忠民,朱婷:《抗战时期国民政府的统制经济政策与国家资本企业》,《社会科学》,2007 年 4 期。

[2]　《旧中国的资源委员会——史实与评价》,第 107 页。转引自王方中:《中国经济通史》9 卷,湖南人民出版社,2002 年,第 817 页。

[3]　《资源委员会历年库拨资金总表》,中国第二历史档案馆馆藏档案二八(2)415-1。

[4]　《旧中国的资源委员会——史实与评价》,第 116 页。转引自王方中:《中国经济通史》9 卷,湖南人民出版社,2002 年,第 817 页。

除资源委员会作为国家投资主体外,其他各部门和地方政府也进行了较大规模的投资活动,以接办、合办、创办、参股等形式,投资参与了一些工矿企业。据不完全统计,战时中央其他部门下辖的工矿企业至少还有几十家之多,如交通部下属有 19 家,军事委员会有 3 家,教育部下有 2 家,中央工业试验所有 4 家,兵工署下有 24 家。[①] 在地方政府行政以及经济力量的主导下,一些省营企业公司采取官商合办的股份有限公司形式,经营着本省地域内各种重要的工、商、农、金融、贸易事业,成为战时具有重要意义的国家资本。如贵州企业公司在战时先后创办的企事业单位共计多达 42 家,其中自办单位 12 家,合办单位有 14 家,参与投资单位 16 家。所办企业涉及机械制造、煤矿开采、电力工业、公路运输、化学工业、水泥工业、制糖业、机制面粉、火柴工业、丝织业、陶瓷业等 40 多个主要行业。[②] 总的来看,到 1942 年年底已建和筹建的各省省政府经营的工厂总数已经达到 141 个;各战区经济委员会经营的已建和筹建的工厂也达到了 50 家之多。[③]

国民政府经济部编制的 1942 年《后方工业概况统计》中提到:在水电、冶炼、机械、电器、化学等基本工业领域,公营已占绝对优势,在纺织、建材方面与民营相当。此外,国民政府仍独占着交通运输业,直接控制了国统区全部的铁路、公路、水运和空运。至此,国家垄断资本已从金融垄断发展到对整个工业生产的垄断——国家产业垄断。

【案例】

"国进民退"的案例:中国茶叶公司

1937 年,中国茶叶公司是战前实业部联合地方政府和茶叶

---

①　陈真(编):《中国近代工业史资料》第 3 辑,第 916—939 页;章伯锋,庄建平(主编):《国民政府与大后方经济》(载《抗日战争》第 5 卷),四川大学出版社,1997 年,第 444—445 页。
②　参见何长凤(编著):《抗战时期贵州企业股份有限公司》前言,贵州民族出版社,2005 年。
③　《省营事业监理概况》,中国第二历史档案馆馆藏档案四/34741。

界商人共同出资成立的一家官商合办公司。公司资本为国币200万元（先收100万元），官商各半（先由政府认股，再向商家招募），其中实业部认60万元，安徽省认40万元，其他赣、浙、闽、鄂、湘等5个产茶省各认20万元。成立公司得到上海、汉口、福州等地茶商的支持，叶世昌、陈翊周、汪振襄、唐季珊、邓以诚、罗勉侯等著名茶界领袖率先认购共124500元之股份，即由实业部认缴之股份中转让。

抗战爆发后，中国政府为了保证易货产品的收购和销售，1939年7月，决定对茶叶等重要农矿产品实行统购统销，同时决定对中国茶叶公司进行增资改组，即国家以强制性的手段将商股及地方官股退还，再全数注入并增加资本。增资改组之后，资本增加到500万元，除原有股份外，再由财政部增拨官股2819500元（其中819500元系代垫旧股未收齐之数，若将来旧股如愿续缴时，此款再归还国库），中央信托局增加100万元。—— 增资改组后的中国茶叶公司虽然仍为官商合办，但商股的比例更少了，而财政部则以增股的方式进入了公司的管理层。使之承担对全国茶叶的收购、储存、运输及销售的任务，并成为战时国家实施统购统销、垄断对外贸易的一个重要工具。

根据行政院第449次会议通过的《调整茶叶贸易机关办法》，1940年5月财政部指示由国库拨款，正式将公司资本增至1000万元，并强行退出商股以及各省及中央信托局之官股，于是中国茶叶公司（英文名改为 China National Tea Corporation）遂成为直隶于贸易委员会属下、全数资本均由国家注资的国营专业公司，并受命全权管理全国茶叶统制。

抗战中后期，随着国民党在政治上一党专制的加强，经济上亦日益腐败，官商勾结、以权谋私的行为屡见不鲜，国营公司中人浮于事、管理混乱的现象更是时有所闻。中国茶叶公司作为国营贸易的一个重要国营企业，其经营中的种种腐败现象不断在社会舆论中曝光，并成为大后方民众抨击的目标。1944 年 9 月 5 日，第三届国民参政会在重庆召开第三次会议，以黄炎培为首的 22 名参政员联名发表提案，列举中国茶叶公司种种颟顸、诓报及渎职舞弊之事，要求政府"迅予彻查属实，依法严重惩办，并将该公司彻底整顿改组，以肃法纪，而清政治"。

4. 战后国家资本膨胀

抗战胜利后，摆在国民政府面前的一个重要任务，就是接收敌伪物资。1945 年 10 月下旬，行政院收复区全国性事业接收委员会成立，并发布《上海区敌伪产业处理办法》，规定：①产业原属本国、盟国或友邦人民而为日方强迫接收者，应发还原主；②产业原属华人与日伪合办者，其主权均收归中央政府；③产业原为日侨所有，或已归日伪出资收购者，其产权均为中央政府所有。另根据所接受产业的不同性质，分别交资源委员会、纺织业管理委员会、面粉业管理委员会接办；规模较小者或其他产业，则标价出售；已接收的工厂，由经济部负责复工。1945 年 11 月 20 日，行政院通过《收复区敌伪产业处理办法》，适用于全国各收复区。

资源委员会负责接收日伪资产的范围是：采矿、电力、钢铁、机械、电子、建筑材料、化工、糖和纸等。到 1946 年年底，资源委员会共接收敌伪产业 29 个单位，技术和管理人员近 3000 人，资产折合战前币值 3.36 亿元。[1] 1947 年，资源委员会所控制的各行业产值占全国各行业产值的比重为：煤 38.8%，电力 83.3%，钢 9%，水泥 51%，石油、铁矿石、锑、锡、铜等有色金属矿产品和食糖 95% 以上。这样，大部分重要企业都处在资源委员会的控制之下了。

---

[1]　许涤新，吴承明(主编)：《中国资本主义发展史》第 3 卷，人民出版社，2003 年，第 615 页。

　　国民政府经济部接收了一批日伪经营的纺织、缫丝、制糖、造纸等工业企业。1945 年秋,在国民政府行政院第 722 次会议上,宋子文提出将这些企业分别建立几家由国家统一经营的公司,于是一批国家垄断资本企业相继建立,其中以中国纺织建设公司(以下简称中纺公司)规模最大,资本仅次于资源委员会。中纺公司总部设于上海,下设 7 个职能处和 5 个委员会。据统计,1948 年中纺公司合计有工厂 55 个,共有纱锭 1757980 枚,线锭 348238 枚,还有毛、麻、绢锭 47000 枚,毛纺机 356 台,绢织机 365 台,总资本在 1.5 亿美元以上。按 1945 年币值,估计资产总额在 253 亿法币以上,占全国纱锭的 70%,布机的 56%,是当时世界上最大的纺织企业。中纺公司垄断了全国一半左右的棉花收购和进口、纱布的销售和出口业务(参见表 1-3)。

表 1-3　1947 年国家资本企业产品占国民党统治区比重

产品名称	占国民党统治区(%)	产品名称	占国民党统治区(%)
钢铁	98	烧碱	65
机械(1942 年资本数)	72	硫酸	80
电	78	纺锭	60
煤	80	机制糖	90
钨、锑、锡、汞、电冶铜、石油	100	漂白粉	41
水泥	67	肥料	67
机制纸	50	盐酸	45
出口植物油	70		

　　资料来源:陈真(编):《中国近代工业史资料》第 3 辑,生活・读书・新知三联书店,1961 年,第 1446 页。

四、混合所有制经济的历史评价:经验与教训

1. 国有资本和混合经济发展的总趋势

第一,从"官办"向"民办"转化是一个历史趋势。

从清末到民国初期,国家经营民用工业大体上经历了"官办"、"官督商办"、"官商合办"和"商办"这几种企业组织形式。当然,这几种组织形式并不存在鲜明的时间上的先后顺序。其中"官督商办"和"官商合办"这两种企业组织形式的经验教训对于我们当前发展混合所有制经济具有一定的启示。特别是"官商合办"这一企业组织形式,在中国近代资本主义的发展历程中,已经具有了混合所有制的形式。因为在官商合办企业的产权结构中,既包括政府投资的官股,又包括私人投资的商股,它实际上是政府与私人共同参与的股份制经济。但是,从总的趋势上看,从官办到官督商办,到官商合办,一直到完全的商办,是一个必然的过程。当然,官办企业以及官商混合企业始终存在,但商办企业仍是普遍的趋势,也可以说是一种企业常态。

第二,"国退民进"和"国进民退"是混合经济形成的历史过程。

从历史上看,"国退民进"是总的趋势,但是在特定的时期也发生了"国进民退"。晚清和民初基本趋势是"国退民进"。这是因为晚清时不论是官办企业、官督商办企业还是官商合办企业,经营效益都不佳,成了政府财政的拖累,政府不堪重负最后不得不放弃这种形式。但是"国进民退"也时有发生。不过,"国进民退"是在特殊的历史背景下发生的,比如战争期间国家必须动员所有资源投入战争,国家在经济生活中必须起主导作用。所以,国有经济占据了主导地位,同时民营资本也常常被纳入国有企业中成为混合所有制经济。典型的"国进民退"发生在国民政府时期。这是因为,国民政府建立之初,就面临着战争威胁并且内战也不断。这是完全可以理

解的。但是,政府在国有经济发展过程中,垄断资源,垄断市场,垄断利润,排斥民营资本,这是必然走向失败的选择。

第三,效率是混合所有制企业发展和演变的轴心。

传统观点认为企业所有制性质取决于意识形态。但是从历史上看,真正起决定性作用的因素仍然是效率。国有企业作为公有制企业的建立,是由于在一定历史条件下市场失灵,不得不由国家承担起组织经济运行的角色。但是国有经济缺乏足够的内在激励机制,所以难以保持长久的效率,所以,在一定条件下需要通过混合所有制实行企业转型。从混合所有制企业的产生、发展、演变的历史来看,效率始终是决定企业变化的重要轴心。尽管国有成分决定企业的性质不同于完全的民营企业,但是效率高低始终是决定企业兴衰的根本原因。

第四,混合所有制是经济变革过程中的企业常态。

混合所有制企业不是企业的常态而是一种过渡性的企业形态。这可以从两个方面来理解。一方面,混合所有制企业往往是承担着特殊的历史使命而组建的,例如官督商办企业主要是为了工业化的最初发动,官商合办企业主要是为了动员民间资本进入近代化。而一旦这些历史任务完成,混合所有制企业必然转向民营。另一方面,混合所有制企业本身的组织形态也是始终处于动态之中的。例如官股和商股的比例可能不断变化,通过官股和商股的变化企业的性质也可能不断变化。而这种变化既可能是官商斗争的结果,也可能是社会经济发展变化的结果。所以,不能想象一种不变的或常态的混合所有制企业。

第五,充分肯定国家资本对工业化的发动意义。

尽管我们认为企业发展的总的历史趋势是官办企业或国有企业带头,以官商合办等混合所有制企业作为过渡,而最终是商办企业成为企业形态的主流,但是我们不能否认国家资本或国有企业对于工业化发动的历史意义。在洋务运动时期,社会资本有限,商人对近代工业存有疑虑,不敢投资。在这种情况下,政府投资创办企业是一种重要的推动力。只有在看到近代企业的成功以后,商人才能够投资入股,企业才能转入混合所有制形式。尽管这类企业存在各种弊端,但作为工业化的第一推动力是不能否认的。

2. 混合所有制企业存在的弊端和必须汲取的教训

第一,产权清晰是混合所有制企业健康发展的前提条件。

在官督商办企业中,企业的出资人是商人,不过在企业创办乃至运行过程中,官督商办企业又可以不断获得政府垫借的官款。从现代产权制度来看,商人的股权是法人财产权并且商人是企业的所有人,政府垫借的官款一开始就属于企业的债权。然而,在近代资本主义经济发展的早期,在缺乏相应的法律制度框架下,商人的财产权也许将最终遭到侵害。在官督商办企业大发展过程中,因为产权关系混乱,现实中经常出现政府置企业所有人于不顾,独断专行,操纵企业的生产和经营管理的现象。在官商合办企业中,产权关系变得较为清晰。官股和商股共同参与企业投资,这是一种混合所有制形式。政府持有的股份与私人持有的股份原则上是平等的,所谓一股一权。但是,在官商合办企业的发展过程中,时不时会出现政府置公司章程于不顾或是任意修改章程的现象,股东大会有时候也形同虚设,更不用说完善公司治理结构。官商合办这一企业组织形式有效地利用了国家资本与私人资本,有利于发挥这两种资本所具有的优越性。从国家资本的角度来看,引入私人资本可以防止企业的发展受到政府的过多干预。因为在引入私人资本之后,国家资本与私人资本都必须服务于提升企业自身的经营效益,企业必须通过改善自身的生产和运营状况产生实实在在的经济绩效。

第二,保证民营资本的平等权益是混合所有制企业健康发展的必要条件。

在混合所有制企业中,政府一方处于强势是不争的事实。正因为如此,更需要用制度保证民间资本的平等权益。这是混合所有制企业健康发展的必要条件。从甲午战争一直到民国初期,官商合办企业逐渐增加。一方面是因为官督商办企业中的官商矛盾越发激烈,商人对于投资"官督商办"企业越发具有戒心,这当然会影响到官督商办企业的经济绩效。另一方面,在民族资本主义加快发展的前提下,政府逐渐放松民间资本参与原属于官僚资本经营的企业的限制,随着相关法律的完善和政府政策取向的转变,私人资本也逐渐对与国家合资经营产生兴趣。官商合办形式是更具现代意义的混合所有制形式。在很多官商合办企业的章程中,明确"资本面前,人人平等"。在官商合办企业中,官股与商股按照各自在官商合办企业的资本中所占比例承担相应的责、权、利。如此,在官商合办企业中,就要求按照经济规律办事。不管是官股占的比例大,还是商股占的比例大,产权的明确使得双方清楚各自在企业中所处的地位,在企业的实际运营过程中,都不能损害任何一方的利益。作为国有股份持有者的政府与作为私人投资者的民营企业家或个人都具有平等地位,这有助于逐步改善国有企业原先政企关系较为混乱的局面。

第三,要从制度上保证混合所有制企业的激励机制和效率水平。

效率是国有经济和混合所有制企业的最大软肋。尽管纯粹的国有企业要承担国家经济的战略使命,效益可以不作为第一目标,但是,混合所有制企业却必须将效益放在重要位置。因为只有效益才是吸引民间资本的根本因素。而要提高混合所有制企业的效益,就必须建立良好的激励机制。混合所有制企业由于产权主体的多元性更需要在制度设计方面考虑激励的意义。这种激励既包括对官股和商股的共同激励,也包括对双方代表即直接参与企业经营管理者的激励。从清末到民国初期出现的混合所有制企业,结合国家资本与私人资本各自所具有的优点,是企业组织形式上的一次大胆尝试。特别是官商合办企业,在创办之初就明确了政府资本与私人资本在企业中所具有的地位,对民间资本参与其中产生了一定的激励作用,使得政府资本和私人资本能齐心协力,共同促进官商合办企业生产、经营和管理效率的提升。然而,不管什么样的企业组织形式,最终还是需要对微观经济主体产生激励作用才能保证效率的提升。这就是企业的具体经营管理者必须得到应有的报酬,这种报酬必须与市场效率挂钩,并且与其自身的职责和权益挂钩。这种激励机制也是避免企业腐败产生的条件。

第四,社会政治生态也是混合所有制企业健康发展的重要因素。

从清末到民国,在各类混合所有制企业的发展过程中,企业腐败是一个难以避免的问题。防止该问题的出现,除了企业自身制度的保证外,社会政治生态也非常重要。例如晚清时期官督商办企业产生的腐败事例,尽管部分是企业制度本身造成的,但更多的还是由于社会政治生态环境恶化导致的。在社会政治生态恶化的情况下,企业的贪污腐化行为是不可避免的。特别惨痛的教训发生在国民政府期间,整个社会处在腐败盛行的状态下,政府官员通过国有企业掠夺社会财富,将国家资本攫为己有,是十分普遍的现象。这些问题并非企业制度本身造成的,而是社会政治生态恶化导致的。所以,混合所有制企业必须在社会政治生态良好的情况下才能健康发展。

第二章　西方主要国家的国有经济与混合经济

　　欧美国家的混合经济主要是在第二次世界大战后建立的,其历史背景主要是大危机打击了自由市场经济体制,导致政府直接参与社会和市场的管理。在这个历史过程中,混合经济通过私有企业的国有化而发展起来,其中英国和法国建立了较成规模的混合经济企业,德国则采取社会市场经济体制,被统称为"莱茵模式"。日本在战后的改革过程中,并没有完全消除历史上的政商传统,混合经济主要采取"法人资本主义"形式存在,并成为推进日本经济高速增长的重要因素。美国较少建立混合式企业,对社会和市场的参与主要采取财政和金融的干预手段。不过到20世纪七八十年代以后,这种混合经济体制出现效率递减现象,迫使西方国家普遍通过改革缩减了国有经济部分并减少了国家干预,混合经济总体上也出现了缩减趋势,但在国民经济中的作用仍然十分重要。

尽管西方发达国家的市场经济发展水平很高,但它们也强调国有经济存在的必要,并且希望通过国有经济与私人经济的各种联合来提升国有经济本身的市场效率。"混合经济"的发展为西方市场经济国家国有经济的存在提供了理论上的依据。此外,混合所有制经济通常是国有经济成分存在的最为主要的形式。西方市场经济国家国有经济的发展通常都在某种程度上实现了国有资本与私人资本的联合。

一、西方国家混合经济的产生:概念、形式与起源

　　"混合经济"的发展演变为西方发达国家国有经济的存在和混合所有制经济的存在提供了实践依据。"混合经济"(mixed economy)一词源于西方国家经济发展实践的概念。从实践看,20世纪以来,尤其是20世纪30年代"大危机"之后,西方国家发生了许多新变化,所有制结构以及经济运行机制的"混合化"是重要的社会变迁之一,西方社会已经形成了私有经济与国有经济并存的混合经济。

　　西方学者对"混合经济"的探讨最早可追溯到两次世界大战期间。

1920 年庇古在《福利经济学》一书中,第一次以"外在性"概念和"社会费用"概念为理论基础,分析了市场调节的缺陷,即由于经济主体没有能力在采取决策时考虑其行动的某些非商业性后果,而这些后果会构成某些"社会费用"(如污染),主张以国家来调节纠正市场的缺陷,阐明经济生活中市场调节与国家调节的混合。1936 年凯恩斯在《就业、利息和货币通论》一书中指出,挽救资本主义制度的"唯一切实办法"就是扩大政府的机能,"让国家之权威与私人之策动力相互合作"。书中以 20 世纪 30 年代西方世界的大规模失业为研究课题,证明市场经济并不能自动地达到充分就业均衡;由于存在垄断和价格刚性的缺陷,由消费边际倾向递减与资本边际报酬率递减共同作用造成有效需求不足,必然导致大量人员失业以及由此而产生的贫困。解决上述问题的唯一可行办法,是扩大政府机能。这标志着资本主义国家从传统的自由竞争的市场经济向有国家调节的、混合的市场经济的转变。这是"混合经济论"的由来。① 1941 年美国经济学家汉森在《财政政策和经济周期》一书中明确提出了"混合经济"这一概念:"自从 19世纪末期以来的西方经济已不是纯粹私人经济,而是双重经济,政府已参与企业活动。双重经济并不是私人经济向公有经济的过渡,而是向社会福利为重点的'混合经济'过渡。"

战后,经济学对混合经济进行了进一步的探讨,大多数西方国家在改革实践中都采取了混合经济模式。美国著名经济学家保罗·萨缪尔森和威廉·诺德豪斯认为,自由放任的市场经济和国家干预指令经济是两种极端的经济组织形式,"当代社会中没有任何一个社会完全属于上述两种极端中的一个。相反,所有的社会都是既带有市场成分也带有指令成分的混合经济(mixed economy)"。"当今世界各国大部分实行的都是混合经济制度",并且坚信"混合经济"是现代社会的必然选择,认为"一个好的混合经

---

① 劳埃德·G.雷诺兹:《经济学的三个世界》,朱泱等译,商务印书馆,1990 年,第 53 页。

济应当是且必须是有限制的混合经济"。"每个有效率并且讲人道的社会都会要求混合经济的两面——市场和政府都同时存在。"①他们在经济学教科书的术语释义表中对"混合经济"（mixed economy）的解释如下："非共产主义国家中经济组织的主要形式。混合经济主要依靠其经济组织中的价格体系，同时也采用多种形式的政府干预（如税收、支出和管制）来应付宏观经济的不稳定和市场不灵等情况。"瑞典学派代表人物林德伯克认为，混合经济制度的主要特征是：在所有制方面实行"公""私"混合，在经济运行机制方面实行所谓计划与市场有机结合。瑞典经济学家埃克隆德在分析混合所有制经济时也认为，由于"国家干预经济和纯粹市场经济的模型都存在着严重的缺陷。在实际中市场经济被迫实行一系列调节，同时国家干预经济也不得不通过市场机制缓解干预性。所以，实际上所有经济都是某种形式的混合所有制经济，既有政府因素，也含市场因素"②。因此，"在自由市场经济和计划经济之间有一种中间的经济产权制度，这就是混合所有制经济"③。

法国经济学家让-多米尼克·拉费、雅克·勒卡荣（Jean-Dominique Lafay，J. Lecaillon）指出："在大多数发达国家，整个国民经济都变成了混合经济，以至看来已经成为一种特定的社会组织制度。混合经济作为'社会主义和资本主义的混合模式'，从理论上正是针对计划经济中极端干涉主义明显失败和自由主义思潮鼓吹国家退却、鼓吹私有化和鼓吹解除管制而提出的具有双重意义的补救措施。"在其所著《混合经济》中谈道："混合经济的根本思想，就是必须有一个强有力的国家及其计划机制实施市场调控和监督，从而对市场缺陷进行纠正和救治。"他们还指出："混合经济首先就是这样一种经济：它的数字表明，国家在经济上的作用，不论如何具体

①③　斯坦利·费希尔，鲁迪格·唐布什：《经济学》（上），中国财政经济出版社，1989年，第23页。
②　克拉斯·埃克隆德：《瑞典经济——现代混合经济的理论与实践》，刘国来译，北京经济学院出版社，1989年，第38页。

发挥,对市场来说都是很大的。任何一种混合经济都包括国有部门和私营部门,而且一般说来,前者不仅包括非商业的行政部门,还包括以国有企业或国家大量参与为形式的重要经济部门。如以欧洲各国经济为参考,国有部门约雇用30%的劳动力(其中2/3以上在行政单位,1/4以上在国有企业),并提供1/4~1/3的附加值。公共开支可能超过国内生产总值的40%~50%。"总之,混合经济在实践过程中必然会表现出国家资本与私人资本的结合,从产权结构来说,也即是国家所有与私人所有的结合。随着西方国家市场经济的发展,混合经济直接体现为一种企业的组织形式,在混合所有制企业中既包括国有成分,又包括私人成分。

二、西方国家混合经济的做法:美、英、法、德、日等五国简况

1. 美国的混合经济体制

自由市场经济在美国具有较深的历史渊源,所以,美国政府基本上是"小政府"或"软政府"。20世纪30年代大危机改变了美国人的思想,接受了国家管理观念,并通过罗斯福的新政试验,奠定了国家管理的基础。因此,战后美国经济体制的重要特征,是政府在经济生活中的作用扩大了。但美国政府始终没有正式公布年度或中期国家经济计划,只是对国家长远发展的一些方面,包括劳动力市场的结构,资源保护,防止环境污染,提供公共的和私人的住宅,改善和扩大卫生、教育和其他公共服务,改善运输,城市重建和促进研究和发展等,制定了相关政策并进行指导。1946年颁布《就业法》,该法令责成联邦政府负责"最大限度的就业、生产和购买力",根据该法成立了协助总统制定经济政策的经济顾问委员会。这意味着从法律上确定了政府对经济的责任。随后美国混合经济体制在杜鲁门和艾森豪威尔两届政府任期内形成,在肯尼迪和约翰逊任总统期间得到一定发展。

第一，政府的机构和雇员的数量迅速增加。1929 年，联邦、州和地方政府中的就业人数，只占靠工资和薪金收入为生的非农业人员总数的 9.8%。到 1975 年，各级政府吸收了 1480 万工作人员，占靠工资和薪金收入为生的人员总数的 19.0%。第二，政府部门对经济增长的贡献大大提高了。这些部门对国民收入总额的贡献增加了一倍多，1929 年为 5.8%，1973 年上升到 15.5%。第三，政府部门作为商品和服务的消费者的重要性日益增强。1929 年政府购买的国民生产总值为 1/10 强，到 1975 年则上升为 1/5 强。当一个国家的联邦、州和地方政府雇用全国 19% 的非农业人员，占国民收入总额的 15%，购买国民生产总值 22% 时，政府的活动显然是处于影响国家经济活动的水平与方向的战略地位。[①] 第四是财政支出规模的扩大。1948 年财政支出 551 亿美元，到杜鲁门下台的 1953 年，突破了 1000 亿美元的大关，比 1947 年的财政支出总额多出一倍以上；艾森豪威尔任期内公共开支增加 500 亿美元；肯尼迪政府推行赤字财政政策，把它作为刺激经济实现"充分就业"的重要手段。结果是美国各级政府支出在国民生产总值中的比重逐年上升，1947 年这个比重为 18.5%，到 1952 年，杜鲁门离任的前一年猛增为 26.8%，肯尼迪将这个比重上升到 27.86%，到约翰逊卸任的 1969 年，突破了 30% 大关（参见表 2-1）。

表 2-1　1929—1980 年美国政府采购占国民生产总值比例

单位：%（现行价格）

年份	联邦总额 (1)	联邦国防支出 (a)	联邦非国防支出 (b)	州和地方 (2)	(3)=(1)+(2)
1929	1.5	—	—	7.5	9.0
1940	6.0	2.0	4.0	8.0	14.0
1950	6.0	5.0	1.0	7.0	13.0

---

① 阿兰·G.格鲁奇：《比较经济制度》，中国社会科学出版社，1985 年，第 88—89 页。

续表

年份	联邦总额(1)	联邦国防支出(a)	联邦非国防支出(b)	州和地方(2)	(3)=(1)+(2)
1960	11.0	9.0	2.0	9.0	20.0
1970	9.5	7.5	2.0	13.0	22.5
1980	7.5	5.0	2.5	12.8	20.3

尽管政府在经济生活中起着越来越重要的作用,但战后美国并没有实行国有化,也没有建立计划体制。在战争期间曾经建立过一些国有企业,但到战后陆陆续续地出卖给私人。艾森豪威尔执政期间,把一些属于联邦政府的工厂卖给私人公司。到1954年年底,在第二次世界大战和朝鲜战争中曾经移交给联邦经济总署的154个工厂中,有101个被出售,36个被出租。所以,美国国有经济的比例很小,各类国有企业所创造的国民生产总值仅占全部国民生产总值的1.5%左右。联邦政府经营的行业比较有限,主要限于邮政等领域,但是在州和地方一级,自然垄断行业的国有化较为普遍,市政服务设施大多归州或政府所有并经营。政府经营企业并非完全出于管制垄断的考虑,一些为了社会福利举办的公益事业以及一些投资多、周期长、盈利小的基础设施,都由政府包揽,例如,大部分公路的建筑和保养就是由各州负责的(参见表2-2)。

表2-2 1929—1979年按法定组织形式划分的美国国民收入比例　　　　单位:%

年份	份额比例			(4)
	工商业(1)	公营企业(2)	一般政府(3)	(2)+(3)
1929	91.0	1.0	5.0	6.0
1940	88.0	1.0	10.0	11.0
1950	88.0	1.0	9.0	10.0
1960	85.0	1.0	11.5	12.5

续表

年份	份额比例			(4)
	工商业(1)	公营企业(2)	一般政府(3)	(2)+(3)
1970	81.0	1.5	14.0	15.5
1979	81.0	1.5	12.6	14.1

资料来源:保罗·R.格雷戈里,罗伯特·C.斯图尔特:《比较经济体制学》,上海三联书店,1988年,第218页。

　　美国的国有企业一般可分为联邦政府、州及市镇各级政府所有,广义的美国国有企业除了各级政府控制乃至发起的企业之外,也包括提供教育、卫生及电力等公用事业服务的地方政府的诸多特设机构,以及不受制于政府预算管理,以提供住房、运输等基础设施服务的公共机构。[①] 其中,联邦政府公司根据政府出资比例可以分为联邦政府独资公司以及联邦政府合资公司。例如,美国的商业信贷公司、美国进出口银行、联邦农产品保险公司、田纳西河务管理局和美国邮政等就属于联邦政府独资公司。而对于那些联邦政府合资公司而言,其股权部分由政府所有,部分则由私人所有,比如美国联邦存款保险公司、美国国家铁路客运公司等就属于国有经济和私人经济相结合的混合所有制企业。此外,政府发起企业和临时性的政府控制公司也属于广义上的国有经济。对政府发起企业来说,它既不与政府存在股权关系,又不是政府的下属机构。但是,政府发起企业服从联邦政府的监督和管理,并且从事特别授权的商业性活动。政府可以对这些发起企业的银行贷款进行担保,也可以对这些企业派出董事。比如创立于1962年的通信卫星公司,它是按照哥伦比亚特区的公司法设立的,尽管公司的资本都是由私人所有,但公司的15位董事中的3位是由美国总统任命的。临时性的政府控制公司在政府控制期间也属于国有企业。比如金融危机期间的通用汽车和美国国际集团,政府通过出资临时成为企业的控

---

① 　徐炜:《美国国有企业监管体制研究——以美国联邦政府公司为例》,《比较管理》2012年第2期。

制人，不过，一旦企业走出危机，政府一般会通过股权转让等方式退出控制地位。

在美国，联邦政府公司并不存在统一的监管机构。一般来说，美国联邦政府公司的治理机构如表 2-3 所示。[①] 美国政府对联邦政府公司的监管主要来自国会、总统及管理和预算办公室、国家审计署以及政府公司所属的行政机构（比如隶属于财政部的联邦融资公司、隶属于司法部的联邦监狱产业公司等），其监管内容通常包括预算监管、审计监管和经营绩效的监管。在审计监管方面，联邦政府公司财务报告由公司的监察长审计，或者由独立的外部审计师进行审计，关键一点是，对政府公司的审计与对政府的审计标准相一致。在经营绩效监管方面，美国联邦政府公司应当在财政年度结束之后的 180 天内，向国会递交年度管理报告。在向国会递交年度管理报告的同时，联邦政府公司还必须向总统、管理和预算办公室主任及美国审计总长递交管理报告的副本。

美国国有企业是在公平或优先的（即使国有企业具有优先地位，它仍然不能以损害私人所有制的利益为代价）市场条件和法治框架内运行的，国有企业与私人企业同样必须严格遵守法律的规定，否则仍然有可能遭受严厉制裁。从美国国有企业的实际经营活动来看，一般都拥有较大的自主权。美国国有企业的产权由议会代表美国公民拥有，在决定国有企业发展的重大问题上，议会通过立法手段进行处理。私有化改造是近期美国国有企业改革的主要内容，随着国有企业私有化进程的推进，美国混合所有制经济也取得一定程度的发展。

---

① 徐炜：《美国国有企业监管体制研究——以美国联邦政府公司为例》，《比较管理》2012 年第 2 期。

表 2-3　美国联邦政府公司的治理结构

美国联邦政府公司的治理结构	主要特点	举例
专任的董事会制	董事会成员都属于专职	早期的田纳西河务管理局（Tennessee Valley Authority）
兼任的董事会制	董事会成员都属于兼职或由外部人员担任董事	当前的田纳西河务管理局（Tennessee Valley Authority）
政府官员兼任的董事会制	董事会成员都属于兼任的，这些兼任的董事都是来自政府的部长级官员	美国养老金收益担保公司（Pension Benefit Guaranty Corporation）
混合型董事会制	董事会由政府任命的董事和私人组成	海外私人投资公司（Overseas Private Investment Corporation）
经理负责制	不组建董事会，经理对政府部长、最终对美国总统负责	政府国家抵押公司（Government National Mortgage Corporation）

资料来源：徐炜：《美国国有企业监管体制研究——以美国联邦政府公司为例》，《比较管理》，2012 年第 2 期。

2. 英国的国有化与国有经济

20 世纪 40 年代前，英国工党曾两次在选举中获胜组织工党内阁。第二次世界大战结束前夕，工党提出民主社会主义政治纲领，国有化是最重要的内容之一。作为老牌的资本主义国家，英国企业技术落后，规模分散，效益较差。而要在一国范围内获得规模经济，就必须实行产业集中，在整个产业中形成数家甚至一家大型企业。这就需要借助政府的权力，运用法律手段进行强制性合并。1945 年 7 月工党组成历史上第三届工党政府，开始大力实行国有化改革。1945 年年底，议会通过大英银行国有化法案，建立了英国史上第一个国家银行，并将银行股票换成了国家股票。1946年英国开始实施煤炭工业国有化。政府用 1.6 亿英镑的补偿费，将全国800 家公司收归国有，并建立煤炭工业管理局统筹经营。1947 年 8 月以后，政府先后依据一系列国有化法令，在铁路运输、电力、煤气、航空、电信、航运等企业部门推行国有化。为了顺利推行国有化政策，工党政府采用补偿办法,即以高于市场价格的政府债券换取企业股票,使企业主从中得到不少好处,政府还让大批企业董事、经理留在原企业内继续供职,并保持原企业内部工人就业的稳定。

20世纪60年代中期开始,英国工党政府推进第二次国有化并实行计划实验。1967年,政府成立了工业改组公司,通过对私人企业贷款或购买私人企业股票的方式,促进工业合理化和现代化。英国经济发展委员会还组织了对全国重要工业的调查,并提出提高工业效率和扩大出口的报告。1974年,工党政府又提出要把开发的土地收归国有,建立英国国家石油公司,执行政府参加沿海油田的开发权力,把造船和飞机工业国有化,并将私人所有的商业港口和运货设备置于国家所有和管理之下。1975年,英国成立国家企业局。该局拥有15亿英镑的基金,作为国家进行新投资的资本。其任务则是创建新的工业企业,对私营企业进行有选择的财政援助,收买私营企业以扩大国有化,并行使政府在工业中投资股份的权力。

经过两次国有化高潮,英国政府控制了主要的基础工业部门。在煤炭、造船、电力、煤气、铁路、邮政、电信等部门,国有企业的比重达到100%,在钢铁和航空部门达到75%,汽车制造和石油工业部门也分别达到50%和25%。国有企业产值占国内生产总值的10.5%,就业人数达200余万,占全部就业人数的8.1%,固定资产达56.4亿英镑,占固定资产总额的15.3%。1979年国有企业的劳动力占全国劳动力的8.1%,生产总值占全国生产总值的11.1%,固定资产占国内固定资产总额的20.0%。1981年,英国最大的10家公司按营业额排序,国有企业有3家;按资本排序也有3家;按职工人数排序则有6家。英国的国有化运动的效果,是促使社会资源大量流向国有企业,国有化产业的资本密集水平显著提高,使原来小规模分散经营的局面得到改变,为实现规模经济奠定了基础。

但是整个来说,战后英国经济的发展相对缓慢,被称为"英国病"。1979年撒切尔夫人上台后,为了挽回英国经济衰落的颓势,重新振兴英国经济,提出必须走"不同的道路":除严格控制政府财政支出,改革社会福利制度,削减福利开支,紧缩银根,提高利率等政策外,一个重要政策就是大规模推行国有企业的私有化。当时,国有企业经济效率低下,如英国国有企业的平均成本比私人企业高40%。撒切尔政府实行出售国有企业的政策,将国家雇用的工作人员转移到民营部门,并以股票形式,将国有企业资产转向民营企业。在出售股票的过程中,或是将整个企业出售给私营公司,或是优惠出售给本企业的经理和职员,或是在股票市场上采用招标的方式公开出售。起先,私有化的范围固定在石油、宇航、电信等行业。从1988年开始,撒切尔政府第一次向民众明确表示,私有化无禁区,几乎所有部门都开始了私有化进程。经过80年代的大规模私有化,到1991年时,英国已有超过一半以上的公共部门转制为私营部门,有65万名工人从国有企业转到私营企业工作,其中有90%的人成为股份持有者;与1979年相比,英国的股份持有者占总人口的比例已从7%上升到20%,国有经济部门产值占全国总产值的比重则从9%下降到不足5%;英国已出售了125万套住宅,其中绝大多数由常住房客所购买。另外,在国民医疗保健方面地方当局也建立起服务业承包体制。政府还缩小了某些机构的职能,减少政府对国有企业的资助。

　　1997年英国工党赢得大选胜利,组成了布莱尔政府。布莱尔领导下的新工党主张实行所谓"第三条道路"的"新混合经济"。在所有制问题上,新工党放弃了传统的公有制要求和国有化目标,强调政府干预经济的方式不是在"国有"与"私有"之间取得平衡,而是寻求放任与规范的平衡。主张建立一种"参与制社会",即"人人所有的社会所有制",每个人都是股东,每个人都参与市场经济框架的经济活动,吸收每一个人参与决策。在市场问题上,布莱尔改变了过去认为市场是低效率和不公正的根源、在道德上是万恶之源的看法,认为市场本身是中立的,它是特定商品分配的有效手段。新混合经济一方面认为市场是提供公共商品的地方,其作用不可替代,但另一方面认为对市场的放任是危险的,因此需要对它进行监控和规范。吉登斯认为新混合经济就是"在管制与解除管制之间、在社会生活的经济领域与非经济领域之间取得平衡"。

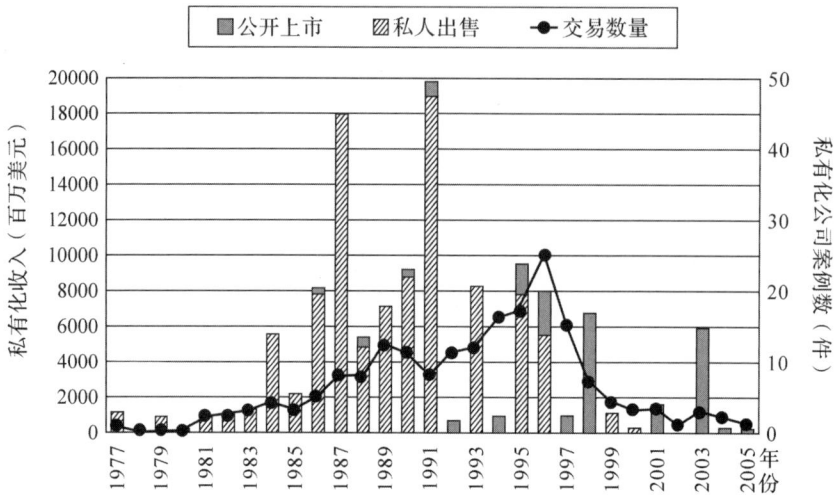

图 2-1　1977—2005 年英国国有企业改制情况

表 2-4　"二战"后至 21 世纪初期英国国有经济的发展概况

时间	国有化或私有化	主要政策	国有经济发展	评价
1945 年至1951 年	第一次国有化浪潮	颁布 8 个国有化法令	提高了英国国民经济中国有化程度;国有企业占英国企业总数的20%;国有企业在英国煤炭、钢铁、燃料、电力和运输等行业占据绝对支配地位	战后工党实行的第一次国有化运动,其目的在于提高经济效益,增强英国产品的出口竞争力

时间	国有化或私有化	主要政策	国有经济发展	评价
20世纪70年代威尔逊工党政府时期	第二次国有化浪潮	国有化涉及的领域进一步扩展到汽车、船舶、机床、火箭等部门；以政府资金购买私人企业的股份；到1979年，在煤炭、造船、电力、煤气、铁路、邮政和电信等部门，国有企业的比重达到100%，钢铁和航空部门达到75%，汽车制造和石油工业部门也分别达到50%和25%	英国国家企业局还向罗尔斯-罗伊斯公司、礼兰汽车公司等24家私营企业提供2.4亿英镑的贷款，并以10亿英镑先后购买50家私人企业的股份，使其在不同程度上实现国有化。到70年代末，国家企业局已拥有资产18.2亿英镑，雇用职工27.9万人，成为英国最大的国有企业之一	第二次国有化浪潮侧重于挽救陷入经营困境的私人企业，并且借助国家力量来促进运用先进科学技术以实现企业的现代化，造船、航空以及汽车制造、机床制造、电子工业、加工工业等部门中技术含量较高的垄断组织首次成为国有经济的组成部分
撒切尔夫人执政时期	国有资产的私有化	1979年10月，撒切尔政府第二次出售了英国石油公司（British Petroleum，简称BP）的近19%的股份，收入2.9亿英镑，这标志着英国私有化运动的开端；1984—1987年是私有化大发展阶段；1987—1990年11月，是私有化深入发展阶段，在这一阶段，私有化政策扩展到那些亏损较为严重的国有企业，并大规模地进入公用事业和自然垄断性行业，而且还深入政府机构改革和社会福利改革的各个方面，如教育、社会保障制度、地方政府改革等	到1991年年初，接近80%的国有部门已经转移到私人手中，出售总金额达到450亿英镑。这一数额在经济合作与发展组织国家（OECD）中排名第二，仅次于日本的480亿英镑。但远远多于同一阶段出售国有资产较多的两个国家法国（82亿英镑）和意大利（65亿英镑）	撒切尔夫人执政时期，保守党政府掀起了声势浩大的私有化运动。撒切尔政府的私有化政策经历了一个由试验性向全面化转变的过程。私有化是撒切尔政府的一贯政策

续表

时间	国有化或私有化	主要政策	国有经济发展	评价
布莱尔执政时期	"第三条道路"和"新混合经济"	在所有制问题上,新工党放弃了传统的公有制要求和国有化目标,新混合经济强调政府干预经济的方式不是在"国有"与"私有"之间取得平衡,而是寻求放任与规范的平衡	新工党的经济目标是:建设一个为公众利益服务的充满生机的经济体,在这一经济体内,市场的进取精神和竞争的严酷与伙伴关系和合作的力量融合在一起,创造国家所需的财富,并为一切人提供工作和致富的机会	在布莱尔执政时期,又倡导一种新混合所有制经济形式。总之,英国混合所有制经济的发展毫无疑问必须服务于资产阶级利益,但是,它同时不能以损害社会公众的利益为代价

3. 法国的国有化和混合式企业管理

在西方国家,法国的国有经济比例较高。从20世纪30年代中期到80年代初期,经过三次大的国有化运动,法国的国有企业逐步壮大,在国民经济中占有重要的地位。

"二战"后,戴高乐政府没收了战时与法西斯合作的北部资本家的一些厂矿企业。1944年12月至1945年12月,政府宣布将北部煤矿、雷诺企业、诺姆洛讷飞机制造公司、民用航空、银行业和信用贷款收归国有。这些国有化政策,为战后政府稳定经济,加强国家调控经济能力起到了积极作用。古安政府时,进一步加强了国有化趋势,将煤矿、煤气、电力生产部门完全国有化了。法国的国有化政策一直坚持到80年代。20世纪80年代初,法国密特朗总统领导的社会党政府掀起了一次大规模的国有化高潮。1981年5月,密特朗政府宣布扩大国有化政策。法国推行国有化除涉及基础工业和重化工业之外,还包括电子、原子能等新兴工业部门,以及纺织、造纸、建材等制造行业,甚至深入到航空工程、信息技术、新材料、生物工程等高科技领域。1982年11月,法国政府颁布国有化法令,将巴黎-荷兰金融公司、苏伊士金融公司和通用电气公司等五大工业集团实行国有，使国有企业职工由 165 万人增加到 240 万人。1982 年,法国国有企业在钢铁行业的比重为 80%,航空运输行业为 87%;在邮政、电信、铁路运输、烟草以及煤气生产方面,国有企业的控制程度甚至高达 100%;在基础化学、人造纤维、有色金属等行业,国有企业的比重也超过了 50%。众所周知的阿里亚娜卫星公司就是欧洲最著名的国有控股公司。

　　法国是西方工业发达国家中拥有国有企业数目最多的国家之一。但国有企业效率低下,成为国家的沉重负担。90 年代,以法国电力公司、法国煤气公司、法国国营铁路公司等大型企业为龙头的法国国有企业大大小小共有 1551 家,共拥有 120 万职工,营业总额为 2000 亿欧元,自有资金为 500 亿欧元,但债务则高达 1500 亿欧元。为此,法国政府曾经实施了较为主动和积极的改革政策,使国有企业逐步过渡到国家参股的混合所有制企业组织形式。比如法国航空公司,它是继英国航空公司和德国汉莎航空公司之后的欧洲第三大航空公司,在国有企业的经营机制下,多年亏损,长期依靠政府的财政支持。1999 年 2 月法国航空公司上市之后,法国政府决定将国家拥有的 1.84 亿股(国家资本占全部股本的 94.2%)中的 3220 万股(占总股本的 17%)投放资本市场,其中的 1350 万股向社会出售,1550 万股出售给机构投资者,另外的 320 万股出售给企业员工。此外,还专门给法航的飞行员们准备了一定的股份分配。到 1999 年年底,国家资本在法国航空公司中的占比由年初的 94.2% 下降到 57%。法国汤姆逊公司是欧洲最大的民用和国防电子产品集团。这家公司在 20 世纪 90 年代初实行股份制改革,国家持有 58% 的股份。1997 年汤姆逊公司实施新的改制方案,法国政府与同属于国有企业的法国宇航公司联手掌握汤姆逊公司的 40% 的股权,阿尔卡特-阿尔斯通公司和达索飞机公司这两家私人企业收购 30% 的股权,社会公众占股 25%,公司职工占股 5%。

　　法国的国有经济一般包括两种类型:国有化企业和混合经济公司。[①]所谓国有化企业是指由政府直接投资创办,或者通过没收、赎买等手段收归国有的、资产完全属于国家并且由国家直接经营和管理的企业。[②]混合经济公司则是国有经济成分和私人经济成分的结合。在法国,混合经济公司分布在国民经济的众多领域。比如工业部门中的法国国家航空工业公司,能源部门中的国家炸药公司,广播电视部门中的法国广播公司,金融保险领域的法国中央保险公司。从20世纪80年代中期开始,法国开始实行国有企业股份制改革,很多国有企业开始改制成国有股份低于50%的混合经济公司。按照一般的理解,如果国有股份高于50%,这样的企业属于国有公司。比如法国国家航空航天公司,20世纪80年代初期,法国政府持有100%的股份。经过十多年的国有企业改革之后,在1998年,法国政府在国家航空航天公司中持有的股份已经下降到48%。正是从这一意义上,法国航空航天公司属于混合经济公司。再比如法国石油公司,政府持有35%的股份,而私人和其他股东持有65%的股份,法国石油公司也属于典型的混合经济公司。

　　法国国有企业的监管主要是由法国国家参股局来负责的,法国国家参股局(APE)是隶属于法国经济财政部的一个专门机构,被授权代表国家来行使股东职能,法国国家参股局负责管理所有国家参与企业的活动,这可以明确执行国家财产增值政策。国家参股局既是保护国家财产利益的唯一负责者,又是国有企业稳定的和唯一的对话者。国家参股局的领导者每年要向议会的财政委员会进行述职。法国政府认为,国家不像其他的股东,国家管理的国有企业归根结底属于全体法国公民。因此,国家应该最大限度地提高企业账目透明度。主要的国有企业集团,不管它们的股份归属形式怎样,其财务报告应逐步靠近上市公司所要求的标准。国家参股局

---

　　①②　参见佟福全,范新宇,王德迅:《西方混合所有制企业比较》,经济科学出版社,2001年,第72页。

负责全部有价证券中国家部分的管理。国家参股局在涉及企业资产重组和民营化时,以国外同行为榜样,公布其行动报告和建立企业报告制度。国家参股局有一个管理预算来支付合同雇员的酬金。[①]

　　大多数法国国有企业均按照责任有限公司的形式管理,国家负责任命董事长,董事长任命总经理和企业的高级管理人员,负责按照国家持股人的意图影响国有企业的发展。国有企业的日常事务由国有企业董事会负责,但是,在重大的业务活动和财务上要受政府有关部门的领导或监督。这样国家把国有企业牢牢控制在自己手中,作为政府配置资源的一种方式,以实现预期的宏观目标和社会目标。根据相关调查,在 327 名国有大型企业主要领导成员中,有 119 名来自政府部门。在法国,国家控股 90% 以上的企业和国有独资公司的董事长直接由政府任命,而国家控股 50% 以下的混合所有制企业,其董事长由股东大会选举产生。

　　国家对国有企业实行分类管理。法国国有企业分为垄断性企业和竞争性企业两大类。垄断性国有企业指国家是企业的唯一股东或国家掌握企业 51% 以上的股份。竞争性国有企业是指所处的部门存在大量私人企业,国内和国际市场上有众多的竞争对手。政府对这两类企业实行不同的管理方法。对于前者,政府采取直接管理和间接管理相结合的办法,控制程度较高,管理严格,企业的自主权相对较少。对于后者,政府给予它们充分的自主权,实行自主经营,自负盈亏,国家仅对其实行间接管理。国家对能源、运输、通信和军工部门的某些国有企业的管理和控制相对要严格一些,因为这些企业(如法国电力公司、法国国营铁路公司、法国航空公司等)具有较强的行业垄断性,又是基础服务部门,并承担着一定的社会义务。对这些企业,政府一方面控制企业的计划、预算、投资方向选择和价格,另一方面向企业派两名常驻官员,一名为财经部的"国家监督官",另一名为

---

① 《看法国如何进行国有企业管理》,新华网,2007-05-16。

主管部的"政府专员",他们负责检查和通报企业的生产经营状态。

政府对国有企业通过计划合同制进行管理。政府与国有企业签订合同,明确国家与企业的责、权、利关系,以实现国家宏观管理的目标。"计划合同制"从法律上规定双方的责、权、利关系,确定解决国家与国有企业的基本原则,即保证国有企业财政收支平衡;国有企业以企业身份开展自己的业务,贯彻执行政府的各项经济政策;企业为承担社会义务付出的代价,国家给予补偿。政府与企业签订的计划合同,其主要内容是:确定企业的中长期发展规划,使之符合国家总体经济政策和国家计划重点;规定企业为实现国家发展的政策目标(就业、外贸平衡、科研、国土整治、企业收益目标等)而采取的行动;此外还包括国家在财政投资、补贴和外部环境等方面对企业承担的义务。

4. 德国的国有经济和混合式企业

"二战"期间,为了发展军事工业的需要,德国一方面大力发展国家所有制企业,另一方面,公私合营企业的发展也有了较大进展。"二战"以后,西欧国家的国有经济都出现大发展,德国也不例外。当然,与英国和法国不同,战后联邦德国并没有大规模推行国有化政策,只是继承了德意志帝国的遗产。战后,联邦德国为了恢复经济和加强对社会经济的宏观调控,国家一方面通过直接投资基础设施建设发展国有经济,另一方面,联邦德国利用财政资金参股那些国民经济中至关重要的行业和部门。在联邦德国国有企业大发展时期,主要存在两类最为主要的国有企业。一类是按照公法建立起来的国有企业,比如邮政、水电、铁路和煤气等方面的企业。另一类是按照私法建立起来的国家控股或是参股的有限责任公司或股份公司,这类企业不负有别的使命,直接同私营企业展开竞争。[1] 到 20 世纪 70 年代后期,联邦德国政府拥有国有独资工业企业 1120 家,公共住宅及建筑

---

① 肖金成:《西方国家的国有企业及对我国的启示》,《学术交流》1997 年第 1 期。

企业 2670 家,总共控制了 5000 多家企业。国有企业在国民经济中起到重要作用,控制了几乎全部的铁路、邮电、国内交通、港口和航空,并且控制了一些较为重要的银行。此外,国有工业企业的产出在联邦德国全部工业产出中也占据较大比例。20 世纪 70 年代后期,联邦德国国有企业几乎垄断了煤炭生产,联邦德国国有煤炭企业的产出占全部产出的 98%。此外,在电力、铝和生铁的产出上,国有工业企业的产出占比都在 50% 以上(参见图 2-2)。

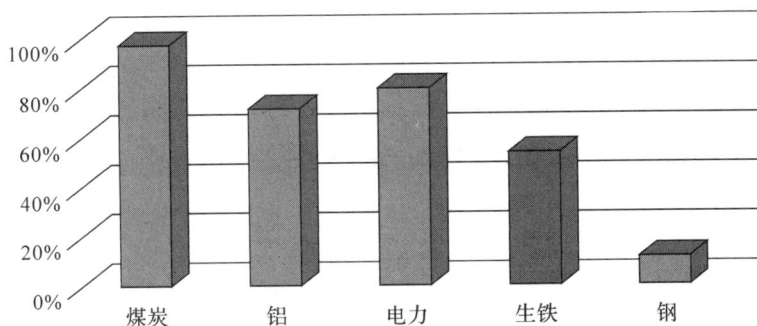

图 2-2　20 世纪 70 年代后期联邦德国国有工业企业产出占比

数据来源:肖金成:《西方国家的国有企业及对我国的启示》,《学术交流》1997 年第 1 期。

　　20 世纪 80 年代末联邦德国对其国有企业进行调整和改造。1990 年 9 月 12 日,联邦德国政府通过《私有化和联邦参股政策总体方案》。该方案明确提出国有经济成分参股的相关原则,并且对国有经济参股的程度进行了限制,此外,该方案还修订了国有企业的运行目标。20 世纪 90 年代以来,德国混合所有制企业发展的特点体现在以下几个方面:第一,把基础产业和服务业作为混合所有制经济发展的重点行业。第二,在混合所有制企业内部,德国政府逐渐减持国有股份。第三,国家与私人参股的形式越来越多样化。① 20 世纪 90 年代以来,德国国有企业改革正向深度和广度

---

　　①　佟福全,范新宇,王德迅:《西方混合所有制企业比较》,经济科学出版社,2001 年,第 369～377 页。

拓展,公私混合经营甚至国有企业私有化的行业正转向交通、通信等基础产业和服务行业(参见图2-3,交通业方面存在的国有企业数量也较多)。

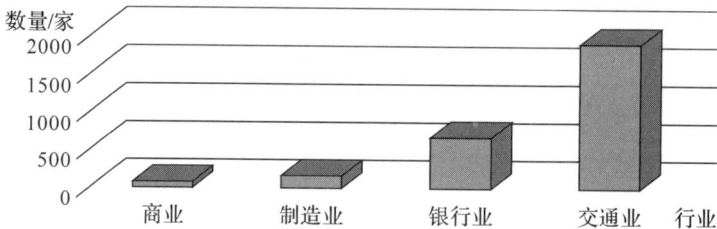

图 2-3　1988 年联邦德国国有企业行业分布概况

数据来源:佟福全,范新宇,王德迅:《西方混合所有制企业比较》,经济科学出版社,2001 年,第 364 页。

　　就这一时期德国国有企业的改革而言,德国电信公司的改革具有典型意义。在 20 世纪 80 年代之前,欧盟各国电信机构一般都是以国有电信公司为主体。然而,从 20 世纪 80 年代初开始,国有电信的发展已经跟不上金融、贸易和服务业的增长速度。德国电信不仅是德国最大的国有企业,而且是欧洲最大的电信公司,在移动通信工具方面制定了适用于四大洲 34 个国家的标准。[1] 就是这样一家国有企业,德国仍然对其进行私有化改造。1995 年 1 月 1 日,德国电信公司由国有企业改制为股份公司。1996 年 11 月,德国电信公司成功向国内外发行总共 200 亿德国马克的股票,190 万人成为德国电信公司的股东,其中的 60 万德国人是第一次涉足股市。这也是自"二战"结束以后,欧洲历史上最大的一次股票发行。随着德国电信公司上市,传统上的类似于行政机关(德国电信也涉及邮电业)的国有企业转变为现代企业。到 1997 年,德国政府在德国电信公司中持有的股权已经下降到 66%。到 1999 年,德国政府在电信公司中的股权进一步下降到 50%。

---

　　[1]　佟福全,范新宇,王德迅:《西方混合所有制企业比较》,经济科学出版社,2001 年,第 370 页。

德国国有企业的管理与英、美等国存在一定的差别。德国的《企业组织法》规定,以股份公司形式存在的国有企业必须设立"双重委员会",即董事会、监事会和股东大会这三个领导机构。它们分别代表经营权、监督权和所有权。德国法律同时明确规定,代表国家对国有企业行使所有权的是财政部而不是行业主管部门。德国财政部在批准国有企业的成立以及资金供给等重大问题上具有决定权,但是,财政部不能直接干预企业的一般业务,而只能以法律形式规定董事会必须遵循的基本原则。德国国有企业除了面临来自财政部的监管之外,还需要接受经济审计人对企业的监督以及审计署对企业的监督。[①] 在国有企业的问题上,德国政府重视政策调节的作用,同时也不放弃国家干预。在20世纪90年代的国有企业私有化浪潮中,国家参股的比重逐渐降低,然而德国政府仍然利用国家干预进一步推行私有化。在1997年,德国联邦内阁决定,将德国汉莎航空公司彻底私有化。根据相关的法律草案,联邦政府决定将其持有的36%股份出售给私人。为了避免国有资产流失到外国人手中,联邦政府把汉莎航空公司的多数股份出售给德国居民。再比如在菲利普-霍夫茨曼公司的问题上,在该公司面临破产的时候,德国政府主动为公司提供银行贷款担保。在政府的诸多干预下,菲利普-霍夫茨曼公司最终也渡过了难关。

总体来看,德国国有企业及其混合所有制经济的发展必须服务于其社会市场模式:既确保企业运行的市场化效率,又不会在社会制造巨大的不公平。国有经济成分和私人资本的混合既有利于提高经济效益,又有利于推进社会公平。在混合所有制企业的实际运行中,国家并不会直接干预企业的独立运行。当然,混合所有制经济中的国有股份收益最终必须惠及全体国民,而混合所有制经济中的私人资本股份只是资本家们的个人利益。

---

① 佟福全,范新宇,王德迅:《西方混合所有制企业比较》,经济科学出版社,2001年,第380~383页。

5. 日本法人资本主义与混合式企业

战前直到战后初期解散财阀之前,在日本占统治地位的是以三井、岩崎、住友、安田等四大财阀家族和中岛、野村、大仓、古河、浅野、鲇川等二流财阀家族为主体和顶点的金字塔形垄断资本占有结构。解散财阀给日本垄断资本占有结构带来了最主要的变革,彻底铲除了垄断资本占有主体的财阀家族性,明显改变了各产业、各企业垄断资本的实力对比关系,尤其是无论在解散持股公司还是在排除经济力量集中方面,均未以任何一大垄断金融机构为对象,这就为后来以大垄断银行及其他金融机构为中心的垄断资本占有主体的法人化创造了有利条件。

在解散财阀时,日本持股整顿委员会将集中于手中的大量股票抛售给群众股东,因此,个人持股比率超过 60%。1955 年以后,日本经济开始高速发展,以民间企业为主导的设备投资高潮促进了重化学工业的迅速发展。随着投资的增加,股票发行量猛增,大众投资者由于预测公司增资后股息上涨而争相购买股票。然而,到了 1961 年,由于股价下跌,导致了 1965 年的"证券恐慌",投资信托遭到毁灭性的打击,个人投资者也随之离散。日本政府通过日本银行贷款,使"共同证券"大量购进股票并加以冻结,后来在股价回升时再将这些冻结的股份全部售给了法人。当时,日本政府为了防止外国资本吞并日本公司,推行了资本自由化政策,开展"稳定股东活动",从市场购进股份并出售给稳定的股东。这样就使个人持股比率逐年下降,而持股的法人化现象急速发展。到 1955 年个人持股率降至 53%,1969 年进一步下降为 40%。而法人的持股比率于 1957 年开始超过 50%,1969 年接近 60%。在法人持股比率中,特别高的是金融机构,而且持股比率逐年增长,到 1969 年达到 32.2%。在这 32.2% 中,银行和信托银行(不含相互银行)占 14.4%,人寿保险公司占 11.7%,损失保险公司占 4%,其他金融机构占 2.1%。非金融界国内法人持股率占第二位,从 1960 年到 1965 年较低,以后开始增加,到 1969 年占 21.3%,外国法人的持股比率虽然截至 1969 年停留在 3.2％水平上，但增长的倾向十分显著(参见表 2-5)。①

表 2-5　1950—1969 年不同所有者的股票分布状况　　　单位：％

		1950 年	1955 年	1960 年	1965 年	1969 年
政府和公共机关		3.2	0.4	0.2	0.2	0.3
法人	金融机关	12.6	19.5	23.1	25.6	32.2
	投资信托	—	4.1	7.5	5.1	1.3
	证券公司	11.9	7.9	3.7	6.1	1.4
	其他国内法人	11	13.2	17.8	17.3	21.3
	外国法人	—	1.5	1.1	1.6	3.2
	小计	35.5	46.2	53.2	55.7	59.4
个人	个人及其他	61.3	53.1	46.3	43.9	40.1
	外国人	—	0.3	0.3	0.2	0.2
	小计	61.3	53.4	46.6	44.1	40.3
合计		100	100	100	100	100

资料来源：宫崎义一：《日本经济的结构和演变》，孙汉超译，中国对外经济贸易出版社，1990 年，第 180 页。

　　法人资本主义体制的特点是企业本位和政府主导，并在此基础上建立政企协作关系。从历史上看，日本政府与民间大企业一直有着密切的互惠关系，这种关系可追溯到明治时期的"政商"。后来，政商转变为财阀，并在 20 世纪 30 年代前后成为日本经济中的支柱力量。战后，财阀派系的后继者趁联合国占领军撤走而恢复、继承了作为大企业集团同政府的相互依存关系，并进一步结合形成新的政企关系。一方面，日本企业发展离不开政府的引导和帮助，政府通过经济计划、经济政策、行政指导等手段积极干预企业活动；另一方面，日本企业界组成许多团体，如经济团体联合会(简称

---

　　①　宫崎义一：《日本经济的结构和演变》，孙汉超译，中国对外经济贸易出版社，1990 年，第 180 页。

经团联)、产业问题研究会(简称产研会)、日本经济联合会(简称日经联)及商工会议所等,这些团体构成所谓的"财界"。企业通过财界参与政府宏观调控的机制,对政府的宏观经济政策施加影响。如向政府提出正式的"书面意见"或"建议";派员参加日本政府的各种审议会、调查会等咨询机构;建立与政府有关机构保持频繁接触的日常综合办事机构等。如经团联下设的事务局即是大企业团体的综合办事机构。它主要负责经团联的对外联系,包括正式和非正式的联系。通常情况下,政府各省提交国会的立法草案和即将成文的政策,事先都要与经团联的事务局进行磋商,而且还在正式提交国会之前,由经团联的常设委员会或恳谈会邀请有关的政府官员参加会议,政府官员对各省提交的立法草案做出解释和说明,进行具体的协商,并相应地做调整和修改。由于所有的立法草案事前都经过协调,因此几乎都会取得一致的意见或达成妥协。[①]

20世纪80年代中期,日本出现了"泡沫景气",即过剩的流动资金导致股票价格和土地价格的上扬。90年代,"泡沫"破灭,日本经济出现战后最大的景气衰退危机,其标志为库存积压增加、设备投资过剩、股票价格和地价下降,学术界称之为"复合衰退"。这次衰退暴露出法人资本主义体制的矛盾,法人资本主义自身结构也开始发生变化。从1990年起,法人持股在日本上市股份总额中的比率即开始呈下降之势,至1996年已比1989年下降了5.8个百分点。综合日本朝野关于改革的构想,桥本内阁于1997年3月提出推进"六大改革",即行政改革、经济结构改革、金融体制改革、社会保障结构改革、财政结构改革和教育改革。这些变革表明传统的法人资本主义结构的转变。[②]

在法人资本主义发达和演变的同时,日本的国有企业没有大的发展,直到20世纪90年代初,日本国有企业在国民经济中所占的比例为5%左

---

① 宋建邦,刘新平:《日本宏观调控中的微观参与机制及其启示》,《外国经济与管理》1996年第3期。
② 江瑞平:《法人垄断资本主义——关于日本模式的一种解析》,《中国社会科学》1998年第5期。

右。日本的国有企业主要分布在交通、通信事业和电力、煤气、自来水等基础设施行业,此外,在建筑业、金融保险业和不动产行业中,国有企业也占有一定比例。其中,由日本中央政府直接经营的企业有五种:邮政、国有林和草原、印刷、造币及酒精专卖。这五个行业在日本被称为"五现业",日本中央政府对这五个行业的管理最为直接,监管也最为严格。在这些行业中的国有企业,企业利润全部上缴给中央政府财政。一旦这些企业出现亏损,中央政府也会给予财政补贴,使得企业能正常运转。除这"五现业"之外,日本中央政府还间接经营一些国有企业。不过,随着时间推移,相比私人所有企业,日本国有企业的经营效率也越发低下。

由于国有企业效率低下,日本政府从 20 世纪 80 年代中期开始大力推动国有企业改革,逐步下放企业的经营自主权,减少政府对国有企业经营活动的干预,以及广泛推行国有企业的民营化。到 20 世纪末,日本国有企业仅占日本全部企业数量的 1%,国有企业就业人数仅占全部就业人数的 2%(参见图 2-4)。1986 年和 1987 年,日本政府先后颁布《通过发展民间企业的活力,进一步完善特定设施的特别措施法》《在地区经营中发挥民间活力》以及《推进民间活力发挥相关的行政改革方法》等政策性文件,国有企业改革逐步过渡到引入民间资本发展混合所有制企业这一策略。在 20 世纪 80 年代,日本的电信业、烟草业和酒精专卖业以及国有铁路相继实行了民营化,日本的关西国际机场和横跨东京湾公路也实现公私混合经营。以日本的札幌市为例,到 1994 年,全市公私混合企业已经达到 22 家,其经营领域涉及土地开发、城市建设、住宅、基础设施服务、交通运输、观光旅游、农产品市场以及信息服务等行业(参见图 2-5)。

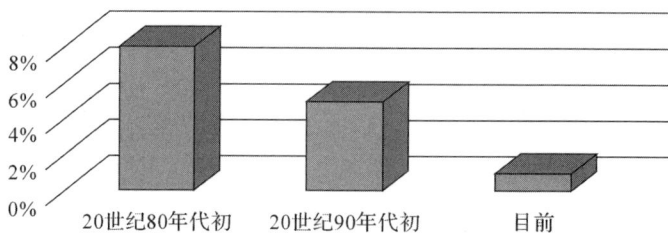

图 2-4 20 世纪 80 年代初至今日本国有经济占国民经济比重

资料来源:佟福全,范新宇,王德迅:《西方混合所有制企业比较》,经济科学出版社,2001 年,第 36—37 页。

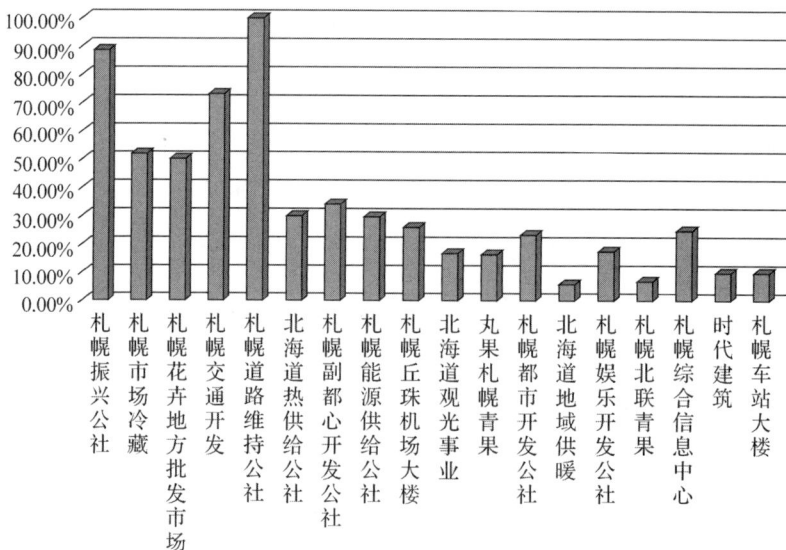

图 2-5 札幌市国有企业与混合所有制企业一览

数据来源:[日]小扳直人:《第三种形态与公益事业》,日本经济评论社,1999 年,第 70 页。转引自佟福全,范新宇,王德迅:《西方混合所有制企业比较》,经济科学出版社,2001 年,第 314 页。

三、西方国家混合经济的经验:四个结论判断

1.总体状况

在发达国家的战后历史上,国有经济和混合式经济到 20 世纪 80 年代

达到最高峰值。一般来说,在西欧国家,其国有经济在国民经济的发展中起到了较大作用,而美国国有经济成分在国民经济中起到的作用则相对较小,日本的情况比较特殊,是一种"法人"式的混合经济。如在 1983 年,美国国有经济在 GDP 中的占比仅为 1%,而相近时期,法国国有经济在 GDP 中的占比达到 17%。奥地利、英国、意大利等国家国有经济在 GDP 中所占的比例都超过 10%。联邦德国的国有经济在 GDP 中所占的比例也接近 10%(参见图 2-6)。包括法国、奥地利、意大利、新西兰、土耳其、英国、联邦德国、葡萄牙、澳大利亚、丹麦、希腊、西班牙、荷兰、美国等市场经济国家在内的国有企业在 GDP 中占比的非加权平均值为 9%。

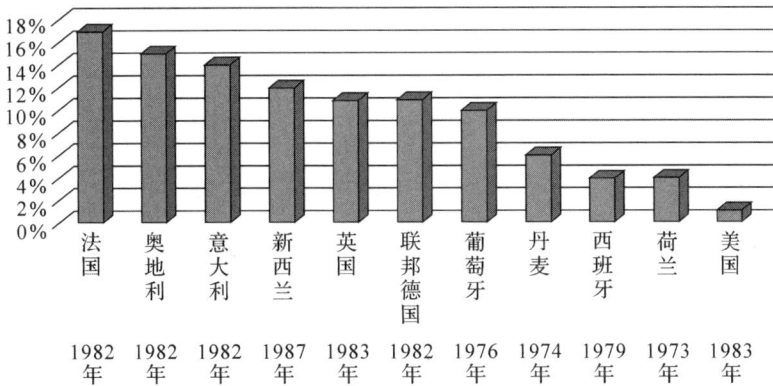

图 2-6　20 世纪 70 年代至 80 年代西方国家国有经济占 GDP 比重

数据来源:E. S. 萨瓦斯:《民营化与公私部门的伙伴关系》,周志忍等译,中国人民大学出版社,2002 年,第 9 页。

　　20 世纪 80 年代中期至今这一时期,随着新自由主义在全世界范围内的盛行,国有企业的私有化改革逐渐成为西方国家国有经济发展的主要趋势。这一私有化改革倾向通常又是采用公(国有经济成分)和私(私有制经济)混合的形式。比如像美国这样的国有经济本来就在国民经济中占很小比例的国家,进入 21 世纪后,小布什政府将"竞争招标"私有化理念扩展到国有企业改革当中,①这也标志着美国国有经济的发展进入私有化改革的新的阶段。在英国,20世纪90年代以来,随着布莱尔政府推行新自由主义市场模式,英国国有经济逐渐进入"新混合经济"发展的新阶段。在20世纪90年代末,西欧国家国有经济在GDP中占据的比重为10%左右。与之前完全的国有企业相比,这一时期,大多数西方市场经济国家的国有经济在不同程度上都引入了私人所有制,属于混合所有制。总体上来看,绝大多数西欧国家国有经济所占的比重既高于日本,又远远超出美国。在20世纪80年代至90年代,奥地利的国有企业在国民经济中所占的比例曾一度达到22%,其他西欧国家的国有经济成分在国民经济中所占的比例一般在11%至17%。

2. 几点结论

第一,充分认识国有企业在国民经济中的地位和作用。

在绝大多数西方发达国家,国有企业在国民经济中所占的比重都不如私有企业,国有企业的经营范围也只涉及国民经济中少数行业和领域。但是,在绝大多数西方发达国家,国有企业对国民经济的发展、为政府稳定经济进行宏观调控以及改善社会的福利水平等发挥着巨大作用。首先,在市场机制不容易发挥作用的地方,西方发达国家可以利用国有经济成分来为市场的健康发展提供服务。其次,因为动物精神的存在,以私有制为基础的市场经济存在一定的盲目性。西方发达国家可以利用国有经济成分为实现经济社会的长远战略目标服务。再次,西方发达国家的国有经济成分本身可以用作干预经济的一个重要方面,其国有经济成分可以为实现宏观经济稳定提供必要的保障。最后,在西方发达国家内部,其收入分配的基本机制是立足于市场的。然而,这一按照市场效率进行收入分配的机制却

---

① 李俊江,史本叶:《美国国有企业发展及其近期私有化改革研究》,《吉林大学社会科学学报》2006年,总第46卷第1期。

有可能使得那些明显缺乏竞争力的人群陷入生活的困境。此时,国有经济的存在在一定程度上有利于调节社会的财富分配,尽可能为最广大居民提供福利保障。

第二,混合式企业必须兼顾市场与社会双重目标。

西方国家在 20 世纪五六十年代开始实行国有化,由此产生了一批国有企业和混合式企业。就当时的目标来说就是效率问题。因为大危机在很大程度上破坏了市场经济环境,而私人企业在这种市场环境中经营不善,不得不靠国家来拯救。所以,国家实行了大规模的国有化运动。国有化是通过调动整个社会的资源进行企业改造,使之有能力应付经济危机和适应当时的市场环境。国有化的确在很大程度上提高了宏观经济效率,使得整个社会经济取得了复苏。但是,到了七八十年代以国有为主的混合企业效率普遍下降,政府不得不重新实行私有化。可见,市场效率和社会目标是混合式企业演变的两个轴心。所以,混合企业在市场运行中并不是单纯的市场导向,而往往是执行着某种国家的目标。国家也是利用这类企业来作为经济调控的手段。所以,这类企业既不能紧紧盯住市场,也不能紧紧盯着政府,而必须两个方面并重。这既是混合企业经营中的两难处境,也可能是企业经营中的有利之处。所以,混合企业必须适当地利用两个资源,执行两个目标,既提高企业的效率又能够满足国家需要。

第三,合理的治理结构是混合式企业健康发展的必要条件。

混合企业必须适当地处理国家资本权利和私人资本权利的关系。这个关系既涉及政府创办混合企业的目标也涉及企业的效率。一般来讲,现代企业的治理结构设计基本上能够满足混合企业的需要。关键是如何确保企业中民资和国资的各自权利,而更为关键的是如何保证民资的权利问题。不论在哪个国家,保证民资权利都是一个重要课题。但是在西方国家,由于产权制度十分完善,这个问题并不突出,但治理结构的设计和建立仍具有重要的意义。治理结构的原则仍是经济效率和社会目标的结合,通过治理结构设计可以保证混合式企业双重目标的顺利实现。

第四,混合经济是社会经济发展的"过渡型常态"。

所谓的常态是说,没有任何一种经济体是纯粹的"公有"(国有)或"私有",而是两种经济形态并存,同时兼有不同所有制经济的混合企业也是始终存在的。所以,混合经济是社会经济的"常态"。但是另一方面,混合经济在社会经济发展过程中,始终处于变动之中:就整个国民经济来说,有时国有经济占主导,有时私有经济占主导;就具体企业组织来说,国有资本比例和私人资本比例总是通过股权变化而变化,所以有时属于"国有",有时属于"私有"。因此,混合经济是一种过渡形态。我们必须充分认识到国民经济和企业形式的这种特性,在政策选择上摆脱姓"公"姓"私"的局限,发展混合经济,使之成为国民经济的重要基础。

第三章 混合经济已成为我国经济重要主体

——重要数据分析

根据中共十八届三中全会《决定》关于混合所有制经济的界定，分析国家有关部门相关统计数据，我国有 16 种企业属于混合所有制经济企业。这些混合所有制企业在全国各类所有制企业的主要经济指标中占 20%～50%，总体上大约占国民经济的 1/3。具体看：混合所有制经济占工商登记企业注册资本的38%，占企业法人单位的 20%，占城镇就业的 20%，占全国固定资产投资的 1/3 左右，占全国税收的近50%，占规模以上工业企业主要经济指标的 30%～60%，占商贸企业主要经济指标的 30%～50%，占上市公司的 80%以上，占我国 500 强企业 80%以上，我国进入世界 500 强的企业绝大多数都是混合所有制企业。从主要经济指标看，混合所有制经济在速度和效益方面总体上具有明显比较优势。展望未来，到2020 年，我国混合所有制经济将占国民经济的 50%以上，一些主要指标将占 60%～70%。

我国混合所有制经济的发展状况，就企业由多元股权构成的形式来看，我国企业的主体已经是混合所有制企业；但就企业的治理结构与机制的实质内容来看，大量混合所有制企业还有相当大差距，特别是大量国有控股的混合制企业，只是部分吸收了社会资本投资，在建立现代企业制度、健全法人治理结构与机制方面还有相当大差距。以下总体数据分析主要从企业股权结构方面进行分析，不涉及企业治理结构与机制等问题。

一、混合经济总体判断：国民经济"三分天下有其一"

1. 混合所有制经济含义

中共十八届三中全会《决定》指出，要"积极发展混合所有制经济。国有资本、集体资本、非公有资本等交叉持股、相互融合的混合所有制经济，是基本经济制度的重要实现形式，有利于国有资本放大功能、保值增值、提高竞争力，有利于各种所有制资本取长补短、相互促进、共同发展。允许更多国有经济和其他所有制经济发展成为混合所有制经济"。根据这一论述，只要是"国有资本、集体资本、非公有资本等交叉持股、相互融合"的经济，都是混合所有制经济。进一步讲，只要是三种资本中任何两种性质的资本交叉持股、相互融合的企业，都是混合所有制企业。

2. 混合所有制经济主要范围

我国按登记注册类型划分的十大类企业。国家统计局与国家工商总局等部门将我国企业按登记注册类型划分为国有企业、集体企业、股份合作企业、联营企业、有限责任公司、股份有限公司、私营企业、港澳台商企业、外商投资企业和个体企业等共十大类型，其中有五种类型下又分别细分为二至五种次级类型。

我国有 16 种企业属于混合所有制企业。上述十大类型企业中，拥有两种性质资本股权以上的企业类型主要是：股份合作企业，联营企业中的国有与集体联营企业和其他联营企业，有限责任公司中的非国有的其他有限责任公司，股份有限公司，私营企业中的私营股份有限公司，港澳台企业中的合资企业、合作企业和股份有限公司，外商投资企业中的全资企业、合作企业和股份有限公司等 16 种企业。根据中共十八届三中全会《决定》，混合所有制经济是指"国有资本、集体资本、非公有资本等交叉持股、相互融合"的经济形式，这 16 种企业至少由两种以上的不同资本投资形成，因此，都属于混合所有制经济。

3. 混合所有制经济状况总体判断

根据中共十八届三中全会《决定》关于混合所有制经济的界定，分析国家有关部门相关统计数据，我国混合所有制经济在全国各类所有制企业的主要经济指标中占 20%～50%，总体上大约占国民经济的 1/3。到 2020 年，我国混合所有制经济将占国民经济的 50% 以上，一些主要指标将占 60%～70%。我国的混合所有制经济的公司企业将在一般竞争性领域起主导与骨干作用，在重要竞争性领域起主体作用，在我国企业"走出去"参与国际市场竞争中起绝对主体作用。

二、混合经济分析范围：16 种混合所有制企业

以《中国统计年鉴》为代表，我国有关部门公布的经济数据基本上都是上述十大经济类型企业数据，只有少数统计数据如规模以上工业统计中的部分数据，有上述 16 种混合所有制企业的统计数据。

鉴于公布的统计数据有限，鉴于十大类型企业中的联营企业数量很少，有限责任公司中的国有独资公司、私营企业中的私营股份有限公司和港澳台及外商企业中的股份有限公司，占其所在类型企业数量中的比重一般为 5%～10%，从数据可靠又可收集以及方便分析出发，我们将有限责任公司与股份有限公司即公司制企业（下同）作为混合所有制经济的主体进行数据分析。严格地讲，在将公司制企业作为混合所有制经济时，要扣除其中的国有独资公司，同时要加上国有与集体联营企业，以及私营和外资企业中的股份有限公司等。这一增一减，总体上看混合所有制企业的经济总量可能要大于公司制企业的经济总量。因此，我们对混合所有制经济数量的估计只会少，不会多。

三、混合经济主要数据分析：各项指标占 20%～50%

根据国家统计局、国家工商总局、国家税务总局等机构公开的相关统计数据，综合分析我国混合所有制经济各项指标及其比重，以下是有关主要数据。

1. 混合所有制经济占工商登记企业注册资本的 38%

根据国家工商总局统计，截至 2015 年 4 月底，我国工商登记注册企业1927.6 万户，其中内资公司制企业 1880.8 万户，占 98%；注册资本 136 万亿元，内资公司制企业注册资本 121.6 万亿元，占 89%。如果将内资公司

制企业中的私营公司扣除,2015 年我国混合所有制经济的内资公司制企业 227 万户,占全国工商登记注册企业的 12%,注册资本 52.3 万亿元,占全国企业注册资本的 38%。

2. 混合所有制经济占企业法人单位的 20%

根据国家统计局数据,我国按登记注册类型分的企业法人单位总数,2010 年和 2013 年为 6517670 个和 8208273 个,其中混合所有制的公司制企业法人为 892500 个和 1617765 个,分别占 14% 和 20%。

3. 混合所有制经济占城镇就业的 20%

根据国家统计局数据,2010 年和 2013 年我国城镇就业人员为 34687 万人和 38240 万人,其中混合所有制的公司制企业人员为 3637 万人和 7790 万人,分别占 10% 和 20%。

4. 混合所有制经济占固定资产投资的 1/3 左右

根据国家统计局数据,2010 年和 2013 年我国固定资产投资总额为 278122 亿元和 446294 亿元,其中混合所有制的公司制企业投资为 87525 亿元和 144864 亿元,分别占 31% 和 32%。根据《中国经济景气月报》,2014 年我国混合所有制的公司制企业投资为 157455 亿元,占全国投资 502005 亿元的 31.4%。

另外,2013 年全国固定资产投资按企业控股情况分,国有控股占 33.08%,集体控股占 5.07%,私营控股占 49.37%。

5. 混合所有制经济占税收的近 50%

根据《税收月度快报》,2010 年和 2014 年我国企业税收总额为 7.7389 万亿元和 12.9541 万亿元,其中混合所有制的公司制企业税收总额为 3.3887 万亿元和 6.2154 万亿元,分别占 44% 和 48%。

2014 年全国税收中,国有及国有控股企业 3.9835 万亿元,占全国的 30.8%,其中国有企业 1.5932 万亿元,占全国的 12.3%,国有控股企业即国有控股的混合所有制经济公司占全国的 18.5%。由此推算,非国有控股的混合所有制经济公司占全国企业税收的 29.5%。

6. 混合所有制经济占工业企业的 30%～60%

根据国家统计局数据,2010 年和 2013 年我国规模以上工业企业中,混合所有制的公司制企业占全国工业的比重分别为:企业数量占 17.59% 和 22.27%,资产总额占 39.85% 和 42.39%,主营业务收入占 32.12% 和 33.33%,利润总额占 34.29% 和 33.70%,税金总额占 39.12% 和 45.17%,研发人员全时当量占 48% 和 50%,研发经费占 52% 和 51%,专利申请数量占 43% 和 42%,有效发明专利占 54% 和 52%。

7. 混合所有制经济占商贸企业的 30%～50%

根据国家统计局数据,2010 年和 2013 年我国限额以上批发与零售企业中,混合所有制的公司制企业的比重为:企业数量占 26.10% 和 29.92%,资产总额占 42.38% 和 51.72%,所有者权益占 39.90% 和 47.77%,主营业务收入占 40.65% 和 51.82%,主营业务利润占 29.97% 和 35.39%。

2010 年和 2013 年我国限额以上住宿与餐饮企业中,混合所有制的公司制企业的比重为:企业数量占 21.02% 和 29.49%,资产总额占 30.85% 和 40.96%,所有者权益占 30.51% 和 37.81%,主营业务收入占 23.72% 和 30.60%,主营业务利润占 24.52% 和 32.24%。

8. 混合所有制经济占上市公司的 80% 以上

据证监会统计,截至 2014 年,我国境内上市公司数为 2613 家,境内上市外资公司为 104 家,境外上市公司数为 205 家;股东有效账户为 14215 万户;股票发行总额为 43610 亿股,其中流通股本为 39625 亿股,占 90.86%;市价总值为 372547 亿元,其中流通市值为 315624 亿元,占 84.7%。据统计,2010 年,上市公司中国有控股的公司 988 家。上市公司中除纯私营上市公司外（无国有资本、集体资本），混合所有制经济上市公司数量占 80% 以上，资产占 90% 以上。

9. 混合所有制经济占我国 500 强企业 80% 以上

根据中国企业联合会数据，我国 500 强企业中，国有及国有控股企业占 60% 左右，私营控股公司占近 30%，其余为外资控股公司。三类公司中的国有独资企业、私营独资企业、外商独资企业不足 20%，其余 80% 都是拥有两种资本以上的公司制企业即混合所有制企业。

10. 我国进入世界 500 强的企业基本都是混合所有制企业

2014 年《财富》世界 500 强中，中国有 100 家上榜，名列全球第二。中国的 100 家世界 500 强企业，除少数几家国有独资公司外，其余都是公司制企业，都是多元资本构成的混合所有制企业。即使是国有独资公司，其下属企业许多是多元持股的公司企业，也是混合所有制企业。

四、混合经济工业数据分析：民营资本超过国有资本

以下用 2013 年第三次经济普查中规模以上工业企业的相关统计数据，分析我国混合所有制工业的比重。（具体数据见附录二）

1. 全国规模以上工业企业资本结构

全国规模以上工业企业实收资本为 172449.31 亿元。其中：国家资本金 34694.96 亿元，占 20.12%；集体资本金 3383.92 亿元，占 1.96%；法人资本金 61044.7 亿元，占 35.40%；个人资本金 38806.07 亿元，占 22.50%；港澳台资本金 12366.09 亿元，占 7.17%；外商资本金 22153.57 亿元，占 12.85%。（参见图 3-1）

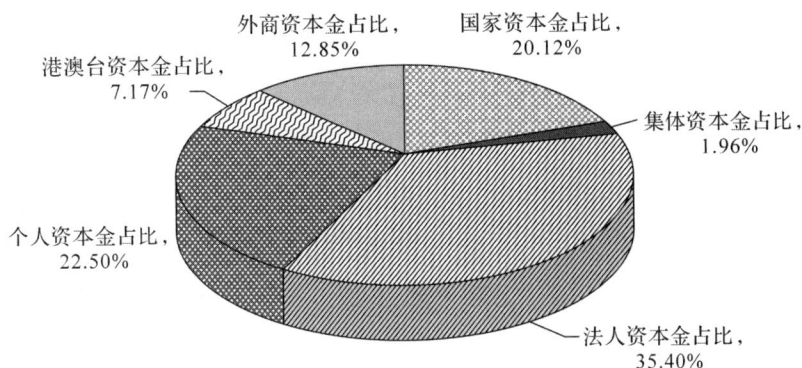

图 3-1 全国规模以上工业企业资本结构

2. 混合所有制工业企业类别

我国工业企业按登记注册类型分 10 个大类 25 个小类。其中混合所有制工业企业有 16 个小类。这些企业实收资本均至少由 3 种资本组成，除法人资本外，由一种主要资本和另一种股份（一般在 5％以上）的次要资本构成。法人资本是指，出资人是法人机构，此法人机构或为独资或为混合所有制机构，法人资本在多类企业资本中比重最大。

3. 16 种混合所有制工业企业

这 16 种是：股份合作企业，集体联营企业，国有集体联营企业，其他联营企业，其他有限公司，股份有限公司，私营股份公司，其他工业企业，港澳台合资经营企业，港澳台合作经营企业，港澳台股份公司，其他港澳台商投资企业，中外合资经营企业，中外合作经营企业，外商股份公司，其他外商投资企业。

4. 混合所有制工业企业资本构成

2013 年，16 种混合所有制工业企业实收资本总额为 91075.86 亿元。其中，国家资本金 20168.6 亿元，占 22.24％；集体资本金 2477.75 亿元，占 2.73％；法人资本金 40169.56 亿元，占 44.29％；个人资本金 16940.53 亿元,占 18.68％;港澳台资本金 3646.06 亿元,占 4.02％;外商资本金 7295.52 亿元,占 8.04％(参见图 3-2)。

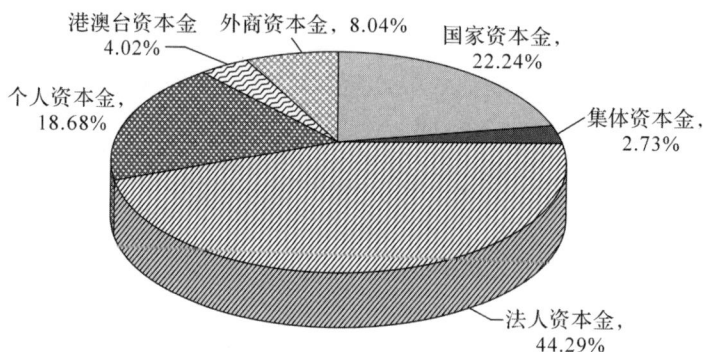

图 3-2 混合制工业企业资本结构

5. 混合所有制工业占工业比重为 30％～50％

2013 年 16 种混合所有制工业企业占全部规模以上工业企业的比重:企业单位数 124620 家,占 33.70％;实收资本 91075.86 亿元,占 52.44％;资产总额 462983.92 亿元,占 53.17％;主营业务收入 484858.02 亿元,占 46.68％;利润总额 34282.83 亿元,占 50.14％;所有制权益 188816.09 亿元,占 52.27％;税金总额 30623.65 亿元,占 52.11％。

五、非公企业混合经济数据分析:大中型民企多为混合经济企业

我国民营经济范围有广义与狭义之分。广义民营经济是指除了国有及国有控股经济之外的全部其他经济成分,即非国有经济,包括集体经济、港澳台经济和外资经济。狭义民营经济主要指个体私营经济。

按照中共十八届三中全会关于混合所有制经济的表述,私营企业中,只要有国有和集体资本参与投资,就可视为混合所有制经济。更广泛地

讲,集体资本与国有资本、港澳台资本与国有和集体资本、外资资本与国有和集体资本相结合,都属于混合所有制经济;而且,只要这些企业中非国有资本为主体,或所占比重最大,都属于民营经济的混合所有制经济。

概括地讲,非公有企业中的混合所有制经济,是指以非公有资本为主的企业中有国有资本和集体资本参与投资;民营企业中的混合所有制经济,是指以私营、集体、港澳台和外资资本为主的企业中有国有资本参与投资。

1. 非公经济企业占工商登记注册企业数量的 94% 和注册资金的 84%

据国家工商总局数据,2013 年我国工商登记注册企业 1527.8 万家,注册资本(金)96.88 万亿元。其中,国有企业和集体企业 88.67 万家,占我国工商登记注册企业总量的 5.80%,注册资本(金)15.85 万亿元,占我国工商登记企业注册资本(金)总额的 16.36%;外商投资企业(港澳台企业和外国投资企业)44.6 万家,占我国工商登记注册的 2.92%,注册资本(金)12.36 万亿元,占我国工商登记企业注册资本(金)总额的 12.76%;私营企业 1253.86 万家,占我国工商登记注册的 82.07%,注册资本(金)39.31 万亿元,占我国工商登记企业注册资本(金)总额的 40.58%。

2. 非公经济投资占全国投资的 70% 左右

据《中国经济景气月报》数据,2014 年全国固定资产投资总额为502004.9 亿元,其中国有投资 125644.7 亿元,占全国投资总额的25.03%;集体投资 15261.8 亿元,占全国投资总额的 3.04%;有限责任公司与股份有限公司投资 157455.4 亿元,占全国投资总额的 31.37%;私营企业投资 150426 亿元,占全国投资总额的 29.97%;港澳台投资 11986.1亿元,占全国投资总额的 2.39%;外商投资 11089.6 亿元,占全国投资总额的 2.21%;个体经营投资 1906.7 亿元,占全国投资总额的 0.38%。

3. 有限责任公司与股份有限公司实收资本构成

据国家统计局数据,2013 年我国规模以上工业企业中,有限责任公司工业企业的实收资本构成为：国家资本金占 29.59％，集体资本金占2.61％，法人资本金占 48.62％，个人资本金占 17.52％，港澳台资本金占0.40％，外商资本金占 0.61％（参见图 3-3）；股份有限公司工业企业的实收资本构成为：国家资本金占 39.52％，集体资本金占 3.08％，法人资本金占 36.51％，个人资本金占 18.87％，港澳台资本金占 0.81％，外商资本金占 1.00％（参见图 3-4）。

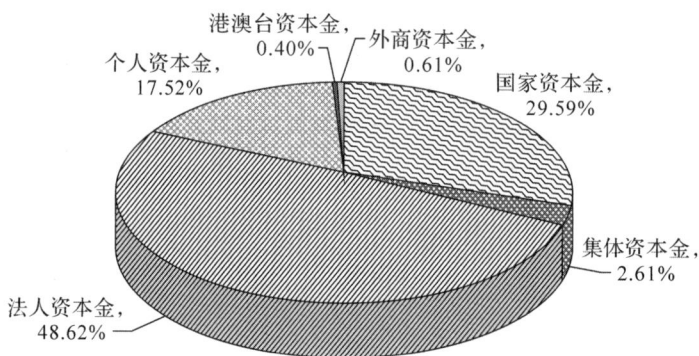

图 3-3　有限责任公司工业企业资本结构

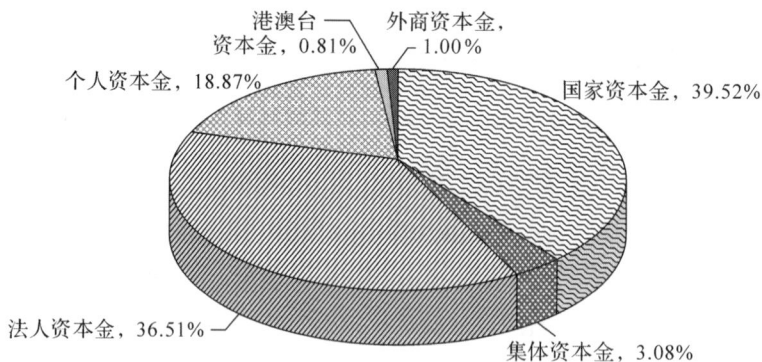

图 3-4　股份有限公司工业企业资本结构

4. 企业中的法人资本金多为混合经济资本,其中相当一部分为非公资本

我国规模以上工业企业中的法人资本金:出资人是法人机构,此法人机构多数是企业单位,也有事业单位、社会团体单位,还有政府授权投资机构等,这些单位有的是独资(或国有,或集体,或社会团体,或私人,或外商),或为多个单位、多种资本来源的混合所有制的法人机构,后者数量最多,且大都是非国有的民营资本。

从统计数据上看,法人资本金在多类企业资本构成中的比重最大。如2013年我国规模以上工业企业中,法人资本金占国有工业企业资本金的35%;占集体工业企业资本金的20%,占股份合作工业企业资本金的35%;占联营工业企业资本金的57%,占国有联营工业企业资本金的81%,占集体联营工业企业资本金的39%;占有限责任公司工业企业资本金的49%,占国有独资公司工业企业资本金的32%,占其他有限责任公司工业企业资本金的53%;占股份有限公司工业企业资本金的37%;占私营独资、私营合伙、私营有限责任公司和私营股份有限公司工业企业资本金的39%、33%、39%和41%;占其他工业企业资本金的44%;占港澳台合资经营、合作经营、独资经营和股份有限公司工业企业资本金的36%、24%、7%和41%;占中外合资经营、中外合作经营、外资企业和外商投资股份有限公司工业企业资本金的35%、25%、7%和21%。

5. 私营工业企业实收资本构成

根据国家统计数据,2013年我国规模以上工业企业中,私营有限责任公司工业企业的实收资本构成为法人资本金占38.58%,个人资本金占58.17%(参见图3-5);私营股份有限公司工业企业的实收资本构成为法人资本金占40.56%,个人资本金占55.55%。鉴于法人资本金大多来自具有混合经济性质的企业法人,因此,私营工业企业中,除私人独资企业外,相当一部分有限责任公司和股份有限公司属于混合所有制经济企业。

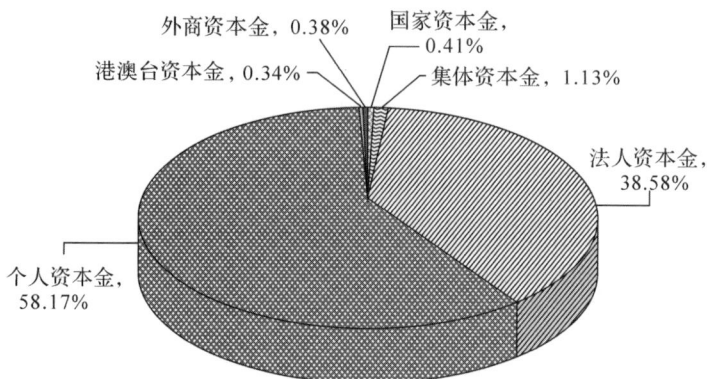

图 3-5　私营有限责任公司资本结构

6. 民营上市公司多为混合所有制企业

根据证监会数据,民营企业上市公司在全部上市公司中占比超过
50％。在主板的上市公司中,民营企业占比为30％左右,中小企业板的上
市公司中民营企业占比75％左右,创业板的上市公司中民营企业占比
95％以上。从民营上市公司的股权结构看,大多数民营上市公司,特别是
上市几年后的民营公司,社会公众持股占其股份的比例一般均超过50％。
而社会公众持股者中,不少是企业法人机构、基金公司、保险公司等,还有
的是国有、集体公司企业。因此,可以说,民营上市公司多为混合所有制
公司。

7. 大型民营企业多为混合所有制企业

我国大型民营企业基本上都是公司制企业,大多数都有两种及以上的
资本参与投资,除私人资本外,或有国有资本,或有集体资本,或有社会团
体机构资本,或有社会公众资本参与投资,这些公司大都属于混合所有制
经济。

特别是在我国民营企业500强中,80％以上都是有限责任公司和股份

有限公司,大都是由两种以上资本构成,私营独资企业数量不足 20％。即使是私营独资企业,主要是母公司为独资,其下属子公司中的许多企业,都是多元持股的混合企业。

8.港澳台资工业企业实收资本构成

2013 年我国规模以上工业企业中,港澳台合资经营工业企业的实收资本构成为:国家资本金占 7.87％,集体资本金占 2.00％,法人资本金占 36.46％,个人资本金占 7.20％,港澳台资本金占 36.07％,外商资本金占 10.10％(参见图 3-6)。

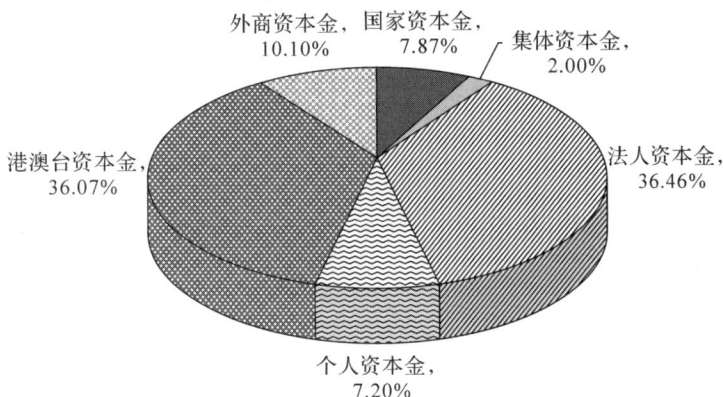

图 3-6　合资经营(港澳台资)工业企业资本结构

港澳台合作经营工业企业的实收资本构成为:国家资本金占 15.19％,集体资本金占 1.26％,法人资本金占 23.62％,个人资本金占 5.76％,港澳台资本金占 49.68％,外商资本金占 4.45％(参见图 3-7)。

港澳台股份有限公司工业企业的实收资本构成为:国家资本金占 3％,法人资本金占 40.54％,个人资本金占 15.16％,港澳台资本金占 36.73％,外商资本金占 3.67％(参见图 3-8)。

除港澳台独资企业外,以上三种企业中的多数企业是混合所有制经济企业。

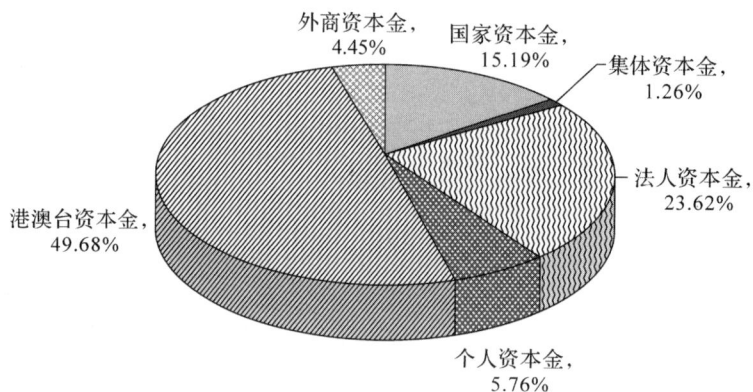

图 3-7 合作经营（港澳台资）工业企业资本结构

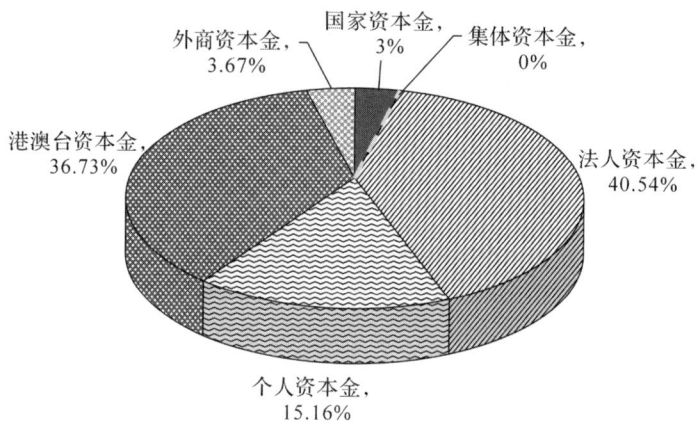

图 3-8 港澳台商投资股份有限公司工业企业资本结构

9. 外商投资工业企业实收资本构成

2013 年我国规模以上工业企业中,中外合资经营工业企业的实收资本构成为:国家资本金占 12.03%,集体资本金占 1.42%,法人资本金占 34.72%,个人资本金占 4.62%,港澳台资本金占 3.83%,外商资本金占 42.89%(参见图 3-9)。

中外合作经营工业企业的实收资本构成为:国家资本金占 13.45%,

集体资本金占 1.44%,法人资本金占 24.58%,个人资本金占 2.97%,港澳台资本金占 6.32%,外商资本金占 51.26%(参见图 3-10)。

外商投资股份有限公司工业企业的实收资本构成为:国家资本金占 17.96%,集体资本金占 0.14%,法人资本金占 21.35%,个人资本金占 8.12%,港澳台资本金占 4.00%,外商资本金占 48.44%(参见图 3-11)。

除外商独资企业外,以上三种外商企业中的多数企业都是混合所有制经济企业。

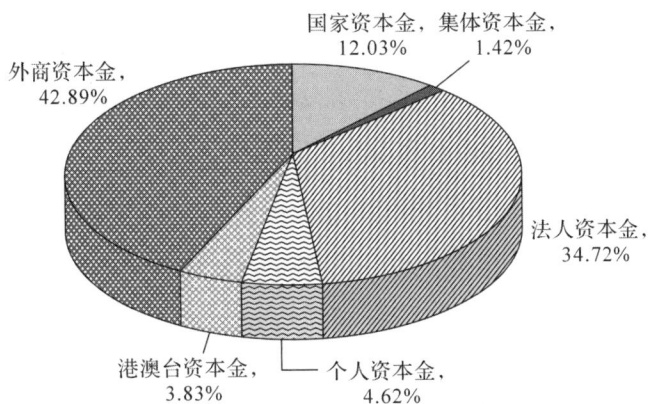

图 3-9　中外合资经营工业企业资本结构

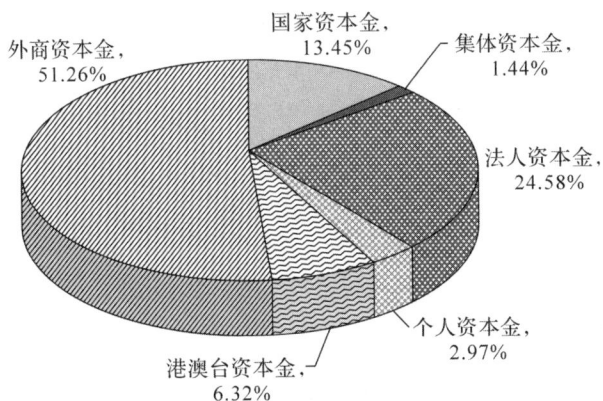

图 3-10　中外合作经营工业企业资本结构

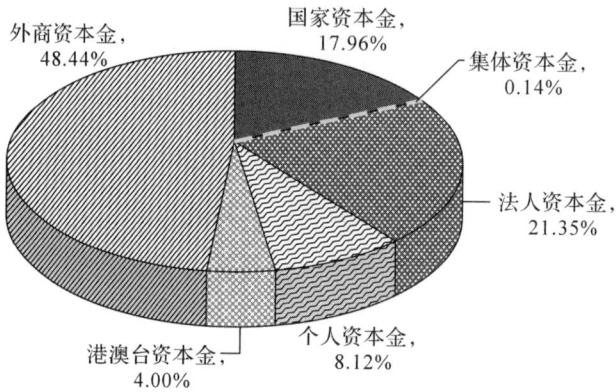

图 3-11　外商投资股份有限公司工业企业资本结构

10.非国有控股的混合所有制经济总量估计

我国混合所有制经济在全国各类所有制企业的主要经济指标中分别占 20%～50%,总体上大约占国民经济的 1/3。在全部混合所有制经济中,非国有控股的混合所有制经济占 2/3 左右。

六、混合经济企业速度与效益:多数指标具有明显比较优势

我国混合所有制经济,不仅在整个经济中的比重不断提高,其经济速度和效益也在总体上具有明显比较优势。下面,以进入 21 世纪以来(2000年至 2013 年)规模以上工业企业的经济数据为例,将规模以上工业企业的公司制企业作为混合所有制经济的代表,比较其在 13 年的发展中的速度、质量与效益。

1.从企业数量发展看

全国规模以上工业企业数量,2000 年为 162885 家,2013 年为 369813家,13 年年均增长率为 6.51%;同期,规模以上公司制工业企业数量,2000

年为 18301 家,2013 年为 92618 家,13 年年均增长率为 13.28%,公司制工业企业即混合所有制工业企业数量年增长速度高于整个工业企业数量年增长速度 1 倍多,占比由 2000 年的 11.24% 提高到 2013 年的 25.04%(参见表 3-1)。

表 3-1　2000—2013 年我国公司制工业企业数量及增长情况

	2000 年	2005 年	2010 年	2013 年	年均增长率
规模以上工业企业	162885 家	271835 家	452872 家	369813 家	6.51%
公司制工业企业	18301 家	49164 家	79640 家	92618 家	13.28%
公司制工业企业占比	11.24%	18.09%	17.59%	25.04%	

2. 从企业就业看

全国规模以上工业企业从业人员总量,2001 年为 5431 万人,2013 年为 9791 万人,12 年年均增长率为 5.03%;同期,规模以上公司制工业企业从业人员数量,2001 年为 1586 万人,2013 年为 3377 万人,12 年年均增长率为 6.50%,2013 年公司制工业企业数量因统计口径调整有所下降,但公司制工业企业即混合所有制工业企业从业人员年增长仍高于整个工业企业从业人员总量年增长速度的 1.5%,占比由 2001 年的 29.19% 提高到 2013 年的 34.49%(参见表 3-2)。

表 3-2　2001—2013 年公司制工业企业从业人员年平均数及增长情况

单位:万人

	2001 年	2006 年	2010 年	2013 年	年均增长率
规模以上工业企业	5431	7205	9063	9791	5.03%
公司制工业企业	1586	3524	4896	3377	6.50%
公司制工业企业占比	29.19%	48.91%	54.02%	34.49%	

3. 从企业资本看

全国规模以上工业企业实收资本总额,2000 年为 32940 亿元,2013 年为 173673 亿元,13 年年均增长率为 13.64%;同期,规模以上公司制工业企业实收资本总额,2000 年为 8664 亿元,2013 年为 77331 亿元,13 年年均增长率为 18.34%,公司制工业企业即混合所有制工业企业实收资本总额年增长速度高于整个工业企业实收资本总额年增长速度近 5%,占比由 2000 年的 26.30% 提高到 2013 年的 44.53%(参见表 3-3)。

表 3-3　2000—2013 年公司制工业企业实收资本及增长情况

单位:亿元

	2000 年	2005 年	2010 年	2013 年	年均增长率
规模以上工业企业	32940	61966	122495	173673	13.64%
公司制工业企业	8664	21450	43296	77331	18.34%
公司制工业企业占比	26.30%	34.62%	35.35%	44.53%	

4. 从企业资产看

全国规模以上工业企业资产总额,2000 年为 126211 亿元,2013 年为 870751 亿元,13 年年均增长率为 16.02%;同期,规模以上公司制工业企业资产总额,2000 年为 35944 亿元,2013 年为 416217 亿元,13 年年均增长率为 20.73%,公司制工业企业即混合所有制工业企业资产总额年增长速度高于整个工业企业近 5%,占比由 2000 年的 28.48% 提高到 2013 年的 47.80%(参见表 3-4)。

表 3-4　2000—2013 年公司公司制工业企业资产及增长情况

单位:亿元

	2000 年	2005 年	2010 年	2013 年	年均增长率
规模以上工业企业	126211	244784	592882	870751	16.02%
公司制工业企业	35944	95057	236238	416217	20.73%
公司制工业企业占比	28.48%	38.83%	39.85%	47.80%	

5. 从企业收入看

全国规模以上工业企业主营业务收入总额,2000 年为 84152 亿元,2013 年为 1038659 亿元,13 年年均增长率为 21.33%;同期,规模以上公司制工业企业资产总额,2000 年为 20647 亿元,2013 年为 386928 亿元,13 年年均增长率为 25.29%,公司制工业企业即混合所有制工业企业资产总额年增长速度高于整个工业企业 4%,占比由 2000 年的 24.54%提高到 2013 年的 37.25%(参见表 3-5)。

表 3-5　2000—2013 年我国公司制工业主营业务收入及增长情况

单位:亿元

	2000 年	2005 年	2010 年	2013 年	年均增长率
规模以上工业企业	84152	248544	697744	1038659	21.33%
公司制工业企业	20647	83030	224124	386928	25.29%
公司制工业企业占比	24.54%	33.41%	32.12%	37.25%	

6. 从企业利润看

全国规模以上工业企业利润总额,2000 年为 4393 亿元,2013 年为 68379 亿元,13 年年均增长率为 23.51%;同期,规模以上公司制工业企业利润总额,2000 年为 1616 亿元,2013 年为 25259 亿元,13 年年均增长率为 23.55%,公司制工业企业即混合所有制工业企业利润总额年均增长速度

与整个工业企业利润总额年均增长速度相当,占比由 2000 年的 36.79%
变为 2013 年的 36.94%(参见表 3-6)。

表 3-6 2000—2013 年我国公司制工业企业利润总额及增长情况

单位:亿元

	2000 年	2005 年	2010 年	2013 年	年均增长率
规模以上工业企业	4393	14803	53050	68379	23.51%
公司制工业企业	1616	6002	18190	25259	23.55%
公司制工业企业占比	36.79%	40.55%	34.29%	36.94%	

7. 从企业权益看

全国规模以上工业企业所有者权益,2000 年为 49407 亿元,2013 年为
361263 亿元,13 年年均增长率为 16.54%;同期,规模以上公司制工业企
业所有者权益,2000 年为 15161 亿元,2013 年为 163373 亿元,13 年年均增
长率为 20.07%,公司制工业企业即混合所有制工业企业所有者权益年增
长速度高于整个工业企业所有者权益年均增长速度约 3.5%,占比由 2000
年的 30.69%提高到 2013 年的 45.22%(参见表 3-7)。

表 3-7 2000—2013 年我国公司制工业企业所有者权益及增长情况

单位:亿元

	2000 年	2005 年	2010 年	2013 年	年均增长率
规模以上工业企业	49407	102882	251160	361263	16.54%
公司制工业企业	15161	38742	96722	163373	20.07%
公司制工业企业占比	30.69%	37.66%	38.51%	45.22%	

8. 从企业税金看

全国规模以上工业企业税金总额,2000 年为 5119 亿元,2013 年为
58772 亿元,13 年年均增长率为 20.65%;同期,规模以上公司制工业企

税金总额,2000 年为 1400 亿元,2013 年为 26547 亿元,13 年年均增长率为 25.40%,公司制工业企业即混合所有制工业企业税金总额年增长速度高于整个工业企业税金总额年增长速度近 5%,占比由 2000 年的 27.34%提高到 2013 年的 45.17%(参见表 3-8)。

表 3-8　2000—2013 年我国公司制工业企业税金总额及增长情况

单位:亿元

	2000 年	2005 年	2010 年	2013 年	年均增长率
规模以上工业企业	5119	11518	33656	58772	20.65%
公司制工业企业	1400	4436	13345	26547	25.40%
公司制工业企业占比	27.34%	38.51%	39.65%	45.17%	

注:税金总额包括主营业务税金及附加、本年应交增值税。

七、混合经济发展未来展望:2020 年占国民经济"半壁江山"

回顾过去,改革开放 30 多年来,在企业改革和现代企业制度建设政策的推动下,我国国有企业的改制面已经达 90%以上,中央企业的改制面已经近 75%,总体看国有企业资产和营业收入的 70%以上都在国有控股公司,即都在国有控股的混合所有制经济之中。我国民营企业中的大型企业,基本上都是公司制企业,其中大多数民营公司都有两种及以上类型的资本参与投资,除私人资本外,或有国有资本,或有集体资本,或有社会团体机构资本,或有社会公众资本参与投资,这些民营公司都属于混合所有制经济。

展望未来,随着党的十八届三中全会《决定》的全面贯彻落实,我国的公有制为主体、多种所有制经济共同发展的基本经济制度将更加完善,我国的社会主义市场经济体系和产权保护制度将更加健全,国有资本、集体资本、非公有资本等交叉持股、相互融合的混合所有制经济将得到更快、更大、更好发展。

2005 年以来,我国企业注册资本中,混合所有制的公司制企业的比重由 36.6% 提高到目前的 40% 以上,城镇就业人员的比重由 9% 提高到目前的 13%,投资的比重由 30% 提高到目前的 34%,税收的比重由 34.5% 提高到目前的 47%。根据混合所有制经济过去的发展速度及未来可能的发展趋势,粗略推算,到 2020 年,我国混合所有制经济将占国民经济的 50% 以上,一些主要经济指标将占 60%～70%。今后,我国的混合所有制经济的公司企业,将在垄断行业中起主体作用,在竞争性领域的重要行业中起主体作用,在竞争性领域的一般行业中起主导与骨干作用,在我国企业"走出去"参与国际市场竞争中起绝对主体作用。

第四章　深化国有企业改革 发展混合所有制经济

发展混合所有制经济是贯彻落实党的十四届三中全会以来党中央一系列方针政策的重要举措,也是实现"两个毫不动摇"的有效途径。1978 年以来,伴随着我国经济从计划经济向市场经济转型,国有企业逐步从上级行政部门的附属物,改造成为政企分开、政资分开的独立的市场主体和法人实体,而混合所有制经济也经历了从萌芽、探索到发展的三个阶段。在这个过程中,个体、私营、外资、合资、合作等非公有经济成分不断涌现,股份制成为公有制的主要实现形式,也成为国有企业发展混合所有制经济的重要实现形式。

国有企业发展混合所有制分为企业层面的混合、资本层面的混合和国有资本投资项目层面的混合。本章力图通过对三个层面多种方式的案例分析,寻找国有企业发展混合所有制过程中的一些规律,帮助企业探索符合自身实际的方式、方法。当然,在这个过程中,受制于一些历史与现实的条件,仍然存在一些亟待解决的问题,例如:国有、非国有各有顾虑;对国有企业产权改革的分类指导不够,等。这些问题都有待于在下一步深化国企改革过程中深入研究并加以解决。

发展混合所有制经济，首先要明确其内涵、产生的背景、实现的路径、存在的问题，才能找到下一步的改革方向。中国的改革大都是摸着石头过河，很多领域的改革，都是先有实践，再回过头来总结，上升到理论的高度，形成指导思想和文件，在此基础上，在实践中再创新、再总结，国有企业发展混合所有制经济就是这样一个过程。

一、国有企业改革的一个方向——发展混合所有制经济

（一）国有企业发展混合所有制经济的必要性

1. 发展混合所有制是贯彻落实党的十四届三中全会以来党中央一系列方针政策的重要举措

"混合所有"这一表述最早出现在 1993 年党的十四届三中全会《中共中央关于建立社会主义市场经济体制若干问题的决定》中："随着产权的流动和重组，财产混合所有的经济单位越来越多，将会形成新的财产所有结构。"

1997 年党的十五大报告进一步指出：“公有制经济不仅包括国有经济和集体经济，还包括混合所有制经济中的国有成分和集体成分。”这是在党的文件中，首次正式提出“混合所有制经济”这一概念。

1999 年党的十五届四中全会《中共中央关于国有企业改革和发展若干重大问题的决定》则明确提出，“国有大中型企业尤其是优势企业，宜于实行股份制的，要通过规范上市、中外合资和企业相互参股等形式，改为股份制企业，发展混合所有制经济，重要的企业由国家控股”。

党的十六大明确提出，除极少数必须由国家独资经营的企业外，其他企业积极推行股份制，发展混合所有制经济。党的十六届三中全会要求进一步增强公有制经济的活力，大力发展国有资本、集体资本和非公有资本等参股的混合所有制经济，实现投资主体多元化，使股份制成为公有制的主要实现形式。党的十七大提出，以现代产权制度为基础，发展混合所有制经济。

在前些年系列探索和实践的基础之上，2013 年，党的十八届三中全会通过的《中共中央关于全面深化改革若干重大问题的决定》（以下简称《决定》），明确要求要积极发展混合所有制经济，指出：“国有资本、集体资本、非公有资本等交叉持股、相互融合的混合所有制经济，是基本经济制度的重要实现形式，有利于国有资本放大功能、保值增值、提高竞争力，有利于各种所有制资本取长补短、相互促进、共同发展。”

国有企业发展混合所有制经济，是贯彻落实党的十四届三中全会以来党的一系列方针政策以及党的十八届三中全会《决定》的一项重要举措，也是坚持和完善社会主义基本经济制度的重要着力点。

2. 发展混合所有制是实现“两个毫不动摇”的有效途径

党的十八届三中全会的一个重要贡献是，将混合所有制经济看作是我国基本经济制度的重要实现形式。因为基本经济制度中，既要坚持公有制的主体地位，又要毫不动摇地发展非公有制经济，在市场经济运行机制的要求下,公有制和非公有制之间必然会互相融合、交叉持股形成新的混合所有制经济。它既不是过去那种纯而又纯的公有制经济,又不同于建立在资本主义私有制和私有财产基础上的资本主义的股份制经济。正如同股份制是资本主义所有制的重要实现形式一样,公有资本和非公有资本互相融合所形成的混合所有制经济,也就成为社会主义初级阶段基本经济制度的重要实现形式。

《决定》明确指出,积极发展混合所有制经济,其目的和意义在于实现"国有资本放大功能、保值增值、提高竞争力"和"各种所有制资本取长补短、相互促进、共同发展"。具体而言,从国有企业这一方面来说,通过发展混合所有制,可以进一步实现股权多元化,进一步完善国有企业的治理结构,进一步提高市场化程度和提升经营管理效率,进一步增强国有经济活力、控制力和影响力。从非公有制经济这一方面来说,通过与国有企业发展混合所有制,可以实现非公有制企业的股权多元化和治理结构现代化,真正建立现代企业制度,同时,通过发展混合所有制,非公有制企业可以进入过去无力或无法进入的某些经营领域,扩大企业经营和发展空间。实现公有制经济和非公有制经济的双赢,正是发展混合所有制经济的目的所在。

3. 发展混合所有制经济是符合我国基本国情的国企改革重要方向

经过 30 多年的改革开放,混合所有制经济已经成为我国市场经济体系的重要力量。统计表明,2010 年混合所有制经济占我国工商登记企业注册资本的 40％以上;2012 年混合所有制经济占固定资产投资的 33％。从 1999 年到 2012 年,混合所有制经济对全国税收的贡献率逐年提高,1999 年占 11.68％,2012 年占 47.03％。截至 2012 年年底,全国混合所有制的公司制企业占公司制企业总户数的 56.72％,中央企业控股上市公司中非国有股权比例已超过 53％,地方国有控股的上市公司中非国有股权比重已超过 60％。如中国海洋石油总公司的 34 个二级企业、三级企业中,国有股权平均在 40%～65%,基本都为混合所有制企业。有专家估算,目前混合所有制经济总体上占我国经济的比重为 1/3 左右。按 1992年以来我国混合所有制经济快速发展的趋势推算,到 2020 年混合所有制经济总体上占我国经济的比重在 40% 以上,将成为我国社会主义市场经济重要的微观主体。由此可见,在宏观经济层面上,我国已经形成了以公有制为主体、多种所有制经济并存和共同发展的经济格局。在微观企业层面上,国有企业在改制中积极引入民营资本、外国资本,促进投资主体和产权多元化,也为进一步发展混合所有制经济探索出一些宝贵经验。

(二)国有企业规范有序地发展混合所有制经济的可行性

国有资产监督管理委员会成立之前,国有企业改制、发展混合所有制经济尽管成效明显,但也存在国有资产流失、侵犯职工合法权益等一些不容忽视的问题。为此,国有资产监督管理委员会一成立就加快研究制定相关政策文件,逐步规范国有企业发展混合所有制经济的实践。

1. 规范有序推进国有企业改制

国有企业改制是发展混合所有制经济的重要形式。为规范改制,国有资产监督管理委员会针对前些年国有企业改制中出现的问题,先后于 2003 年、2005 年研究制定并由国务院办公厅转发了《关于规范国有企业改制工作意见的通知》(国办发〔2003〕96 号,以下简称 96 号文)、《关于进一步规范国有企业改制工作实施意见的通知》(国办发〔2005〕60 号,以下简称 60 号文)两个文件。其中,96 号文第一次从国务院层面明确了国有企业改制的程序,与之后的 60 号文构成我国国有企业改制最权威的政策依据,对规范有序推进国有企业改制发挥了重要作用。这两个文件主要从改制方案制定、审核批准、清产核资、财务审计、资产评估、交易定价和转让价款管理、职工权益保障等改制涉及的重点方面,提出了明确的规范性意见。要求企业改制必须制定改制方案,载明企业的资产处理方案、债权债务处理方案、股权变动方案、改制的操作程序,以及资产评估机构和财务审计机构的选聘等事项。同时,针对在企业改制过程中时有发生的故意低估国有企业存量资产的价值,进行低价折股,造成国有资产流失的现象,要求企业改制必须进行清产核资、财务审计和资产评估,按照"谁投资、谁所有、谁受益"的原则,准确界定和核实国有资产,客观、公正地确定国有资产价值。

2. 不断完善国有产权管理制度

加强国有产权管理,是有序推进国有企业发展混合所有制经济的重要基础。国有资产监督管理委员会成立以来,以制定出台的《企业国有产权转让管理暂行办法》(国资委、财政部令第 3 号)为核心,形成了包括《关于中央企业加强产权管理工作的意见》(国资发产权〔2004〕180 号)、《企业国有产权无偿划转管理暂行办法》(国资发产权〔2005〕239 号)、《企业国有资产评估管理暂行办法》(国资委令第 12 号)、《中央企业境外国有产权管理暂行办法》(国资委令第 27 号)等一系列规范产权流转和管理的制度。在此基础上,建置了北京、天津、上海、重庆等地的 4 家中央企业产权交易机构,统一交易规则,统一交易信息监测系统,利用信息化手段实现对相关交易的动态监测,有效推进国有产权在产权市场公开、透明进行交易。从实际操作情况来看,通过产权市场公开披露信息、公开征集受让方,国有资产基本实现了阳光、公开、有序和市场化流转。2007 年以来,全国国有企业通过产权市场转让企业国有产权超过 1 万宗,增值率超过 20%。20 多年来,国有企业通过改制及上市、并购重组、合资新设等多种途径,积极推进产权多元化改革。2012 年,国有资产监督管理委员会专门印发《关于国有企业改制重组中积极引入民间投资的指导意见》(国资发产权〔2012〕80号),积极引导和鼓励民间投资参与国有企业改制重组。总体上看,国有企业发展混合所有制经济进展明显,成效显著。

3. 严格规范国有企业 MBO 和员工持股

国有企业 MBO 和员工持股,是在深化国企改革、推进国企改制过程中出现的。总体来看,员工持股有利于激发员工积极性,增强企业活力,促进企业发展,但在过去国有企业改制过程中,也出现了不少因操作不当、持股方案设计不合理,导致关联交易和利益输送,造成国有资产流失的情况。为此,国有资产监督管理委员会重点从规范改制的角度,出台了一些政策文件,主要有 96 号文、60 号文以及《企业国有产权向管理层转让暂行规定》(国资发产权〔2005〕78 号,以下简称 78 号文)、《关于规范国有企业职工持股、投资的意见》(国资发改革〔2008〕139 号,以下简称 139 号文)等。这些文件主要从持股企业范围、持股人员范围、持股方式、持股资金来源、操作程序等方面,提出了要求,以防止利益输送、造成国有资产流失。其中,96 号文和 60 号文对管理层收购或以增资扩股方式持有本企业股权提出限制性条件,严禁自卖自买国有产权;78 号文则提出大型国有及国有控股企业及所属从事该大型企业主营业务的重要全资或控股企业的国有产权和上市公司的国有股权不向管理层转让,并对中小型国有及国有控股企业国有产权向管理层转让做了规范;139 号文则进一步明确职工原则上限于持有本企业股权,并对违规持股的清退转让做了明确规定。另外,为发挥员工持股的积极作用,国有资产监督管理委员会近年来也出台了一些股权激励办法。

二、国有企业发展混合所有制经济的历程——三个历史阶段

我国混合所有制企业兴起于 1978 年以来的中国经济转轨,即从计划经济向市场经济的逐步转型过程中。在这个过程中,中国的国有企业,从上级行政部门的附属物和"算盘珠",改造成为政企分开、政资分开的独立的市场主体和法人实体,是一个脱胎换骨的过程,这个过程主要分为三个阶段,而国有企业改革改制的过程,正是国有企业发展混合所有制经济从

萌芽、探索到发展的三个阶段。

(一)混合所有制经济的萌芽阶段(国有企业扩大经营自主权阶段)

时间范围大致为 1978 年到 1992 年。改革开放以前,国家对国有企业实行计划统一下达、资金统贷统还、物资统一调配、产品统收统销、就业统包统揽的制度,盈亏都由国家负责,国有企业没有经营自主权。1978 年以后的大约 15 年时间里,我国着手调整国家与企业的责、权、利关系,进一步明确了企业的利益主体地位,调动了企业和职工的生产、经营积极性,对传统计划经济体制打开了缺口,并为企业进入市场奠定了初步基础。

1. 通过扩权让利扩大了国有企业的自主权

1978 年 10 月,经国务院批准,四川省选择重庆钢铁公司、宁江机床厂等 6 家企业开展"扩大企业自主权"试点。确定企业在增收基础上,可以提取一些利润留成,职工可以得到一定的奖金;允许国有企业从事国家指令性计划之外的生产,允许出口企业保留部分外汇收入自主支配。这次试点成为整个国有企业体制改革起步的标志。此后几年里,这一改革的试点企业范围不断扩大,企业自主权不断拓宽,企业在产、供、销和人、财、物等方面有一定的自主权。

2. 实行经济责任制明确了国有企业的责、权、利关系

扩权让利改革核心在扩大企业自主权,但对责任的关注不够。从责权对等出发,扩权让利逐步深化,开始实行经济责任制。确定实行经济责任制的根本原则是企业必须完成国家计划,保证产品质量,保证上缴国家财政的利润逐年增长,在生产发展的基础上稳定增加职工的收入。经济责任制是扩权让利的继续和发展,是处理国家、企业与职工三者之间权、责、利关系的重要举措。

3. 两步"利改税"进一步理顺国有企业与国家的分配关系

为更好发挥税收在经济活动中的调节作用,进一步理顺企业和国家的分配关系,1983 年、1984 年国家先后推行两步"利改税"改革。两步"利改税"改革,也是扩权让利的继续和发展,但由于"调节税"、"鞭打快牛"现象的出现以及当时历史条件的限制,"利改税"推行后国有企业利润连续 22个月滑坡,"利改税"作用尚未发挥就被承包经营责任制所取代。

4. 实行承包经营责任制,初步明确了国有企业的剩余索取权配置

随着改革的不断推进,1986 年 12 月,国务院发布《关于深化企业改革增强企业活力的若干规定》,提出在大中型企业中推行多种形式的经营责任制。从 1987 年开始,国有企业出现承包热潮。承包经营责任制的基本特征是:包死基数、确保上缴、超收多留、欠收自补。但是,承包制也有重大缺陷,承包制"一对一"式的谈判强化了政企不分,只有激励没有约束;虽然所有权和经营权分离了,但所有者缺位,所有者不能约束经营者,普遍出现了"内部人控制"和短期行为,导致国有资产流失等严重后果。

5. 股份制试点,混合所有制经济在国有企业开始萌芽

为探寻新的改革道路,我国于 1984 年开始推行国有中小企业股份制试点,使改革从经营权向所有权过渡。在当时的背景下,由于缺乏外部投资者,试点企业基本上都是通过内部职工持股的方式来实现股份制。在国有企业中引入内部职工股,成为我国发展混合所有制的最初形式。在此基础上,在改革开放的前沿深圳,开始探索发行股票。1987 年,深圳发展银行首次以自由认购的形式,向社会公开发售股票,开创了以上市公司为载体发展混合所有制的先河。

这一时期,从宏观层面看,改革开放之初的 1979 年,国有和集体工业企业总产值占当年工业总产值的比重分别为 78.5% 和 21.5%(国家统计局,1980),到 1992 年,国有和集体工业企业总产值占比分别为 51.5% 和35.1%(国家统计局,1992),开始涌现出个体、私营、外资、合资、合作等非公有经济成分。从微观层面看,通过这一阶段的改革,国有企业开始成为独立的利益主体。无论是扩权让利、经济责任制还是承包责任制改革,尽管尚未触及企业的所有权层面,但是已经开始触及企业的剩余控制权和剩余索取权层面,其实质是对企业人力资本参与企业剩余索取权分配的逐步认可,而股份制试点和股份合作制的出现更是在所有权改革上迈进了一大步。因此,这一阶段可以看作是国有企业发展混合所有制经济的萌芽阶段。

(二)混合所有制经济的探索阶段(国有企业制度创新和结构调整阶段)

时间范围大致为 1992 年到 2002 年。1992 年,党的十四大明确我国经济体制改革的目标是建立社会主义市场经济体制。在此后 10 年左右时间,针对国有企业走向市场后暴露出来的结构不合理、机制不适应、社会负担重、历史包袱多等问题,为构建合格的微观市场主体,平稳实现经济体制的转轨,我国对国有企业实施了大刀阔斧的改革。

1. 推进"抓大放小",一批中小型国有企业发展为混合所有制企业

所谓"抓大放小",是指以包、租、卖,以股份制和股份合作制改造,放开搞活国有中小企业;国家集中精力抓好大型骨干企业集团。"抓大放小"着眼于搞好整个国有经济,对国有企业实施战略性改组,推动国有经济从中小企业层面全面退出。国有经济从中小企业层面退出在实践中创造了"双置换"的具体改革形式,即产权制度改革加职工身份置换。产权制度改革表现为企业改制或者企业出售等;身份置换是对职工走向市场的一种补偿,以减少改革的阻力。

通过改制、兼并、租赁、出售等方式,国有企业从中小企业层面逐步退出,国有企业的战线大大收缩,布局结构得到优化。根据国家经济贸易委员会中小企业司 1999 年对 21 个省、自治区、直辖市的统计显示,到 1998 年 8 月,独立核算的国有中小企业改制数量达到 47631 家,占应改制企业的 64%,其中江西省国有中小企业改制面达到 87%,安徽省国有中小企业

改制面达到 93%。在这 47631 家改制企业中,采取股份合作制形式的为
10769 家,占 22.6%;采取整体出售形式的为 3893 家,占 8.2%;采取租赁
形式的 3470 家,占 7.3%;采取股份制形式的为 2928 家,占 6.1%;采取承
包形式的为 2197 家,占 4.6%;采取兼并形式的为 2098 家,占 4.4%;采取
破产形式的为 1340 家,占 2.8%;其他形式如合资等的为 20936 家,
占 44.0%。

**2. 实施政策性关闭破产和下岗分流,为国有企业向市场经济转轨奠定
基础**

对于一些资不抵债,无法偿还贷款,还有一些无法正常发放工资,完全
靠政府补贴维持的企业,国家下决心实施关闭破产,让它们退出市场。这
一工作从 1994 年开始试点,1998 年在全国范围内启动,2008 年基本结束。
一批长期亏损、资不抵债、扭亏无望的国有大中型困难企业和资源枯竭的
矿山平稳有序退出市场,并妥善安置了职工,涉及关闭企业 5010 家、职工
984 万人。针对大规模下岗分流职工,进行再就业培训、介绍工作以及发
放基本生活费、交纳社会保险等。再就业中心使职工下岗后有人管理,获
得了基本生活保障,相当一部分下岗职工成功应聘到其他企业再就业,保
证了改革脱困三年攻坚的平稳推进。此项改革意义重大,大量困难国有企
业退出了市场,平稳化解了转轨造成的结构性矛盾。

3. 推动国有企业股份制改革,混合所有制经济获得进一步发展

1992 年邓小平发表南方谈话之后,国有企业股份制试点再次掀起高
潮。国家出台了一系列政策措施对股份制给予了充分、明确的肯定,并指
导股份制改革稳妥、健康地推进。1999 年党的十五届四中全会提出了国
有经济有进有退的要求,提出要大力发展股份制,并将"放活"的范围首次
从小型企业扩大到中型国有企业。此后,国有大中型企业开始尝试改制成
为混合所有制企业,其中,改制上市是最普遍的模式,也包括向民营企业和

外资企业出售一部分国有存量股权。截至 2002 年年底,全国股份制工业企业资产合计达到 5.63 万亿元。

4. 开展现代企业制度试点,为发展混合所有制经济奠定制度基础

党的十四届三中全会提出国有企业的改革方向是建立现代企业制度,并指出现代企业制度的特征是:产权清晰、权责明确、政企分开、管理科学。1995 年开始选择 100 家企业进行现代企业制度试点。试点的主要内容有:①完善企业法人制度;②确定试点企业国有资产投资主体地位;③确定企业的公司组织形式;④建立科学、规范的公司内部组织管理机构;⑤改革企业劳动人事、工资制度;⑥健全企业财务管理制度。在试点工作的基础上,1998 年党的十五大再次提出,用三年左右的时间,力争大多数国有大中型骨干企业初步建立现代企业制度。经过几年的实践,现代企业制度的基本框架初步形成。

5. 实施债转股,为国有企业脱困创造条件

债转股主要针对企业产品适销对路等各方面条件较好但资产负债率及财务费用过高的困难国有大企业。债转股的实际操作是国家发行特种国债,给予金融资产管理公司收购银行不良贷款,由此国有商业银行的不良债权大幅降低。金融资产管理公司处置的不良贷款中,一部分转为股权,另一部分则做成若干不良贷款包打折出售。实施债转股要求企业有五个条件:一是产品要适销对路;二是工艺装备先进;三是企业管理水平高;四是领导班子强;五是转换机制方案符合要求。通过将这些企业的债权转变为股权,企业的资本金增加,负债率降低,财务状况好转,相当一部分企业后来逐步走出困境。

6. 推进行业体制改革,为进一步推进市场化改革创造条件

本着实行政企分开和打破垄断、引入竞争的基本原则,结合政府机构改革,国家推进了电力、电信、石油石化、民航、国防科工等重要行业和领域的市场化改革,组建一批企业集团,并建立现代企业制度,将这些行业的国有企业从行政部门或行政部门附属物,逐步转变为独立的市场主体。

这一时期的改革,尤其是通过1998—2000年的改革脱困三年攻坚,国有企业的布局结构发生重大改变,国有经济大幅收缩,同时,国有企业初步成为合格的市场主体,国有及国有控股工业企业利润实现大幅度提高,国有企业面貌发生根本性转变。

在这一时期,国有企业进一步探索发展混合所有制经济,主要体现在国有中小企业的放开搞活上。采取出售、改制、租赁等方式改制的中小国有企业,均发展成为混合所有制企业,但各种方式改制的效果存在差异:一是由外部投资者购买的国有中小企业,改革效果一般较好,但由于企业职工不愿企业被外部人购买,故而改革阻力较大。二是由企业经营者出资购买的国有中小企业,由于经营者熟悉企业情况,改革效果也较好,但是改制过程中容易出现国有资产流失的情况,如低估资产价值、资产折价、借用企业资金出资购买资产等。三是职工平均持股的企业,改制效果不好,由于改制后企业内部意见难以统一,决策非常困难,职工们宁愿分光吃尽,也不愿对企业再投入。这一批股份合作制企业,后来大都经历了二次改制,由经营者提高持股比例。四是一些采取租赁方式的企业。对于一些经营状况差,没有能力改制,但设备较好的企业,地方政府实行租赁经营,即将设备、厂房租给其他企业或直接租给职工,收取租赁费,这种方式能够保留较多就业岗位,效果也比较好。五是破产的企业。对于一些无法正常经营,设备也失去实用价值的企业,只能破产。在出售国有资产的时候,采用拍卖的方式比较公平,有利于防止腐败,国有资产还能实现价值增值。

(三)混合所有制经济的发展阶段(改革完善国有资产管理体制、继续推动国有企业改革发展阶段)

第三阶段以2002年召开的党的十六大为开端,一直持续到现在。党的十六大对国有资产管理体制做出重大改革和创新,针对当时政府直接管理企业,而且是多头管理而产生的弊端,确立了"三统一、三结合"的新的国有资产管理体制。以各级国资委的组建为标志,国有资产出资人机构到位、职责到位,企业国有资产出资人制度基本建立。

国有资产监督管理委员会成立后,开始着手建立健全国有资产管理制度。通过加强法律法规体系建设,建立并不断完善业绩考核制度、激励约束机制、国有资本经营预算制度,整合监管资源等一系列措施,使出资人的职责逐步到位。

1. 进一步规范有序推进国有企业改制

国有资产监督管理委员会成立后,开展了全国范围的国有企业改制和国有产权交易专项大检查,组织开展了清产核资,摸清了"家底",处理了潜亏挂账。针对当时国企改制缺乏统一政策指导、操作不规范、国有资产流失等问题,研究制定专门文件,从方案制订、方案批准、清产核资、财务审计、资产评估等9个方面对改制进行规范,并开展专项检查,同时对国有企业职工持股企业范围、国有企业与职工持股企业关系、职工股份转让等方面进行规范,有效促成改制工作规范推进的良好局面。

2. 加快公司制股份制改革步伐

积极推动具备条件的企业在境内外资本市场上市。2003 年至 2012年,共有 138 家中央企业控股的股份公司实施 IPO,其中约 40 家为主营业务整体改制上市。截至目前,石油石化、民航、电信、建筑、建材等行业的中央企业,主营业务资产已基本进入上市公司。公开上市成为国有企业实现混合所有制的重要形式。截至 2013 年年底,我国已有 2489 个境内上市公司,市值达 23.9 万亿元,其中国有及国有控股上市公司 1072 个,总资产33.7 万亿元,净资产 11.6 万亿元,营业总收入 21.7 万亿元,利润总额 1.6万亿元。其中,中央企业及其子企业控股的上市公司共 377 个,57.7% 资产实现上市。相当多竞争性企业内部，产权混合的比例已非常高。通过改制上市，实现投资主体多元化，从体制和机制上强化了企业的市场主体地位，规范了公司治理行为，优化了企业资本结构，提高了企业市场化运作与防范风险的能力。

3. 推动国有企业调整重组

国有资产监督管理委员会成立后，通过推进中央企业之间强强联合、同行业一般中央企业并入优势大型企业、科研设计院所与相关中央企业重组、非主业资产向其他中央企业主业集中、中央企业与地方企业重组等方式，加快中央企业联合重组步伐。通过联合重组，中央企业户数逐步减少，实力逐步增强，在39个工业行业中，有18个行业国有企业总产值占比低于10%，国有资本更多地向关系国民经济命脉和国家安全的行业和领域集中。2003—2012年，中央企业从196户调整到116户，户均资产从425亿元增加到2724亿元，分布在军工、能源、通信、交通运输等行业的资产占中央企业资产总额比重接近70%。

4. 探索建立规范的董事会

从2004年开始在中央企业进行建立规范董事会的试点，建立外部董事占多数的制度，形成一整套董事会规范运作的制度体系，逐步理顺国有资产监管机构、董事会、监事会、经营层之间的关系，防止"一把手"说了算的弊端。目前纳入建设规范董事会试点工作的中央企业已有72户。从试点企业情况看，内部制衡机制初步形成，决策更加科学，风险防控能力得到增强，管理更加有效。

通过近十年来的改革，股份制已经成为我国公有制的主要实现形式，也成为国有企业发展混合所有制经济的重要实现形式。根据国家出资企业产权登记数据，截至2013年年底，已有约90%的国有企业实现了公司制、股份制；国有企业引入非公资本的户数占比达到42%，其中中央企业及其子企业引入非公资本的户数已占总户数的 52%。根据中央企业产权结构与布局现状分析报告统计,截至 2012 年年底,工商登记注册企业中,国有独资和国有全资的企业有 21828 户,引入民间投资、外资等社会各类投资的混合所有制企业 23226 户,分别占工商登记注册企业总数的 48.45% 和 51.55%。

2003 年到 2011 年,通过产权改革与公司治理改革的协同推进,国有企业发展效果显著,全国国有及国有控股企业(不含金融类企业)实现营业收入从 10.73 万亿元增长到 39.25 万亿元,年均增长 17.6%;实现净利润从 3202.3 亿元增长到 1.94 万亿元,年均增长 25.2%;上缴税金从 8361.6 亿元增长到 3.45 万亿元,年均增长 19.4%。截至 2011 年年底,全国国有企业资产总额达到 85.37 万亿元,所有者权益达到 29.17 万亿元,分别是 2003 年的 4.3 倍和 3.5 倍。这体现了混合所有制作为基本经济制度的重要实现形式的优越性。

三、国有企业发展混合所有制经济的方式——三个层面多种类型

(一)国有企业发展混合所有制经济的方式

显然,《决定》提出的"积极发展混合所有制经济",并不是指发展一般的股份公司这种形式,而是有特定含义的。事实上,《决定》明确提出了通过"国有资本、集体资本、非公有资本等交叉持股、相互融合"以及"实行企业员工持股,形成资本所有者和劳动者利益共同体"的混合所有制经济发展方式。强调国有资本、集体资本、非公有资本之间的交叉持股和实行员工持股,是《决定》中提出的"混合所有制经济"所特有的内涵。

混合所有制的实现,大致可从三个层面推进:企业层面的混合、资本层

面的混合和国有资本投资项目层面的混合。

1. 企业层面的混合

（1）改制上市。即国有企业通过改制上市，实施股权多元化改革，引入公众股东，形成混合所有制产权结构。以上市公司为载体，是规范发展混合所有制最便捷和最有效的途径与方式。由于股份公司的股份可以分别由不同的主体持有，因而，从所有制的角度看，它无疑是一种典型的混合所有制。但是，我们必须看到，在现实中，几乎所有的股份公司都存在控股权，而几乎不存在股权均分的情况，因而，股份公司实际上是一部分资本控制大量社会资本的途径和方式。

国有企业改制上市，不仅需要满足《公司法》等法律法规对公司的基本要求，还需要满足证券监管机构、交易所、自律性协会等对公司的更高要求，同时还要接受来自资本市场上机构股东、公众股东、中介机构的监督。因此，上市公司在业务的独立性、规范性，公司治理水平，透明度等方面普遍好于非上市公司。因此，改制上市，引入社会股东，让国有企业在阳光下接受监督，是国有企业走向混合所有制的最佳形式之一。符合上市条件的国有企业都可以尝试公开上市，尤其是处于一般竞争性行业的、具有一定发展规模的国有企业，更适宜采取这种方式。事实上，大型中央企业发展混合所有制的主要方式就是改制上市，上市公司已成为中央企业实现混合所有制的主要组织形态。截至 2013 年年底，113 家中央企业中的 91 家实际控制了 377 家境内外上市公司，上市公司总资产、营业收入、利润总额分别占集团公司的 54.3％、61.3％、75％。可见，中央企业中大部分优质资产已经通过改制上市实现了混合所有制。

但国有控股上市公司不同程度地存在着一股独大的问题。这种股权结构设置，使得国有控股上市公司在企业运营中，容易沿袭国有企业的一些弊端，如"内部人控制"、体制僵化等。对于这种情况，应通过进一步优化股权结构、使非公资本在公司治理中享有一定的话语权等方式加以完善。

【案例 4-1】

中国建筑

中国建筑股份有限公司(以下简称中建股份)于 2007 年 12 月由中国建筑工程总公司(以下简称中建总公司)整体重组设立,并于 2009 年 7 月上市。上市后,中建总公司核心资产实现整体上市。

1. 改革背景

中建总公司组建于 1982 年,是全国性特大型建筑联合企业,公司主营业务包括国内外土木和建筑工程的工程总承包、房地产开发与投资、基础设施建设与投资、设计勘察等。中建总公司旗下企业主要包括 8 个工程局、中海集团、中建国际、中建发展以及 7 个设计勘察研究院。

中建总公司为尽快发展壮大成为最具国际竞争力的建筑房地产综合企业集团,实现"一最两跨"的战略目标,抓住国家促进优势中央企业实施重组改制、整体上市的政策机遇,将全部主营业务及相关资产负债、相关资质和品牌注入中建股份,由中建股份作为中建总公司全部主营业务的运营载体。

2. 改革路径

中建股份是由中建总公司作为主发起人,联合中国石油集团、宝钢集团及中化集团共同发起设立的股份有限公司。上市前,中建总公司出资占总股份的 94%;其他发起人分别出资人民币 5.35 亿元,各占总股份的 2%,共占总股份的 6%。

作为中建股份主发起人的中建总公司将其拥有的货币资金以及与主营业务相关的实物、土地使用权及其在相关下属企业中的股权、权益等非货币资产(连同相应负债)作为出资投入中建股份,其他发起人以货币出资投入中建股份。

中建总公司整体重组中建股份后,除此之外还主要拥有中建资产管理公司、中国对外建筑公司、深圳市中海投资管理有限公司、中建科产业有限公司、中建物业管理公司、深圳市中建物业管理有限公司等企业的权益。除中建股份外,中建总公司及其所属其他企业已无实质性经营业务,实质已经"空壳化"(无机构、无业务、无人员)。

中建股份于 2009 年 7 月在上海证券交易所挂牌上市。中建总公司作为中建股份的绝对控股股东,在股票首次公开发行后约持有公司 53%的股份。上市后,中建股份与中建集团实现了"三分开、两独立",即人员分开、资产分开、财务分开、机构独立、业务独立。

3.改革效果

中建股份自 2009 年上市以来取得了高速发展,至 2013 年年底,收入增长了 1.6 倍,净利润增长了 2.2 倍,总资产增长了 1.7 倍,股东权益增长了 0.9 倍,净资产收益率从 2009 年的 7.96%提升到 2013 年的 15.79%。

【案例 4-2】

绿地集团

绿地集团自 1992 年成立以来实现飞速发展,形成"房地产主业突出,金融、能源等相关产业并举发展"的产业布局。自成立之初起,混合所有制即成为绿地独特、优质的成长基因,通过将国有体制、市场机制的优势充分结合,既确保国有资本的主导地位,又发挥混合所有制市场化、灵活高效的优势,更激发多元股权主体的发展能动性。绿地积极引进战略性投资者,并通过借壳上市进一步推进混合所有制,完善公司治理和资本结构。

1. 改革背景

绿地集团创立于1992年,原名为上海市绿地开发总公司,成立的目的是通过自身发展获得资金以支持上海市城市绿地开发建设。绿地集团通过市场化经营、自有资金积累与再投资,成功地探索出"以房养绿、以绿促房"的城市公共绿化建设新模式——以房地产经营积累资金,无偿投资城市公共绿化;以公共绿化提升房地产价值,同时获得政府的政策性支持,积极参与旧城改造与动迁房建设,推动房地产更好地发展。

从成立开始,国有资产监管机构就放手让绿地集团市场化发展,绿地集团也一直在探索混合所有制的发展模式,做实公司治理机制,搞活激励机制。绿地集团改革路径大致可以划分为以下四个步骤。

2. 改革路径

(1)通过引入员工持股,建立相互制衡的股权结构

绿地集团于1996年12月进行现代企业制度试点的方案获批复,1997年3月获准设立职工持股会。1998年以后,公司多次通过增资提高职工持股会的持股比例,使职工持股会成为公司第一大股东,国有资产占比虽然超过50%,但股权分散,由于员工持股且管理团队能力较强,绿地经营决策的核心是经营层(参见图4-1)。

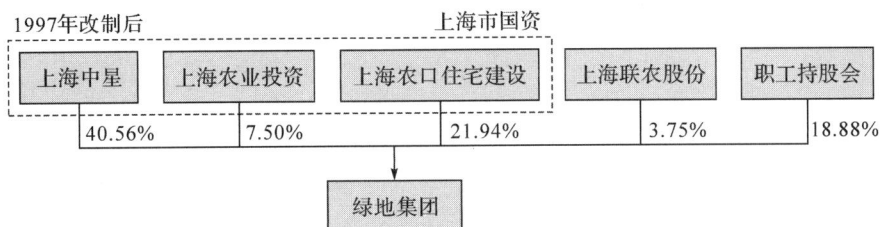

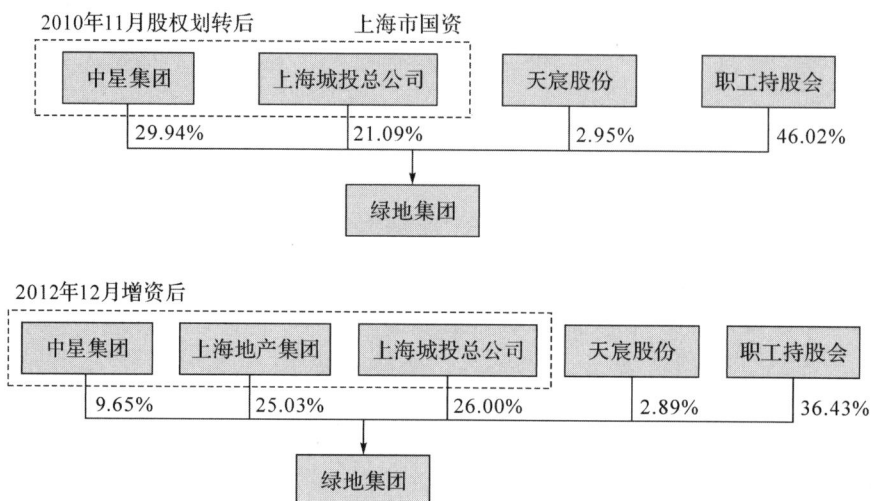

图 4-1　绿地集团股权结构变化

资料来源:上海金丰投资股份有限公司重大资产置换及发行股份购买资产暨关联交易报告书。

(2)引入外部非国有控股战略投资者,进一步推进混合所有制股份结构

2013 年 11 月 25 日,绿地集团于上海联合产权交易所挂牌,宣布拟增发 21 亿股,引入境内投资者,并要求投资人必须是非国有绝对控股公司及非房地产行业企业。2013 年 12 月 19 日,绿地集团增资扩股完成,引入平安创新资本、上海鼎晖、宁波汇盛、珠海普罗、国投协力等 5 家投资机构,5 家机构以 5.62 元/股的价格联合增资 117.29 亿元,占绿地扩股之后股本的 20.14%(参见表 4-1)。根据绿地集团披露的财务状况,本次增资对应 2012 年 PE 约为 8.67,PB 约为 1.86;2013 年 PE 约为 5.24,PB 约为 1.21。

表 4-1　绿地集团增资前后绿地集团股权结构变化

股东名称	2013 年引进前股东结构比例	2013 年引进后股东结构比例
上海绿地集团职工持股会	36.43%	29.05%
上海城投总公司	26.00%	20.74%
上海地产集团	25.03%	19.97%
上海中星集团	9.65%	7.69%
上海天宸股份	2.89%	2.31%
平安创新资本	—	10.01%
上海鼎晖	—	4.29%
宁波汇盛	—	3.86%
珠海普罗	—	1.01%
国投协力	—	0.97%
合计	100.00%	100.00%

资料来源:上海金丰投资股份有限公司重大资产置换及发行股份购买资产暨关联交易报告书。

(3)为满足上市要求,规范职工持股会

职工持股会规范方案过程为:绿地集团管理层 43 人出资 10 万元共同成立一家管理公司——上海格林兰投资管理公司。格林兰投资和全体持股会成员投资成立 32 家有限合伙企业,格林兰投资作为各有限合伙企业普通合伙人,全体持股会成员作为有限合伙人。格林兰投资和 32 家小型有限合伙企业共同成立一家大型有限合伙企业,即上海格林兰。上海格林兰以吸收合并职工持股会方式承继职工持股会的全部资产、债权、债务和其他一切权利与义务。各小型、大型合伙企业及全体合伙人委托格林兰投资及投资管理委员会参与制定、实施上市计划并完成有关工作(参见图 4-2)。

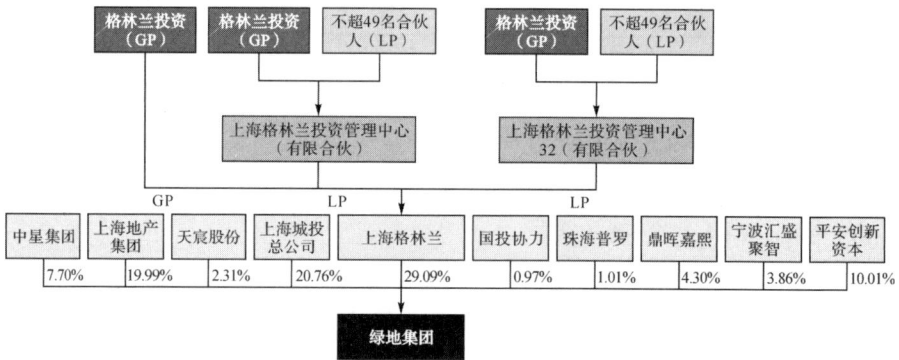

图 4-2　职工持股会规范后,绿地集团持股架构(2014 年)

资料来源:上海金丰投资股份有限公司重大资产置换及发行股份购买资产暨关联交易报告书。

(4)绿地集团通过金丰投资借壳上市,深化发展混合所有制

2014 年 3 月,金丰投资宣布拟通过资产置换和发行股份购买资产方式进行重组,拟注入资产为绿地集团 100%股权,预估值达 655 亿元。

重组前,绿地集团已经拥有"国有体制"与"市场机制"的"混血"机制,装入金丰投资后,此机制得以延续。绿地的混合所有制,顺应了国资改革的导向,目标就是通过混合所有制经济,放大国有资本功能。此次借壳成为 A 股"史上最大借壳案"。

交易方案具体为,金丰投资本次重大资产重组方案由资产置换和发行股份购买资产两部分组成。首先,金丰投资以全部资产及负债与上海地产集团持有的绿地集团等额价值的股权进行置换,拟置出资产由上海地产集团或其指定的第三方主体承接。然后,金丰投资向绿地集团全体股东发行股份购买其持有的绿地集团股权,其中向上海地产集团购买的股权为其所持绿地集团股权在资产置换后的剩余部分,拟注入资产为全体交易对方合计持有的绿地集团 100%股权(参见图 4-3)。

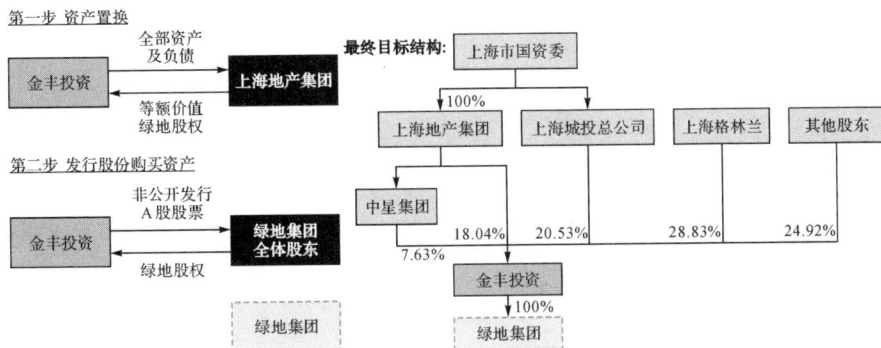

图 4-3 绿地集团借壳金丰投资上市交易结构

资料来源:上海金丰投资股份有限公司重大资产置换及发行股份购买资产暨关联交易报告书。

3.改革效果

成立 20 余年来,绿地集团在经营上保持了超过 40% 的年复合增长率,其业绩增长动力、经营决策效率,充分体现了混合所有制的体制优势。企业通过员工持股、引入战略投资者、整体上市等各个方面的改革,深化了其混合所有制,增强了企业的竞争力。在 2014 年《财富》世界企业 500 强中,绿地集团位列第 268 位,在上榜的中国内地企业中位列第 40 位。

【案例启示】

第一,发行上市提高了国有资本流动变现能力,提供了在二级市场减持国有股的机会,推动大型国有企业向混合所有制发展,同时也为国有资产监管从管人、管事、管资产向以管资本为主的转变提供了有利条件。

第二,通过发行上市,股份公司成为市场竞争主体。对于部分三级公司甚至更下层级子公司,可根据具体的业务情况适度开展混合所有制,但应当避免在这些层级广泛进行混合所有制,尤其是与主营业务直接相关的。这些层面大量的混合,有可能导致集团的经营指令不能有效传达,影响经营管理效率。

第三,整体上市后,集团公司层面空壳化,在组织管理上面临着"一套人马、两块牌子"、集团和股份公司机构和人员不分等问题,对公司治理产生不利影响。对于整体上市的国有控股企业,可以考虑去掉集团公司这个壳,或者集团公司根据自身情况改组成为国有资本投资运营公司。

(2)并购重组。国有企业通过并购重组的方式,与民营企业实现有机融合,也是发展混合所有制的一种有效方式。一般来说,在行业内具有领先地位的国有企业,可以选择与本企业在技术、市场、产品等领域能够形成良好协同效应的民营企业,作为并购标的;对于处于成熟期或衰退期的企业,为实现可持续发展,也可考虑通过并购民营企业进入新的业务领域。

通过并购重组方式发展混合所有制,其方案设计的核心在于给原民企创业者留一定比例的股份。这种股权结构安排,能够保证企业管理团队的稳定性,既可以解决人力资源的来源问题,又确保了重组后的顺利过渡。更重要的是,让管理层通过持股成为企业的利益共同体,共同分享企业成长带来的收益,同时,也共同承担企业在市场竞争中面临的风险。作为并购实施方的国有企业,则可以从结构调整、规范管理、技术优化、资金支持等方面对被并购企业提供帮助,使重组双方的现有技术、研发、机制等各方面优势得到发挥,提升其核心竞争能力和可持续发展能力。

【案例 4-3】

中国建材

中国建筑材料有限公司(以下简称中国建材)成立于 1984年,是中国建材行业的领军企业。多年来,中国建材坚持市场化改革,根据水泥行业的特点进行并购重组,积极探索混合所有制,使公司迅速实现了由中小型企业向世界 500 强企业的跨越式发展。

1. 改革背景

中国建材的前身是中国新型建筑材料集团公司(以下简称中新集团),当时除拥有已经在国内 A 股上市的"北新建材"之外,中新集团下属 200 多家小企业分散于全国各地,整体来看摊子大、业务杂、规模小、管理松散,而且很多企业已濒临破产。2003年 3 月,国务院国有资产监督管理委员会成立,中新集团被列入国有资产监督管理委员会直接管理的 196 家大型央企集团之一。国资委明确提出央企今后的方向就是围绕主业调整结构,把企业做强做大。随后,中新集团更名为中国建材,开始其战略转型之路——回归建材行业主流,进入水泥等大宗建材市场。

借鉴西方发达国家的水泥行业重组历程,并购重组是水泥行业资源整合、提高集中度、形成稳定性的必由之路。2004 年年初,中国建材确定了区域联合重组的水泥业务发展方式,即选取核心战略区域,对区域水泥存量进行联合重组,取得区域市场控制权,以增量投入技术提升和产业升级,以管理整合创造效益,追求一种社会资源充分利用的资源重组和行业整合的扩张路线。

2. 改革路径

一是"蛇吞象"布局淮海地区。徐州是淮海经济区的中心,中国建材旗下的中联水泥在徐州海螺集团的冲击下地位岌岌可危,中国建材决意收购徐州海螺集团的全部股权。在行业协会的协调下,中国建材将 9.61 亿元注入中联水泥,溢价 1.5 倍收购了安徽海螺创投及台湾水泥集团所持徐州海螺集团 52.5% 及 47.5% 的股权,重组徐州海螺集团,整合生产、营销,避免恶性竞争。之后,中联水泥又先后重组泰山水泥、德州大坝水泥、洛阳黄河水泥等42家企业,产能从2006年的1100万吨增加到2011年的8000万吨,成为淮海经济区最大的水泥企业,实现了"控制中原,辐射京津,沿陇海一线成片形成大区域控制"的战略布局。

二是联合民营布局东南地区。2007年9月,中国建材与民资企业邦达集团发起成立南方水泥,联合东南地区民营水泥企业,形成了利益共同体,实现了央企和民企的共赢、共进。南方水泥成立后的短短三年时间,迅速联合重组150家水泥企业,成为东南经济区具有影响力的大型水泥集团。

三是强强联合布局东北地区。2009年3月,中国建材与国内大型民营水泥企业辽源金刚,以及弘毅投资产业基金共同成立北方水泥有限公司,先后重组佳木斯鸿基水泥、宾州水泥等10余家水泥企业,至此东北地区整合完成。

四是"三个承诺"布局西南地区。2011年12月,中国建材旗下的水泥产业集团——西南水泥有限公司(以下简称西南水泥)在成都正式挂牌成立。中国建材投资50亿元,其他战略投资伙伴投资50亿元。西南水泥先后与近150家企业签订重组协议,成为西南地区最具影响力的大型水泥集团,涵盖的市场区域为四川、云南、贵州、重庆。

在重组整合过程中,中国建材坚持三个原则:一是公平合理定价,按国际惯例的定价原则做资产评估,解决了企业关系的问题;二是为民企老板保留部分股权,中国建材与民企老板形成了利益共同体,解决了产权制度的问题;三是把民企老总聘为职业经理人,使其能在自己热爱的事业中继续发挥作用,解决了职业经理人的问题,最大限度地实现了央企和民企的共赢、共进。

3. 改革效果

中国建材用市场化方式联合重组,按市场原则管理整合,基本完成在全国水泥市场的战略布局,总产能达 4.5 亿吨,成为世界水泥大王。

企业经营业绩大幅提升,产业布局不断优化。过去十余年营业收入和利润总额双双增长 100 倍,分别超过 2500 亿元、120 亿元;连续多年进入世界 500 强企业行列,连续五年获国有资产监督管理委员会年度经营业绩考核 A 级,第二和第三任期考核均获 A 级。水泥、商混、石膏板、玻璃纤维等产能居世界第一,超薄电子浮法玻璃、风机叶片、碳纤维原丝、熔铸耐火材料等产能居全国第一。

企业管理体制、经营机制、员工观念等焕然一新,增强了企业活力和竞争力。目前所属混合所有制企业占比超过 85%,所属骨干企业南方水泥、北方水泥、西南水泥、中国玻纤、泰山石膏等企业均成为行业佼佼者。其中,南方水泥国有资本占比约 35%,每年税后利润超过 30 亿元,成立三年就收回投资,已成为国内第二大水泥企业;中国玻纤国有资本仅占 14%,是世界最大、技术水平最高的玻纤制造商,2013 年在极其严峻的市场形势下,实现税后利润超过 6 亿元。

推动了行业结构调整与转型升级。在中国建材集团大规模重组的推动下,我国水泥行业集中度从 2008 年的 16% 提高到 2013 年的 53%。南方水泥重组整合经验和中联水泥转型升级经验,均获国家级企业管理现代化创新成果一等奖。中国建材重组水泥企业的经验入选哈佛案例,产生了广泛的国际影响。

【案例 4-4】

国药集团

国药集团是国有医药流通的旗舰企业集团,在国内医药健康领域综合实力领先。国药集团通过并购重组,与民营资本合作铺建全国药品流通网络等方式,不断吸收非公有制资本,实现股权多元化,不断提高国药集团企业竞争力,初步完成混合所有制的改革。

1. 改革背景

20 世纪 90 年代,中国医药流通体制放开管制,国药集团所从事的全国药品调拨业务被取消,市场充分竞争,医药公司纷纷下放地方或改制,留给母公司的几乎是"空壳"。面对这种发展困境,国药集团认识到,除了努力实现内生式增长,整合内外资源是最好的发展方式。

2. 改革路径

2002 年至 2005 年,国药集团进入了整合资源、突出主业、蓄势待发阶段。在这期间,国药集团实施了几项改革:2002 年,国药集团药业股份有限公司(以下简称国药股份)成功上市融资;2003 年 1 月,国药集团与上海复星集团组建国药控股有限公司(以下简称国药控股),盘活了资产;2003 年,国药集团与中国药材集团合并;2004 年国药控股收购深圳一致药业股份有限公司(以下简称一致药业)43%的股份,牢固确立了国药集团在我国南方地区的优势地位。

2013 年 2 月,国药集团现金收购香港上市公司盈天医药56.79%的股份,成为盈天医药的控股股东。收购后,盈天医药更名为中国中药,被国药集团定位为国药的唯一中药整合平台。2013 年 5 月,盈天医药受让上海复星医药全资子公司复星实业(香港)有限公司持有的同济堂医药 100%股权,作价人民币 26.4 亿元。

通过上述并购重组交易,国药集团打造了资本运作平台。第一,盈天医药定位为国药的唯一中药平台,未来国药旗下以及收购的中药资产都会以盈天为平台加以整合,借助上市公司的资本平台,促进中成药产业的快速发展。第二,并购丰富了国药的产品类别。盈天医药、贵州同济堂两个公司共有 7 个进入中药基药的独家品种,加上中国药材公司旗下的一个基药品种,占到全部中药基药品种的近 30%。第三,共享分销网络,进入新市场。同济堂医药拥有广泛的分销网络,促使国药集团进一步拓展市场。同济堂医药是中国医药领先企业,侧重于开发、生产及营销现代中药,与盈天医药良好的工业基础互相协同,收购将使盈天医药快速进军骨科中药的处方药及非处方药市场。而一致药业主营医药流通业,其营销渠道在华南地区举足轻重,其下属的深圳市一致医药连锁有限公司,名列全国零售连锁业第 3 名,拥有 150 多家连锁店,在深圳医药零售市场占有约 70% 的份额。

3.改革效果

经过十多年的改革发展,国药集团的核心竞争力显著提高,经营规模和市场份额不断扩大。2003 年至 2013 年,国药集团营业收入年平均增幅为 31%,利润总额年平均增幅为 42%,总资产年平均增幅为 32%。2013 年营业收入超过 2000 亿元,居世界 500 强企业排行榜第 357 位。

截至 2013 年年底,国药集团企业总户数为 648 户,其中与民营资本、地方国有资本、外资资本等实施混合所有制的企业为 543 户,占集团总户数的 83.8%。混合所有制企业资产总额 1390 亿元,占集团总资产的 82.6%;营业收入 1881 亿元,占集团总营业收入的 92%。

【案例启示】

第一,对于产能过剩或高度分散的行业,大资本的并购重组,往往有利于改善行业竞争格局,集中行业优势资源,促进行业转型升级。在这些行业,国有资本既可以作为并购重组方,也可以作为被并购重组方,要顺应市场经济的客观规律。

第二,由行业并购重组而形成的股权多元化,一方面是行业发展的客观结果,另一方面要积极发挥混合所有制的体制优势,实现资源互补与发展共赢。以中国建材为例,实行混合所有制后,中国建材坚持"央企市营",一批优秀的民营企业创始人转变成为职业经理人,在中国建材集团内继续发挥积极作用。而在国药集团的例子中,在实行混合所有制之前,国药集团的优势是具有较强的技术和资金实力,但劣势是经营效率低,而在决策机制、市场意识、管理方式及激励机制等方面,民营企业具有一定优势,通过与民营公司进行合资,规范治理、转换机制,提升了经济运行效率。

(3)合资新设。国企与民营资本、外资等社会资本成立合资公司,搭建合作平台,可实现优势互补,共同发展。各方可以现金、股权、技术、实物资产等投资入股。通常来看,合资新设方式适用于在新领域开展新业务的情形。在初创阶段,可以采取由创业团队与国有企业共同出资的方式设立。因此,共同出资方式在企业规模相对较小时更为适用。一般而言,国有企业主要提供资金,通常占据控股地位;创业团队(管理团队)主要提供技术。这种方式,非常有利于国企和民企在资金、技术方面实现优势互补。在具体的操作过程中,合资新设方式的核心在于合资公司的公司治理和管理架构,既要双方融合、为我所用,又要在管理架构上实现平衡。

【案例 4-5】

北汽福田

1996 年北汽福田车辆股份有限公司(现名称为北汽福田汽车股份有限公司,以下简称福田汽车)成立,其股东有 100 家,时称"百家法人造福田",股东主要为配套厂商和经销商。通过利益捆绑和良好的运营机制,以及 A 股上市进一步深化股权多元化,福田汽车迅速发展,从中国最大的农用车企业发展成为全球最大的商用车企业。

1. 改革背景

福田汽车的前身主体是诸城市机动车辆制造厂,始建于1989 年,是山东省诸城市市属企业,原机械工业部定点生产轻型柴油汽车、四轮农用运输车的专业生产厂家。为了实现规模扩张,在政府的支持下,诸城市机动车辆制造厂主动放弃法人资格,将自身划转给北京北汽摩有限公司。1994 年 1 月,诸城市人民政府、北京市人民政府批准北汽摩以吸收合并方式,将诸城市机动车辆制造厂并入北汽摩,并将其更名为北汽摩公司诸城车辆厂,成为北汽摩设在山东的农用运输车的专业生产厂。北汽摩诸城车辆厂很快成为中国农用车的"老大",1996 年四轮农用车产销量居全国首位。1996 年 1 月,为适应企业经营发展需要,北汽摩诸城车辆厂更名为北汽摩山东分公司。

2. 改革路径

1996 年 8 月,由北汽摩作为主要发起人,与常柴集团有限公司、武进柴油机厂等 100 家单位发起设立北汽福田车辆股份有限公司。北汽摩投入资产实物,包括怀柔车架厂、诸城车辆厂以及潍坊工模具总厂的生产经营性资产,净资产评估值共计 9252 万元。常柴集团有限公司投入现金 1500 万元,武进柴油机厂投入现金、实物,资产评估值共计 750 万元。山东华源莱动内燃机有限公司投入实物,评估值 500 万元。安徽省全椒柴油机总厂以实物出资,实物评估值 100 万元。其他 95 家发起人均以现金出资,共计 2310 万元(参见图 4-4)。上述 100 家发起人签订了《北汽福田车辆股份有限公司发起人设立公司协议书》,制定了《北汽福田车辆股份有限公司章程》,并经公司首次股东大会通过。

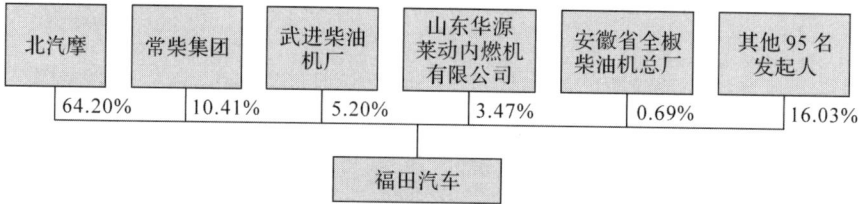

北汽摩	常柴集团	武进柴油机厂	山东华源莱动内燃机有限公司	安徽省全椒柴油机总厂	其他95名发起人
64.20%	10.41%	5.20%	3.47%	0.69%	16.03%

福田汽车

图 4-4　福田汽车成立时股权结构(1996 年 8 月)

福田的 100 家法人股东中,有 55 家主机配套厂、45 家经销企业,分布于全国 13 个省、自治区、直辖市,从而形成了跨地区、跨行业、跨所有制的股份制企业。福田汽车以产权和产品为纽带,将福田公司与供应商和经销商紧密联系在一起,形成战略同盟关系,充分调动了上、下游的积极性。

在公司经营管理上,福田汽车在成立时就实现了公司运营市场化和透明化。虽然福田汽车的大股东是国有资本,但国有资本干预较少,经理层不是由大股东委派,没有行政色彩,采用市场化的公司治理机制和经营机制,管理层薪酬由董事会决定,股东履行投票权。

在福田汽车成立的同时,福田汽车总经理王金玉提出要发行股票上市,用完善的法人治理结构和高透明度规范公司运作。1998 年 6 月,福田汽车在上交所上市,福田汽车在短短的两年内进一步强化了混合所有制(参见图 4-5)。

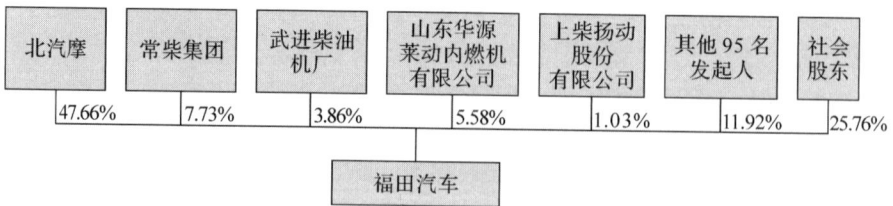

北汽摩	常柴集团	武进柴油机厂	山东华源莱动内燃机有限公司	上柴扬动股份有限公司	其他95名发起人	社会股东
47.66%	7.73%	3.86%	5.58%	1.03%	11.92%	25.76%

福田汽车

图 4-5　福田汽车上市时股权结构(1998 年 12 月)

北汽集团	北京国有资本经营管理中心	常柴股份	诸城舜邦投资开发有限公司	诸城市义和车桥有限公司	长沙神久机械制造股份有限公司	青岛青特众力车桥有限公司
34.14%	5.28%	2.57%	2.54%	2.11%	1.52%	1.46%

福田汽车

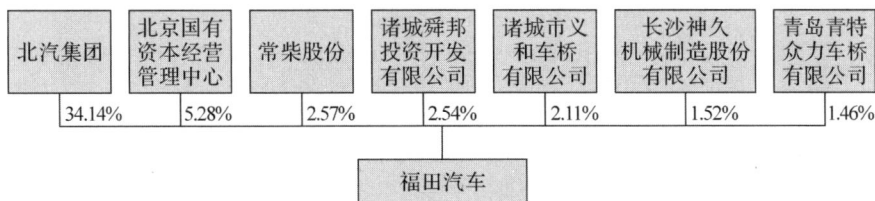

图 4-6　福田汽车 2013 年股权结构(2013 年 12 月)

3.改革效果

1999 年,福田汽车产销汽车 6.4 万辆,轻型卡车销量国内第一,并一直保持至今。2010 年福田汽车销售商用车 66.9 万辆,成为全球最大的商用车企业。2013 年,福田汽车品牌价值达671.27 亿元,居中国汽车行业第四位,在商用车领域排名第一。

【案例 4-6】

平煤神马集团

中国平煤神马能源化工集团有限责任公司(以下简称平煤神马集团)是国有特大型能源化工集团,在平煤集团和神马集团的基础上于 2008 年 12 月重组整合而成,其中平煤集团是全国最大的焦炭生产基地、国内品种最全的炼焦煤和电煤生产基地,神马集团是全国最大的尼龙化工生产基地,帘子布和工业丝规模均居世界第一。平煤神马集团在 2011 年中国企业 500 强中居第 74位,是一家跨区域、跨行业、跨所有制、跨国经营的特大型能源化工集团。

1.改革背景

近年来,平煤神马集团以开放包容的心态、互利共赢的原则,不断加大与民营企业、外资企业的合资合作力度。集团与天瑞集团、河南银基、重庆紫光、山东矿机、美国休斯科等 40 多家国内外知名企业建立了战略合作关系,激发了企业的竞争活力,促进了集团的发展壮大。自2008年12月重组以来,集团混合所有制经济快速发展,2012年混合所有制公司的销售收入已占集团总收入的2/3。

2.改革路径

平煤神马集团旗下有平煤股份、神马股份、新大新材等上市公司,也有合资公司。首山焦化公司是平煤神马集团通过合资发展混合所有制的典型。

2007年,平煤神马集团与许昌卧虎山焦化公司达成协议。双方共同出资1亿元合资成立首山焦化公司。其中平煤神马集团出资5100万元,占51%;许昌卧虎山焦化公司出资2400万元,占24%;中电投集团占25%。

首山焦化公司的成立,是一种优势互补、多赢的合作。首山焦化公司的前身是许昌市襄城县卧虎山焦化公司,是一家只有几十万吨产能的民营企业,其优势是有资金,也有场地,有煤化工基础,有发展决心。而平煤神马集团有炼焦煤资源,有市场,有规范的管理团队。首山焦化公司成立后,平煤神马集团不断地为新公司注入原料煤资源,世界上最大的7.63米焦炉在首山焦化安家,首山焦化产能从80万吨迅速提高到300万吨。成立当年,首山焦化销售收入从不足亿元增长到3.8亿元,实现利润4100万元。2008年以来,全球金融危机和欧债危机先后爆发,国内焦化业受到严重冲击,而首山焦化却实现了逆势发展。2011年,该公司实现盈利7000万元,2012年实现利税1亿多元。不仅如此,原煤进厂以后,合资公司通过焦化深加工衍生出30多种精细化工产品,显著提高了煤炭的经济附加值。首山焦化的产业链条已由最初的单一煤焦化产业链,拓展为煤基尼龙化工、光伏新材料、碳素三大产业链。

不仅是首山焦化公司,从 2004 年与天瑞集团组建瑞平煤电公司以来,平煤神马集团已经与 40 多家民营企业、中央企业和世界 500 强企业签署合资合作协议。2007 年以来,集团还与民营企业合资成立了中鸿煤化、京宝焦化等焦化企业,引进民营资本近 4 亿元,这些焦化企业投产后,使集团焦炭总产能达到 1600 万吨,位居世界第一;每年消耗煤炭 3200 万吨,产出甲醇等化工产品 233 万吨,LNG、氢气等 4.3 亿立方米。

3. 改革效果

对平煤神马集团而言,通过合资合作,产业结构得到战略性调整,以七大焦化公司为依托,集团构建了高端煤基尼龙化工产业链,锁定了煤炭市场,规避了市场风险和危机冲击。通过合资合作,极大地吸纳了民营资本,企业发展所需的资金更有保障。通过合资合作,民营资本的参股优化了股权结构,使决策更加民主、科学,并且在新公司内嫁接民营企业管理体制和经营机制,激发了企业发展活力,管理和运营也更加灵活、顺畅和高效。

对民营企业来说,首先,它们从国企的品牌和信誉优势中获益,在融资、项目审批或商业往来等环节相较以往更为便利。其次,通过合资合作,有助于获得充足的煤炭、土地、厂房和内部市场等资源,以及高素质的管理团队等。此外,在与国有资本的合作中,共赢机制使民营资本获得了良好的资本收益。

【案例启示】

合资新设也是通过多种所有制资本的混合,实现各方资源和优势混合的重要方式。通过设立新的公司,将相关者的利益以股权形式固化,协同一致为公司打造核心竞争力,发挥混合所有制的优势。不论是福田汽车,还是首山焦化公司,其股东方均具有不同的资源优势,在产业链上能够给予合资公司前身所不具备的能力,助推合资公司实现跨越式发展。

合资新设的操作难点在于股权结构设计、公司治理的把握和利益的制衡。股东力量的制衡,一定程度上使决策效率有所降低,但投资风险也得到控制,管理上更加严格到位。

(4)战略引资。为促进产业结构升级,增强核心竞争力和创新能力,国有企业可引入在资金、技术、管理、市场、人才等方面具有优势的战略投资者,形成混合所有制结构。对于处于充分竞争领域且国有资本持股比例较高、经营机制不够灵活的企业,战略引资尤为适用。

【案例4-7】

中国西电

2012年5月,中国西电电气股份有限公司宣布向通用电气新加坡公司(GE Smallworld(Singapore)Pte Ltd.,以下简称GE)定向增发15%的股份,GE成为中国西电的战略投资者,双方在二次设备和国际化方面进行深度合作,弥补中国西电在二次设备领域的短板,形成了完整的工程总包能力。

1. 改革背景

中国西电电气股份有限公司是2008年4月以发起设立方式设立的股份有限公司,2010年1月在A股主板上市。中国西电是我国最具规模的高压、超高压及特高压输变电成套设备研究开发、生产制造和试验检测的重要基地,是目前我国高压、超高压及特高压直流成套输变电设备生产制造企业中产品电压等级最高、产品品种最多、工程成套能力最强的企业,也是国内唯一一家具有输变电一次设备成套生产制造能力的企业。但是,与众多中国电气设备供应商一样,中国西电在二次设备领域没有优势,缺乏总包能力,2011 年集团净亏损 7.7 亿元,2012 年勉强实现赢利。

随着行业的发展,一次设备中含有二次设备将成为发展趋势。拓展二次设备有助于拓展中国西电的产业链条,形成完整的工程总包能力,有助于公司走出困境、实现长期发展。

2. 改革路径

2012 年 5 月 8 日,中国西电与通用电气(GE)正式宣布 GE 将以 35 亿元认购中国西电定向发行的 15% 股份,双方将在全球范围展开商业合作并在中国设立合资公司。

西电引入 GE 作为股东,进一步优化了股权结构。在 2010 年上市前,中国西电的原有股东均为国有股,上市后公开发行 30% 的股份,在股权上实现了多元化。引入战略投资者 GE,中国西电的股权更为分散,大股东西电集团的持股比例从 58% 稀释为 51%,股东所有制类型更加多元化(参见图 4-7)。GE 入股

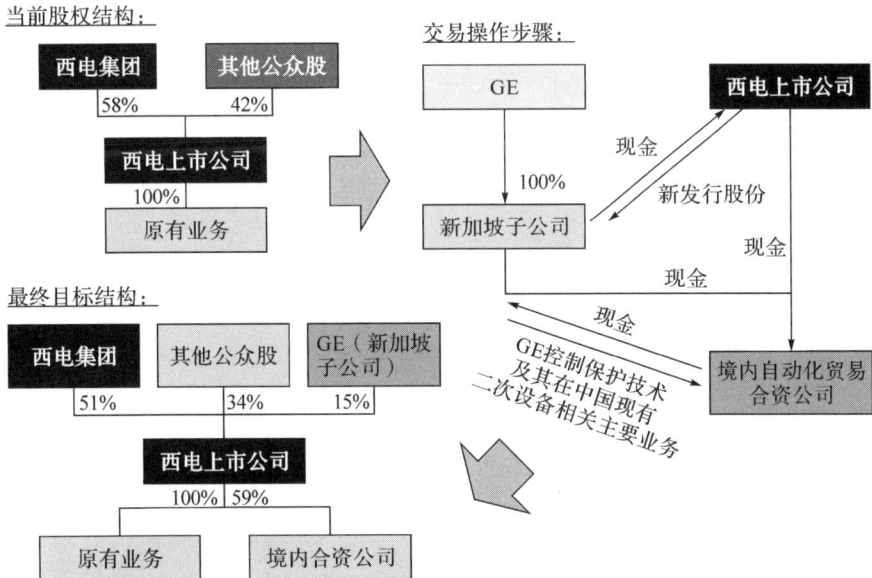

图 4-7　通用电气股权结构变化

后,中国西电增选了一名由 GE 方委派的董事。

GE 入股中国西电,主要由三部分核心内容构成:一是定向增发。GE 以现金认购中国西电非公开发行的股份,从而获得中国西电(发行后)15%的股份;GE 有权提名一名董事;GE 的持股锁定期原则上为 10 年。二是二次设备合资。双方将在中国地区成立一家由西电控股的二次设备制造企业,中国西电控股 59%;GE 将对自动化合资公司在二次设备技术上进行支持,自动化合资公司将以现金方式向 GE 支付相关技术转让费,以获得 GE 对于二次设备相关技术原则上永久的、不可撤销的许可授权。三是加速国际化。GE 与中国西电将在全球范围内展开合作,双方约定根据各自的优势对市场进行划分,划分以国家为单位,在各个国家市场,具有市场优势的一方定为"市场主导方",另一方为"设备供应方"。

3. 改革效果

中国西电通过战略引资实现了投资主体的多元化,开展了积极有效的战略合作。对中国西电而言,其战略引资,不仅仅是资金的引入,还进一步强化了混合所有制,获得了更多战略收益。借助通用电气,中国西电拓展了二次设备业务,形成完整的工程总包能力。西电通用电气自动化有限公司于 2013 年 4 月设立,该公司当年即实现二次设备营业收入 5130 万元。借助通用电气的品牌优势和销售网络,中国西电还完善了其海外市场布局,进一步拓展了海外业务。GE 拥有全球知名的品牌以及丰富的管理经验,借鉴 GE 管理运营经验,有助于提升中国西电的国际竞争力及品牌知名度。西电通过自动化合资公司及与境外商务合作借鉴对方成熟的管理运营经验;同时,境外商务计划以及自动化合资公司的合作,将有助于中国西电在较大范围内借助 GE 的品牌优势,提升公司自身在国际上的品牌知名度。

中国西电公司借助战略引资加快实施转型升级,加强科技创新,加大国际化经营步伐,生产经营各项指标稳中有升,经济效益逐步提高,2013年度实现净利润同比增长233%。

【案例4-8】

富奥股份

2007年,一汽集团的零部件公司一汽富奥实现改制,成立富奥汽车零部件股份有限公司(以下简称富奥股份),第一大股东是民营零部件企业宁波华翔,一汽集团成为第二大股东。通过改制,富奥股份经营效益大幅提升,实现了扭亏为盈;通过多年努力,富奥股份于2013年实现A股上市。富奥股份借改制之机实行混合所有制,最终实现了多元股东和公司的多赢局面。

1. 改革背景

富奥股份的前身是富奥汽车零部件有限公司(以下简称富奥公司),成立于1998年9月,由一汽集团所属的9家全资和8家合资零部件企业合并组建而成,是一汽旗下最大的零部件供应商。为了实现一汽集团主辅分离和整体上市,按照国家有关国有企业改制的相关政策和一汽集团公司体制改革的统一部署,对原富奥公司进行了整体改制。改制前,2006年富奥公司实现主营业务收入26.9亿元、净亏损1亿元。

2. 改革路径

首先对富奥公司进行改制,设立富奥股份。富奥股份注册资本10亿元,民营企业宁波华翔以4.9亿元现金认购49%的股份,富奥公司经营层认购16%的股份,一汽集团以经评估的富奥公司净资产扣除改制成本费用后认购35%的股份。由此,富奥股份由央企全资子公司,改制成为由民资相对控股、国资参股、管理层持股的公司。

改制后富奥股份转变经营管理机制。在公司治理方面,富奥股份设5名董事,宁波华翔和一汽集团各委任2名董事,总经理担任执行董事;在经营管理方面,引进宁波华翔的管理理念和经营方式,以效益为中心改善经营,对亏损二级公司采用调整管理层、改善产品和市场结构甚至出售股份、MBO等方式;在企业文化方面,富奥股份在两级公司员工中开展了"转变观念大讨论",力求减少国企改制进程中引起的文化碰撞。

在混合所有制的基础上,富奥股份以上市为目标,逐步推进。宁波华翔承诺为实现上市目标可以减持股份。2009年宁波华翔将所持富奥29%的股份转让给金石投资、亚东投资和天亿投资。经过几年操作,2013年3月富奥股份通过与ST盛润吸收合并成功上市,实现了股权的进一步多元化。

3. 改革效果

富奥股份通过改制实现了混合所有制,实现了多赢的局面。

对公司自身而言,富奥股份通过改制转变机制提升竞争力,实现了业绩的提升。改制前一汽富奥旗下企业的经营能力参差不齐、经营亏损,改制当年即实现扭亏,赢利1亿元。至2013年,富奥股份收入52.3亿元,净利润达到5.9亿元。

一汽集团作为第二大股东,其财务报表无须合并富奥业绩,如果一汽集团实现整体上市,其业绩可以不受富奥股份拖累。这也就间接地使富奥作为"次优"的辅业资产独立于一汽集团之外。

【案例启示】

第一,即便是优秀的上市企业,引入投资者也有其必要性。从中国西电的案例可以看到,中国西电已经是中国一次设备领域的领先企业,但仍然引入 GE 作为战略投资者,延伸产业链、促进国际化,"百尺竿头更进一步"。

第二,引入战略投资者必须严格设定选择标准,以吸引到真正具有"战略意义"的投资者。中国西电的案例中,通用电气的实力毋庸置疑。富奥股份的案例中,宁波华翔是国内著名的大型民营零部件企业,资金实力强,管理水平高。

第三,在非上市公司的引资过程中,由于没有交易的价格,因此资产的定价是关键,既要吸引战略投资者,又要实现国有资产的保值增值。引资流程的设计和中介机构的专业力量是必不可少的。

第四,非公战略投资者的引入,通常会产生企业文化的碰撞,如何在减少文化冲突的情况下尽量发挥其他所有制的优势,值得关注。资本混合的同时,还需要文化的融合。文化上的剧烈冲突关系到混合所有制的效果,甚至可能引发恶性群体性事件。一汽富奥通过开展观念转变的讨论活动,让广大原国企员工主动思考和发表意见,有效地防止了改制带来的文化动荡。

2. 资本层面的混合

资本层面的混合,主要指国企与社会资本共同出资设立股权投资基金,以基金管理公司为平台,组建专业的管理团队,募集资金,开展项目投资,发展混合所有制经济。具体而言,国有企业可以在公司内下设股权投资基金,也可以探索国有资本与创业投资基金、产业投资基金、政府引导基金等机构资本共同设立股权投资基金,投资自然垄断、公益性或特许经营行业,战略性新兴产业,创新性和孵化期等高收益、高风险业务等。

股权投资基金可以采取公司制、合伙制等企业组织形式,国有资本可以成为公司制股权投资基金的股东,也可以成为合伙制股权投资基金的一般合伙人或有限合伙人。

在资本层面进行混合,淡化了实体经营企业的所有制属性,有利于消除国有企业与民营企业由于所有制不同而造成的对立,在生产经营中消除"所有制鸿沟",摘掉"所有制标签",充分发挥不同所有制的优势,使企业作为独立的市场竞争主体,平等地参与市场竞争。

【案例4-9】

国家开发投资公司

国家开发投资公司(以下简称国投)是国有独资投资控股公司。国投通过引入社会资本设立股权投资基金,以专业团队市场化运作进行项目投资,发展混合所有制经济。国投近80%的项目都实现了投资主体多元化,其中混合所有制企业又占80%。股权投资基金模式一定程度上解决了国投公司国有独资背景的行政化色彩与投资机构强调市场化运作之间的矛盾,并发挥了国有资本引导社会资本的投资杠杆作用。

1. 改革背景

国投成立于1995年5月,注册资本194.7亿元。成立20年来,逐步形成了"股权投资—股权管理—股权经营"和"资产经营与资本经营相结合"的独特运作模式,即资本投入获得股权、股权管理提升企业价值、股权转让或股权经营分红获得收益,逐步构建国内实业、金融及服务业、国际业务"三足鼎立"的业务框架。

近年来,国投通过引进社会资本设立股权投资基金,以基金管理公司作为平台,组建专业管理团队,募集资金,开展项目投资。

2. 改革路径

作为投资控股公司,国投没有明显的产业属性和行业偏好,也不追求资源垄断,是各类市场主体天然的合作伙伴。国投广泛地通过股权投资基金发展混合所有制经济。

国投信托:国投信托注册资本金 12.048 亿元人民币,由国家开发投资公司、国投高科技投资有限公司分别持有 95.45% 和 4.55% 的股份。2013 年 12 月,国投信托有限公司通过增发股份方式引入战略投资者的协议正式签订。国投信托引入社会资本项目共增发 45% 的股比,募集资金约 22.3 亿元。其中,泰康人寿和泰康资产出资获得 35% 的股比,悦达资产获得 10% 的股比。增资完成后国投信托公司净资产突破 40 亿元,可支持信托资产规模达到 3500 亿元。

国投瑞银:国投瑞银是国投与瑞士 UBS 集团合资组建的中国第一家外方持股比例达到最高上限(49%)的合资基金管理公司。截至 2014 年 4 月,国投瑞银共管理着 24 只开放式基金和 2 只创新型分级基金;获得了 QDII 资格,并为 QFII 和信托计划提供投资咨询服务。

国投创新管理公司:2009 年成立,其股权结构为民营股东占 52%,国有股东占 48%,其中国投股权比例为 40%,是一家典型的混合所有制企业。国投创新成立五年来,已提供募、投、管、退 5 只私募股权投资基金,包括国投创新基金、国投协力基金、国投陕煤基金、国投协力发展基金、国投粤凤城市基础设施基金等,募集规模合计 128 亿元。

海峡汇富:2010 年年底在福建省福州市正式成立,注册资本 1 亿元,由国投资本控股有限公司、福建省投资开发集团有限责任公司以及民营资本台湾富邦集团之台湾富邦兴记投资股份有限公司发起成立,持股比例分别为 40%、30%、30%。

3.改革效果

国投混合所有制改制的着眼点不只强调"控制力",还让国企、民企走向"皆大欢喜"的市场化共赢,不追求资源垄断,力争"国民共进"。目前国投控股的三级企业中,除部分前期项目公司和特殊目的公司外,80%的项目都是投资主体多元化的企业,占集团总资产的88%;其中,利用民资、外资等形成的混合所有制企业又占80%。

国投通过混合所有制发挥各所有制资本的协同效应。引入投资者,有助于国投获得项目、平台、资金、销售渠道等多方面的支持,提高公司的综合竞争实力和盈利能力。截至2013年年末,国投资产总额3481亿元,净资产1005亿元,收入986亿元,净利润96亿元。从2002年至今,上述四项指标年均复合增速分别为15%、13%、24%、29%,经营效益持续改善。

国投通过大力发展基金模式吸引社会资本,发挥国有资本杠杆作用。据初步统计,国投每投资1元,可以引领、聚集各类社会资金3.2元,有效地发挥了国有资本的放大作用。

【案例4-10】

新加坡政府投资公司

新加坡政府投资公司(Government of Singapore Investment Corp.,以下简称GIC)是新加坡主权投资机构,根据美国主权财富基金研究所(Sovereign Wealth Fund Institute)的估算,截至2014年7月,GIC管理资产净值约4000亿新元。GIC的目标是使新加坡的外汇储备保值增值,以获得最大长期投资回报。经过30多年的运作,GIC取得了良好的回报率。1994年至2014年,扣除通货膨胀因素的实际年化回报率为4.1%,以美元名义价值计的年化回报率为6.5%。

作为全球著名的主权投资基金,GIC是基金的管理者,本身并不持有所投资产的所有权。GIC 主要投资境外市场,投资标的包含股票、固定收益证券、货币基金、不动产以及其他特殊的投资项目(参见图 4-8)。

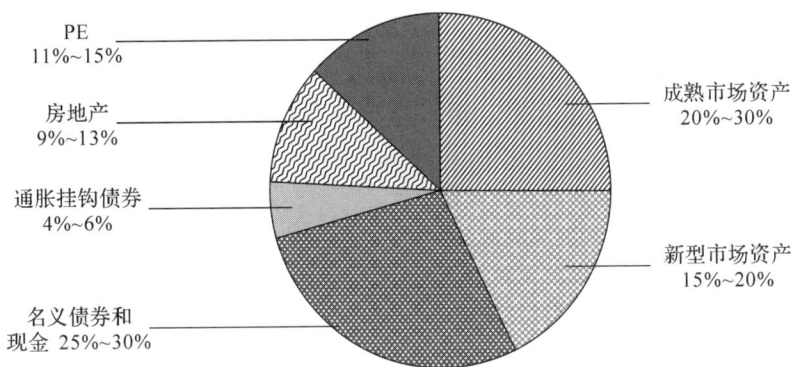

图 4-8　GIC 投资组合——以股权类投资为主(2013 年)

GIC 的私募股权融资业务(PE)开始于 1982 年,目前已经成为全球最大、最负盛名的 PE 机构之一。通过基金模式与境外资本共同投资,GIC 的 PE 业务主要投资于以北美、欧洲为主的发达市场,投资领域包括金融服务、商业服务、消费、医疗保健、TMT 和自然资源等。

【案例启示】

第一,与股权层面混合相比,资本层面的混合具有更大的灵活性。相对于股权,资本具有更强的流动性和无差异性。资本可以投向国内,也可以投向海外;可以是股权层面的混合,也可以在项目层面混合;可以只进入股权市场,也可以根据收益和风险目标构建包含股、债等在内的资产组合;可以控股也可以参股;可以是资本的管理者,也可以是普通合伙人。

第二,基金这种更加市场化的形式要求由市场化的高素质团队来运营。通常大型的资本投资公司对行业、地域等没有明显的

157

偏好性,对收益率有较高要求,而具有社保、公益、外汇储备等背景属性的国有投资公司还需要特别注意风险管控,因此,国有资本投资公司尤其需要组建高素质的市场化团队。例如,GIC建立了一支全球化的、高素质的、匹配长期投资收益目标的投资团队,在全球30个国家雇用了1200多人,业务覆盖40多个国家。高素质的团队就意味着资本层面的混合是必须以市场化的激励机制和考核机制为基础的,采用市场化的投资运营机制。

3. 国有资本投资项目的混合

项目层面的混合主要是指 PPP 模式,又称之为"公共私营合作制"或"公私合作"。PPP 模式是政府通过招标的形式,将项目以 BOT、DBOT、BT、BOO 或 O&M 等方式与中标方合作的一种模式。以 BOT(Build-Operate-Transfer)为例,通过建设—运营—移交方式,企业负责投资建设,拥有一定期限的特许经营权,到期后无偿移交给政府。PPP 模式涉及资金的分担、股权的变动和收益的分享,是一种特殊形式的政府与社会资本合作的模式。PPP 模式本身不是股权的混合形式,但其涉及多元股权主体在项目合作中资本的分担和利益的分享,故可以理解为混合所有制的一种外延形式。PPP 模式既有利于政府,也有利于企业和民众。对政府来说,将一次性投资变成了分期服务支出,缓解了财政压力;对企业来说,企业收益虽不算高但稳定性强;对民众来说,享受到了更为专业、质量更高的服务。

PPP 模式主要用于交通基础设施、电网、新一代信息基础设施、油气管网及储气设备、现代化煤化工和石化产业基地、重要战略性物资储备设施、城市公用事业、保障性住房、学校、医院、社区设施等项目的建设运营。

【案例 4-11】

北京地铁四号线

北京地铁四号线是根据北京市的相关规定,由政府与社会资金按照 7：3 的比例投资建设的基础设施。其中的土建部分由政府全额出资,采用 BOT(建设—运营—移交)模式;运营部分通过 PPP 项目公司完成,具体采用 LDOT(租赁—开发—运营—移交)模式。地铁四号线在投资、建设、运营过程中,在项目层面实现了多种所有制的混合,既缓解了政府投资压力,又通过专业投资者为居民提供了优质的服务,体现出了 PPP 模式的优越性。

1. 改革背景

2003 年 10 月,《北京市城市基础设施特许经营办法》正式颁布实施。2003 年 12 月,北京市政府批转了市发展改革委《关于本市深化城市基础设施投融资体制改革的实施意见》,明确提出了轨道交通项目可以按照政府与社会投资 7：3 的比例,吸引社会投资参与建设。

北京地铁四号线正线长度 28.2km,南起丰台区南四环公益西桥,北至海淀区安河桥北,共设地铁车站 24 座,线路穿越丰台、宣武、西城、海淀四区,于 2003 年年底开始施工,2009 年 9 月 28 日全线开通。

2. 改革路径

北京地铁四号线项目总投资为 153 亿元,北京市政府计划通过北京市基础设施投资有限公司提供 70% 的资金(约 107 亿元人民币),其余 30% 的资金通过项目融资由私人开发商提供。

项目按投资建设主体分为 A、B 两个部分:A 部分包括征地拆迁、土建工程、轨道、人防工程和部分机电设备,由北京市政府出资约107亿元。A部分采用代建的方式,北京市基础设施投资有限公司作为项目法人,负责筹集建设,组建北京地铁四号线投资有限责任公司(以下简称项目建设公司)实施。B部分包括车辆、自动售检票系统、信号和通信、空调通风、控制设备、部分供电设施等机电设备的购置和安装,由北京京港地铁有限公司(项目运营公司)负责筹资建设,该公司注册资本约人民币15亿元(股本资金),大约2/3的资金采用无追索权的银行贷款。在项目公司中,香港地铁公司和北京首都创业集团有限公司各投资约7.35亿元(各占49%),北京市基础设施投资有限公司投资约3000万元(占2%)(参见图4-9)。

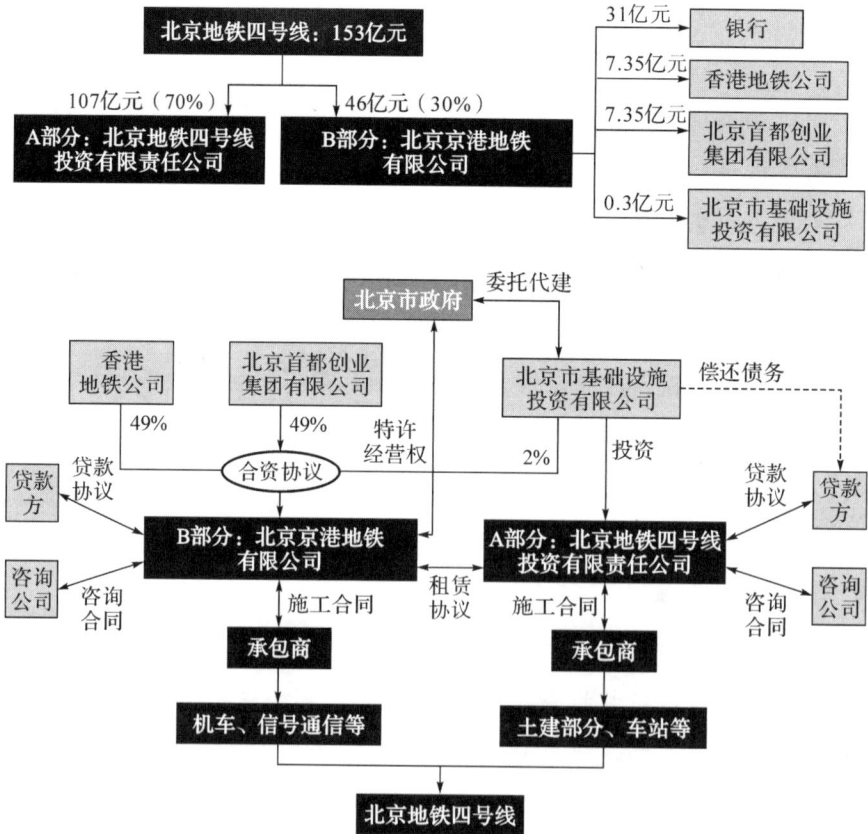

图4-9　北京地铁四号线融资结构

在运营模式上,政府与社会投资 7∶3 的资金安排难以直接应用 BOT 模式,因此 A 部分(土建、车站等)由政府全额出资,采用 BOT(建设—运营—移交)模式;B 部分(机车、信号通信等)通过 PPP 项目公司完成,采用 LDOT(租赁—开发—运营—移交)模式(参见图 4-10)。

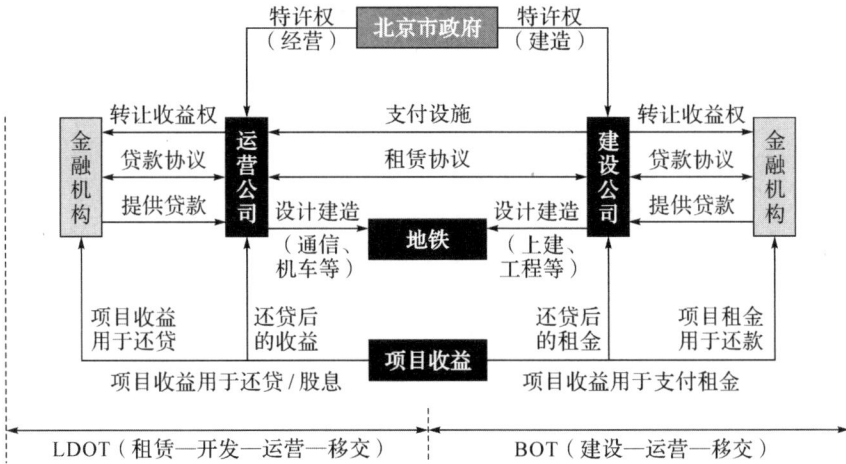

图 4-10　北京地铁四号线营运模式

如图 4-10 所示,根据与北京市政府签订的"特许经营协议",项目运营公司只负责地铁四号线 B 部分的融资、设计和建设,而 A 部分项目设施则通过"资产租赁协议"从项目建设公司获得使用权,在 30 年的特许经营期内项目运营公司要负责地铁四号线所有项目设施的运营和维护,并按照适用法律和"特许经营协议"规定获取票款和其他收益。待特许期结束后,项目运营公司按照"特许经营协议"和"资产租赁协议"的规定将 A 部分项目设施交还给项目建设公司或北京市政府或其指定机构,同时将 B 部分项目设施也无偿移交。

3.改革效果

2009年9月,北京地铁四号线按期投入使用,2014年6月,地铁四号线日均客流量已达122万人次。北京京港地铁有限公司承诺服务向香港地铁看齐,从运营评价看,乘客普遍认为地铁四号线的服务水平高于其他线路。地铁四号线服务质量的提升,也给其他线路带来了竞争效应,促使其他线路也积极提升服务水平。北京地铁四号线的模式,是政府、投资者和乘客共同受益的一种模式。

北京地铁四号线的模式,发挥了多家主体各自的优势,最终保障了项目高质量实施。香港地铁公司在香港地铁建设与运营方面累积了30多年的经验,能将香港地铁的运营经验和服务理念复制到北京地铁四号线。北京首都创业集团有限公司则是直属于北京市的企业,是投资房地产、金融服务和基础设施的专业机构。北京市基础设施投资有限公司是在原北京地铁集团公司基础上改组成立的国有独资有限责任公司,是市一级基础设施投资融资平台,对轨道交通等基础设施项目进行市场化运作的专业化公司。

同时,北京地铁四号线将运营公司与建设公司分开,既缓解了政府的投资压力,又通过专业投资者为居民提供了优质的服务,体现出PPP模式的优越性。

(二)较为成功的国有企业发展混合所有制经济类型

从既往操作看,国有企业发展混合所有制经济,成功的典型经验主要有三类。

一是股权相对分散、股东相互制衡、利益共生共赢的类型。在这一类型中,国有股东不控股或不行使控制权,且混合所有制的企业具有良好的治理机制。如中集集团,其股权结构是招商局占 25.54％、中远占 22.75％、联想弘毅占 5.16％、社会公众股为 46.55％,招商局和中远作为两大国有股东,均不具有独立的控制权,相互制衡,主要通过董事会行使股东权利。在这一类型中,往往还存在管理层持股、管理层同企业激励相容的成功经验。如中联重科,股权结构为湖南省国有资产监督管理委员会占 24.99％,管理层占 12.56％,弘毅投资占 16.65％,公众股东占 44％,其他占 1.8％。

二是股东结构合理、股东战略契合、治理机制良好的类型。这一类型中,虽然股权可能相对集中,但股东之间对企业乃至行业发展前景的认识高度契合,各股东对企业的管控主要通过股东(大)会、董事会来进行,企业发展与股东利益高度一致。如复兴医药 2003 年参与国药控股改制,当时国药集团持股 51％,复兴医药及其全资企业持股 49％。国药控股于 2008 年进行股份制改革,2009 年实现境外上市,双方一直合作良好,国药控股实现了持续健康发展。

三是行业、领域相对特定,国有、非国有企业互补明显的类型。如具有一定垄断性的企业,如污水处理、燃气供应等,收益稳定,机制创新要求较弱,国有企业通过实施混合所有制获得发展资金,非国有企业通过参与改制重组获得稳定收益,双方诉求明确,互补明显。

四、国企发展混合所有制经济面临的问题

党的十八届三中全会指出了积极发展混合所有制经济的含义、形式和目的等内容,而且明确地指明了发展混合所有制经济所必须坚持的基本原则,即"两个毫不动摇"。根据这个原则,无论是通过混合所有制的形式导致国有资产流失甚至国有经济的萎缩和名存实亡,还是在发展混合所有制经济的过程中导致非公有制经济的名不副实或者权益受损,都是不符合中

央精神的,是错误的。

(一)国有企业、非国有企业各有顾虑

历史上的混合所有制企业,既有国有资本流失的案例,也有非国有资本预期落空的案例。当前发展混合所有制经济,对国有企业而言,实力与效益较10多年前已有显著提高,但舆论环境严苛,企业改革动力不足。对民营企业而言,准入行业已经较少,参与国企改制重组的积极性也不高,且参股国企还担心话语权微弱、自身利益难以保障。舆论严苛方面的案例,近期有中信国安集团的股权多元化。媒体当时报道称,国安集团截至2012年年末合并资产总额826.35亿元,合并净资产近155亿元,而5家民企仅以不到57亿元现金就获得近80%的股权,改革涉嫌"国有资产流失"、"国资贱卖"。其中存在误解,因为国安集团下属企业众多且股权分散,2012年年末归属于国安集团母公司的净资产仅为10.6亿元,而作为引资基础的评估值为21亿元,增值几乎一倍,所谓的"国有资产流失"指责并不完全客观。

(二)对国有企业产权改革的分类指导不够

发展混合所有制经济,落实到国企改革上,关键是产权制度改革。这对不同行业、领域的国有企业,以及同一国有企业的不同发展阶段,要求必然有所不同。推进国有企业实施产权改革、发展混合所有制经济,需要结合企业的不同功能定位统筹研究。对于不同功能的企业,应提出不同的推进混合所有制的标准和要求,要积极探索在哪些行业领域以及哪些具体企业优先推进产权制度改革,发展混合所有制经济;对规模巨大、业务多元的企业,还要考虑在什么企业层级、什么业务板块上推进改革。

(三)部分国企实施混合所有制改革缺乏整体设计

具体表现,一是国有股一股独大,非国有资本象征性参股,在公司治理

中话语权有限,难以改善国企的体制机制。二是国有企业对外参股时股比过低,同样缺乏话语权,大都回报不好,形成一批低效、无效资产。三是层层实施多元化,好的业务、资产都引入外部投资者,母公司管控难度较大,战略难以往下落实,归属母公司的净利润占比较低,且包袱都留在集团。

(四)相当一部分国有企业的吸引力不够

大量竞争性领域的国有企业发展混合所有制经济,需要解决对非国有资本的吸引力问题。目前,很多传统行业的国有企业,尤其是中小企业,效益差、冗员多、历史包袱重,缺乏市场竞争力,对非国有资本的吸引力弱。对大型国有企业而言,在母公司层面推行产权多元化,也存在现实困难:企业太大,对拟进入的投资者实力要求太高的,难以找到合适的投资者;大企业业务过杂、效益较差以及社会负担较重的,外部投资者不愿意参与整体改制,更多愿意进入企业内部有竞争优势的业务板块;大企业主要业务板块已经多元化、主营业务已经整体上市的,外部投资者基本不愿意再在母公司层面实施多元化。

(五)一定程度上存在急于求成的倾向

目前,各地区、各部门、各单位都在按照党的十八届三中全会要求,把发展混合所有制经济作为国有企业改革的重点之一。在积极推进的同时,也一定程度存在急躁冒进的问题。部分地区部门、单位对发展混合所有制经济理解不全面,盲目攀比发展混合所有制经济的速度,对国企混合所有制改革、资产证券化,提出硬性的量化指标,存在为混合而混合的现象。

第五章 民营企业发展与混合经济改革

本章在对混合所有制经济改革案例进行分析研究的基础上,对民营企业参与混合所有经济制经济改革进行了分析。发现民营企业参与混合所有制经济改革的目的主要是:企业发展的战略投资、民营企业与国有企业优势互补、民营企业进入垄断行业和公用事业部门以及民营企业争取平等待遇。改革路径的选择十分灵活,主要有股权投资、兼并重组以及管理层收购、员工持股等。而民营企业参与混合所有制经济改革的经验和体会主要有:合作成功的基础是国有、民营合作双方要具有创造价值、共享发展成果的共同价值理念,以追求企业利益和价值最大化作为共同目标;转变机制、建立现代企业制度为混合企业的重中之重;混合的过程规范、透明,质疑就会少;改革要注重保护相关利益者的权益,坚守不出乱子的底线。与此同时,民营企业还反映出混合所有制经济改革仍有一些问题亟待解决,如观念上仍然存在对民营企业的偏见、对混合所有制企业的顾虑;民营企业对政策缺乏稳定预期,很多采取观望态度;在合作中民营企业缺乏平等的话语权;一些国有企业的行政干预影响了混合后企业的效率。

对于民营企业而言,混合所有制并非是一个新的概念。党的十六大就提出了"发展混合所有制经济",党的十八届三中全会进一步提出要"积极发展混合所有制经济"。本轮之所以再次提出混合所有制经济,并提升至"积极发展"的高度,与当前民营经济的发展、国企的现状、经济形势和改革整体的客观条件等紧密相关。当前国有企业占有大量的资源,由于体制和机制的原因,总体效率不高,在经济增速逐步放缓之时,一系列问题愈加凸显;然而民营经济不断发展壮大,已占到我国 GDP 的 60% 以上、城镇新增就业的 80% 以上、固定资产投资的 60% 以上。中国经济发展进入新常态,亟须寻找新的改革红利,因此,积极发展混合所有制可谓顺势而为。

在当前形势下,如何发展混合所有制经济,尤其民营企业应当如何参与新一轮的混合所有制改革,其实是有经验值得借鉴的。在十多年前的国企改革浪潮中,许多民营企业已经同国有企业展开了合作,有许多成功的案例,也出现了很多争议和矛盾。本章将从民营企业的视角出发,通过分析研究混合所有制改革的实际案例,找出规律,总结共性,为民营企业参与新一轮的混合所有制改革提供一定借鉴。

为了课题的顺利进行,大成企业研究院课题组先后召开了两次企业首脑沙龙、多次圆桌讨论会,与多位民营企业家、国有企业负责人、国有资产监督管理委员会有关负责人以及法律界代表,全面、多角度地探讨了民营企业参与混合所有制的发展现状、体会、困难以及政策诉求,还研究了多家混合所有制企业案例(部分案例见附录三)。

一、民营企业参与混合所有制经济改革的五个动因与路径

民营企业与国有企业合作的目的,宽泛地讲主要有四点:企业发展的战略投资,民营企业与国有企业优势互补,民营企业进入垄断行业、公共事业部门以及得到平等待遇的需要。而这四点并不是互斥的,实际案例中皆有可能。混合所有制企业的形成方式,理论上主要有以下五种:一是国有资本、民营资本、外资资本等不同来源的资本联合投资新建企业;二是原本单一所有制的企业通过增资扩股、股权转让引入其他资本形成混合所有制企业;三是原本单一所有制的企业公开上市形成混合所有制;四是原本单一所有制的公司通过并购重组形成混合所有制企业;五是原本单一所有制企业通过员工持股改革形成混合所有制企业。在实际操作中,这五种形成方式的界限并不十分清晰,相互交叉。本节结合代表性案例,对民营企业参与混合所有制的动因和路径进行分析。

(一)以战略投资者的身份对国有企业进行股权投资

一些大型民营企业、以民营资本为主的大型投资基金,以战略投资者身份参与国有企业的改制。它们通过资本的投入,改变国有企业一股独大的股权结构,将自身的优势资源和机制与国有企业掌握的资源进行有效嫁接。在企业投资收益的同时,实现投资人、国有股东、管理层和员工的共赢。这些企业或基金投资国有企业,首先是符合自身发展战略和产业布

局;其次是看中了国有企业管理基础好、设备底子好、管理层的潜力、价格相对较低,且只要经过改制,转变国有企业经营管理机制,就能激发出企业潜在的活力,实现跨越式成长。

复星集团。通过资本运作与国有企业合作,将民营企业的机制活力嫁接到国企资源上,创造价值增量。复星集团是一家以资本为纽带的大型控股企业集团,他们主要关注的是:高端制造业,伴随中产阶级崛起的消费行业,金融保险业、医药、房地产等行业。近十多年来,复星集团实施了一系列的并购,为混合所有制企业带来机制的增量、资金的增量和全球资源网络的增量。

复星集团投资国企的模式主要有:一是采取增资收购模式,收购国企控股权或参股权,使企业获得持续发展的资金支持。如2003年复星集团与南京钢铁集团有限公司合资成立南京钢铁联合有限公司(南钢联合)。入股后,复星集团首先改变了企业原来粗放的发展方式,确立了中高端、创新型、用户服务型大型钢铁企业的战略定位,随后进行了一系列的现代企业管理机制、管理层团队股权激励、人才引进等改革,从根本上激发出企业的效率和竞争力,实现扭亏为盈。2012年,南钢联合资本产出率行业第一,经济效益综合指数行业第五。又如,2003年复星集团出资5.047亿元和中国医药集团共同组建国药控股公司,入股国药控股后,复星医药的产业链更加完善,赢利能力也进一步增强。国药控股目前已经是国内最大的医药流通企业,十年里其销售额从124亿元提高到了1669亿元,增长了12倍,蝉联中国医药商业企业销售额榜首。

二是反周期投资进入新的行业,以低成本获得高收益。复星集团倾向于在低谷时选择进入新行业,充分利用市场涨跌周期。如复星集团1994年进入房地产、医药行业,2000年投资上海豫园、南京钢铁,涉足商业零售业和重工业;2003年投资德邦证券;2003年投资招金矿业;2007年投资矿业等。这一系列投资并购国有企业的行动,大多是在行业低谷时投资,经过整合,抓住下一个产业高潮的机遇。例如复星集团入股上海豫园旅游商城股份有限公司后,销售额从 2002 年的 26 亿元提高到 2013 年的 225 亿元,提高近 9 倍,总资产也从 31 亿元提高至 136 亿元。

三是参股具有广阔市场化增量空间的国有企业,分享成长收益。复星集团关注"中产阶级崛起伴随的消费升级换代所带来的市场机会",典型案例是投资中国水产(集团)总公司和北京三元食品股份有限公司:中水渔业是主营远洋捕捞的国有企业,三元集团是以农牧业为基础的国有企业,主营奶业加工、养殖。2014 年,复星集团分别投资 6.8 亿元、20 亿元参股两家企业,虽然复星集团并不控股,但是其计划利用自身整合全球资源的能力提升两家企业的产业链能力和扩大规模。

北京弘毅远方投资顾问有限公司(以下简称弘毅投资)。国企的"增值服务商",通过帮助国有企业提高管理水平、提升品牌形象、展开国际合作,提升国有企业的市场竞争力。弘毅投资是专业从事股权投资和管理业务的公司,弘毅投资收购的主战场为国企。总结弘毅投资参与混合所有制改革的 30 余个案例,其入股国企后做了几件关键的事:一是让核心经理层持股,以激发管理层活力,释放潜能;二是改变原有的管理体制,建立新的决策、激励机制;三是帮助企业融资,改变债务结构,把短债改为长债,把高息债改为低息债,或上市融资;四是帮助企业走向国际市场。

具体来看,弘毅的主要投资模式有两种:

一是利用国企改革和民企转型的机会,投资成熟行业中的成型企业。如 2004 年弘毅投资宿迁市国有资产经营公司旗下的江苏玻璃集团有限公司,经过不断重组整合,成立了中国玻璃控股有限公司,2005 年在香港主板成功上市。通过一系列的行业整合,中国玻璃在北京、江苏、山东、陕西及内蒙古拥有 8 大生产基地,16 条玻璃生产线,日熔化量达到 7750 吨,成为中国最具影响力的平板玻璃出口商。又如弘毅投资 2007 年入股石药集团后,对其进行了整体改制,实现了从规模驱动到创新驱动、从原料到制剂、从普药到创新药的转型。随后,弘毅投资又通过海外重组,使石家庄制药集团有限公司控股子公司——中国制药集团有限公司在香港上市。石药集团现有资产总额 200 亿元,拥有多种专利创新药,是中国最大的综合制剂生产基地和化学原料药生产基地之一。

二是利用自身优势帮助国有企业扩展海外市场或上市融资。以中联重科股份有限公司为例,2005 年弘毅投资入股中联重科后,利用专业能力帮助中联重科整体上市、A 股增发、海外发债。2008 年弘毅投资帮助中联重科联合高盛集团等基金出资 2.71 亿欧元收购意大利 CIFA 公司,2012年,中联重科销售收入超过 480 亿元,净利润 73.3 亿元,总资产达到 715亿元,创造了 6 年市值增加 40 倍的奇迹。中联重科在混凝土机械行业达到了中国第一、全球领先的地位。

(二)发挥国有企业和民营企业的相对优势,实现优势互补

民营企业与国有企业合作最重要的目的是实现优势互补、互利共赢。总体来看,通常国有企业比民营企业具有更为丰富的资源,有较好的装备、技术、人才、渠道和品牌基础。但是也具有一定的劣势,如管理体制僵化、所有者缺位、效率不高、市场竞争力弱等。而民营企业产权明晰,以追求利益最大化为企业发展的目标,不受行政管理限制,具备更加灵活的机制、对市场的反应更加灵敏、员工激励机制到位等优势,因而表现出更高的积极性、市场竞争力和效率效益。但民营企业大多数发展历史较短,还没有形成完整、扎实的产业基础,在资源配置上处于弱势地位,自身也存在管理不规范、家族化管理等问题,制约企业发展。因此,发展混合所有制企业有利于发挥国有企业和民营企业的相对优势,实现优势互补,有利于建立科学规范高效的企业治理结构,有利于实现互利共赢。

泰豪科技股份有限公司。通过跨所有制的资本组合,源源不断地补充并整合各种资源,实现快速发展。泰豪科技发展混合所有制经济的历史,

就是企业源源不断地补充各种资源的发展史。1996年，泰豪集团有限公司在"权益扩散以利于形成规模效应"的理念指导下，与具有国有背景的四家企业共同投资1000万元成立泰豪科技，主营业务是智能建筑电气产品，其中泰豪集团占股40％，相对控股。在五个股东中，泰豪集团具备该产品良好的销售和技术资源，形成了公司的核心优势；南昌通源实业总公司（江西南昌供电局下属公司）具备较好的市场资源，增强了公司的销售能力；南昌高新区发展总公司具备良好的政策优势，为泰豪科技成为高新技术企业乃至上市公司提供了政策支持；江西无线电厂具备一定的生产制造能力，成为产品生产基地；江西景华九尹电子有限公司为国有控股的中外合资企业，为泰豪科技提供了很好的管理经验借鉴。随后，泰豪科技于1997年又引入江西省电力公司的江西三和电力股份有限公司，进一步巩固了市场资源和融资能力；引入清华同方股份有限公司，源源不断地获得清华大学的高科技资源。通过混合，泰豪集团有效整合了各种资源，建立了现代企业管理制度，企业竞争力不断增强。此后，泰豪科技又兼并了严重亏损的江西三波电机总厂，强化了自身的生产能力。混合所有制的泰豪科技探索出"技术＋资本"的泰豪模式，经营规模和业绩以年均超过50％的速度快速增长，2002年实现上市，2013年实现销售收入25亿元。

重庆五洲文化传媒集团有限公司。国企、民企强强联合，充分发挥资源、市场的叠加效应，"互靠双借"，打造品牌、占领市场。五洲传媒是重庆市文化体制改革倒逼催生出的新生事物，也是国际金融危机影响下应对出版发行行业低迷的发展选择。2009年重庆出版集团和重庆五洲书韵图书发行公司、重庆国鹏文化传媒有限公司等两家民营公司共同出资8000万元成立了五洲传媒，其中民营占股60％，国有占股40％。国有方重庆出版集团是重庆本土大型的国有出版文化企业集团，在教育出版领域具有丰富的产品资源和较高的品牌知名度；民营方是重庆本土规模最大的两家民营图书发行企业，拥有高效的市场化运作团队和敏锐的市场洞察力。五洲传媒成立后,将合作各方的资源、现有业务及团队进行整合,通过明晰"互靠双借"的合作定位,即"国有企业向市场靠一步,民营企业向规范靠一步;国有企业向民营企业借市场、借观念、借人才,民营企业向国有企业借资源、借品牌、借管理",实现强强联合。目前,五洲传媒已经成为重庆市产值最大的文化产业公司,2013年,公司的图书销售码洋已由成立之初的3.2亿元增长到9亿元,利润总额也由3000多万元增长到6000多万元。

上海胜华电缆集团有限公司。通过不断并购重组国有电缆厂,实现低成本、高效益的跨越式发展。从1997年收购上海海新电缆厂开始,胜华电缆利用行业发展放缓的时机,先后收购了包括河南新乡电缆厂、哈尔滨电缆厂等10多家国有电缆企业,其中大部分经营陷入困境、亏损甚至破产。但是,胜华电缆认真分析了这些国有企业的潜在优势,认为它们有比较配套的制造和检测设备、技术人才储备、质量管理体系,历史上曾经创造过辉煌的一页,但是由于机制的僵化和对市场经济的不适应,企业经营困难。因此,胜华电缆多次并购重组国有企业,用民营企业的管理机制将国企的潜力充分挖掘出来,企业焕发了新的活力,发生了脱胎换骨的改变,企业扭亏转盈并得到良性发展。胜华电缆的每一次并购重组都为企业赢得了跨越式发展,实现总资产增长近70倍、产值增长近500倍,成为中国电线电缆行业10强。

亿阳信通股份有限公司。通过产学研结合,形成优势互补。2000年,亿阳集团有限公司与北京邮电大学联合成立亿阳信通股份有限公司,随后在上海证券交易所成功上市,其中北京邮电大学占股12.5%。通过产—学—研的合作,北京邮电大学提供技术,亿阳集团主导市场方向,不仅实现了在人才、技术、研发、营销、资金等方面的优势互补,还加快了科研成果向现实生产力的转化。目前在网络管理上,亿阳信通已占到中国移动90%、中国联通和中国电信50%以上的市场份额。

（三）民营企业进入垄断行业、公用事业部门的需要

石油、电信、军工等行业基本上由国有企业垄断，民营企业依靠自身的能力难以突破准入壁垒。很多民企只有通过与国企合作或组建混合所有制企业，借助国有企业进入垄断性行业分一杯羹。如亿阳集团 2005 年成立亿阳石油公司，与中国石油天然气集团公司合作投资开采中石油所属的吉林 114 油田，接受国有油田联合管理委员会的监管。亿阳拥有该油田100％的运营管理权，销售则直接并入中石油。又如宁夏宝塔石化集团有限公司与中国石油化工集团公司的合作可以追溯到其创业初期的 1998 年，通过与中石化的合作，使宝塔石化集团获得了部分油品直销市场。现在宝塔石化集团更是与中石化顶层建立起了长期、全面战略合作关系，合作领域涉及炼化上游的原油开发、中游的原油加工、下游的销售终端及其加工技术应用、装备开发制造等石油化工全产业链。

供电、供水、废物处理、污水处理、燃气供应等城市公用事业领域属自然垄断领域，混合所有制企业是民营企业借助国有企业的平台进入城市公用事业的"捷径"。由于历史的原因，城市公用事业大都由主管部门属下的地方国企控制，往往是政企不分，行政色彩浓厚，普遍存在竞争意识差、技术创新动力不足、服务水平低、依赖政府补贴等问题。在公用事业部门引入混合所有制，既可以保障民生，实现社会效益，又能够解决上述问题，提高经济效益。

如新奥集团股份有限公司是一家主营清洁能源的民营企业，自 1999 年起开始参加城市燃气公司的国有产权招标与竞拍，参与地方国有企业改革，目前在全国 139 个城市与国有资本合作的企业已经有 100 多家，基本上都是以混合所有制的形式存在的。以新奥集团投资的石家庄、长沙、烟台燃气公司为例，新奥集团发挥其规模、技术创新、管理机制的优势，为这些公司提供资金、技术、信息的服务支持，在物资规模化采购、工程质量监

督和供应商准入上提供共享支持。目前这些企业运行状况良好,不仅实现了扭亏为盈,近五年每年的净资产收益率达 18%,员工年收入年均增长 12%。

混合所有制也是民营企业获得特定业务的途径。如,2002 年宝塔石化与宁夏最大的运输行业国企——宁夏天豹汽车运输有限责任公司合资建立了宁夏宝塔联合化工有限公司,引进先进的高等级沥青生产技术,建设 100 万吨重焦沥青装置。在这次合作中,宝塔石化充分利用了天豹公司的运输优势、社会信誉优势,协助合资公司取得了部分危险化学品运输市场。合资公司由民营资本控制、国有资本参股,国有资本享受固定收益。合资期限到期后宝塔石化回购天豹公司持有的股份,国有的天豹集团公司收回了全部投资并获益,宝塔石化培育了现代石化物流体系,实现了双赢。

(四)民营企业争取平等待遇的需要

尽管我国相继出台鼓励引导民间投资、促进民营经济发展的相关政策,但是由于观念和体制上的原因,非公有制经济在发展过程中,仍会遭遇不平等待遇。例如,非公有制经济在获取土地矿产等资源、电网电信等特许经营权、行业准入、政府投资项目时,以及在企业融资渠道、融资成本方面还存在所有制歧视问题。在权益保护方面,也依然存在行政执法和司法监督的不公正,以及民营企业财产等权益得不到切实保障等问题。民营企业与国有企业混合后,投资主体属性发生改变,民营企业有了国有企业的背景,社会信誉度提高,在市场准入、要素配置和财产权益保障等方面的待遇得到明显改善。

(五)管理层收购、员工持股是混合所有制改革的途径之一

湖北宜化集团有限责任公司通过管理层收购进行混合所有制改造,将一家濒临倒闭的亏损大户起死回生,并做大做强。收购的过程是:管理层

投资的财富公司收购宜化集团的子公司,向集团增资扩股、转让子公司股权,以换购集团股份,最终成为上市公司的两大股东之一,宜化集团管理层占49％的股份,改制为混合所有制企业。一方面保证了国有资本控股但不经营,另一方面保证了管理层对上市公司的权利、义务和收益。

上海绿地集团原是一家国有企业,通过引入战略投资者、成立职工持股会改造成为多元化的混合所有制企业。但是持股员工过多成为上市的障碍。绿地集团将职工持股会分拆成32家有限合伙制公司,又成立了由管理层投资的上海格林兰投资企业,该公司作为这些公司的管理人,共持有上市公司的29％股份,是第一大股东。由于有限合伙人只享受利润分配,不参与企业运作,因此管理层实现了对上市公司的控制。这一架构很好地解决了职工持股普遍存在的股份平均分散、激励作用弱、所有者责任不清的难题。

北京银行是在90多家城市信用社基础上成立的,通过引入外资、发行上市、增资扩股,形成了外资股东、国有股东、民营资本、个人股东并存的多元化股权结构。特别是,北京银行在中国金融界第一个实现了真正意义上的"全员持股",形成了资本所有者和劳动者的利益共同体,打造了标准的混合所有制企业。

二、民营企业参与混合所有制经济改革的四条实践经验

民营企业参与混合所有制经济改革的实践过程,也不是一帆风顺的,克服了很多困难,大都经历了观念碰撞、体制羁绊、机制转变、员工安置、文化融合的过程,积累了很多经验和体会,主要归纳如下。

(一)混合所有制企业的国有、民营股东具有共同价值理念是合作的核心基础

分析混合所有制改革的成功案例,最重要的特征是合作各方以发展共识凝聚发展力量,用共同目标联结共同利益。

一是要有创造价值、共享发展成果的理念。发展混合所有制经济不是公有制经济和非公有制经济之间此消彼长、你进我退的"零和博弈"。其目的是实现资源的有效配置、生产力要素的优化组合、多种资本优势的充分发挥,最终使得多种所有制经济优势互补、竞相融合,真正实现"国民共进"。

双方作为利益共同体,把握好共同的目标追求和价值取向,充分利用各自拥有的资源要素和核心技术,平等合作,取长补短,利益共享,风险共担,共同努力创造价值增量,把蛋糕做大,通过合理分配共同受益,实现和谐、包容性发展。

二是混合双方要将追求企业利益最大化、价值最大化作为共同目标。

国有企业作为资本投入方,追求最大投资回报,与民营企业理念一致,混合就容易成功。例如,华润(集团)有限公司成为万科企业股份有限公司第一大股东后,履行承诺维护公司独立经营,积极支持万科的增资扩股,同时严格按照正常商业规则处理与其他股东、公司之间的关系,保证了万科的快速发展。华润自 1999 年以来共投入 39.8 亿元,从万科获得股息收入19.5 亿元,持有万科股票的市值约 136.6 亿元,实现了巨额回报。

又如,天风证券股份有限公司原是一家只有几千万元营业收入的民营公司,引入了武汉国有资产经营公司等 4 家国有企业后,实现了裂变式的发展。其重要的原因是得益于国有企业投资者尊重市场、规范自身,与民营企业、管理者形成利益共同体,在维护公司利益的前提下,最大限度地保障管理者的经营自主权。7 年时间净资产增加 9.5 倍,达 1000 多亿元。

三是发展混合所有制企业,要平等兼顾好各方利益。既要维护国有资

本权益,也要维护民营资本权益,更要维护小股东利益。正如泰豪人总结的,要学会与他人共同做大做强,学会与他人共同分享混合成果,学会用规则保障各方权益。

(二)混合所有制企业重在转变机制

混合所有制不仅要实现投资主体的多元化,更为关键的是要实现企业内部机制的转变,通过融合民营企业机制灵活和国有企业管理规范的优势,建立起产权清晰、权责明确、决策民主、管理科学、富有效率的现代企业制度,提升企业运行效率和价值创造力。具体来讲,机制转变有以下五个方面。

一是构建科学的公司治理结构,设置合理的股权结构,相互促进又形成制衡。混合所有制改革的过程,一定是股权结构多元化的过程,应注意设置合理的股权结构,形成相互制衡的格局,既要防止出现一股独大的现象,也要避免股份过分分散。例如,在股份设置上,泰豪科技全面考量大股东、小股东和社会公众股东之间的科学比例和消长关系。在内控体系上,构筑以董事长为首的股东利益体、以总裁为首的经营管理层利益体和以工会为代表的员工利益体,三个利益体之间既互相促进又互相制约。又如,以中国国际海运集装箱(集团)股份有限公司为例,中集公司的股份由多家不同所有制的股东持股,其中招商局国际(中集)投资有限公司、中国远洋运输(集团)总公司两大国有股东股份均衡,无论哪一个股东都处于被潜在制衡的状态,谁也不能把自己的非营利性目标强加给公司。同时由于股权分散,大股东不能并表,国有资产监督管理委员会延伸管理不能达到,党的关系隶属地方,经理人和职工都不是体制内的,不受体制保护,有效防止了股东及其他机构对企业经营的干预。中集公司目前已发展成为世界著名的物流设备和能源装备供应商,其均衡合理的股权结构、现代化的公司治理被认为是其成功的前提条件之一。

中国建筑材料集团有限公司认为,合理设置股权结构可以实现所有者到位,即民营企业家在混合所有制企业里的股权,使企业天然具有了内部监督机制。中国医药集团认为,在董事会决策过程中,民企的董事更加追求效益,控制成本,善抓机遇,而国有企业的董事在大局意识、风险意识上更强。各类资本通过在公司治理结构中的合理安排,既相互促进又彼此制衡,形成了生机勃勃又稳健持重的决策风格。

二是建立现代企业制度,实行决策权、监督权、执行权"三权分离"。混合所有制使企业的决策体系、管理体系和经营机制发生深刻变化。首先要建立规范的法人治理结构,形成完善的董事会制度,让董事会真正成为资本意志表达和决策的平台。中国建材集团混合所有制改革后,按照《公司法》规范企业制度,实现企业所有权与经营权的分离,使公司真正成为市场竞争中的法人主体;在泰豪集团,股东会、董事会通过表决制决策,监事会及其各职能部门通过审议制进行监督,各经营部门通过责任制认真执行并接受绩效考核,三者既相互协调又相互制约。现代化的企业制度还克服了国有企业决策慢、决策周期长的弊端,使公司管理流程化、科学化、透明化。重庆五洲文化传媒集团公司明确董事会负责战略发展规划审定、合作的资产保值增值等,总经理及管理团队全权负责市场培育拓展、日常管理运行等,财务总监由国有方重庆出版集团委派,而民营企业出任总经理。华润和万科的经验也说明,混合所有制取得成功的关键因素是国有股份应该当秉持资本管理者身份,通过董事会、股东大会履行有关资本管理职责,不干预具体经营,确保企业经营的独立性,防止诸如不尊重市场规律、不合适的人事任免、经营决策效率低下、非经营性包袱过重等一些国有企业通病转移到混合所有制企业。

三是国企高管去行政化,建立市场化的用人用工和分配机制。混合所有制企业的经理人团队应坚持市场化、社会化、去行政化、去官本位。在弘毅投资参与的中国玻璃控股有限公司、石家庄制药集团有限公司、中联重科股份有限公司等多个国企改制中的一个主要环节,就是明确将企业核心管理层的身份由事业编制转为企业编制,其任命权由组织部门转到企业的董事会;很多企业都实施职业经理人制度,经理人通过市场化方式选聘,在效率优先的原则下,建立了"以发展吸引人、以事业凝聚人,以工作培养人、以业绩考核人"的企业争先创优机制。在制度安排上充分考虑了责、权、利到位,在明确责任、赋予权力的同时,制定考核、奖惩的制度。根据职责和绩效,使得干部能上能下,薪酬能高能低,责任、权力和利益的分配到位,强调激励、诚信和约束并重的用人和分配机制。例如,中集公司董事会每年都会对管理层提出目标责任,对收入、利润、净资产收益、资产负债率等经济指标提出要求,辅以相应的岗位年薪制。年薪的额度相当于当年利润的3‰,达到或超过目标者领取年薪和相应奖励;未达到目标的予以重罚;连续两年不完成岗位目标者,让出岗位。北京银行提出,要打破像管理党政干部一样管理企业高管的机制,坚持按股权说话、对资本监管、让市场选人,形成企业家"对市场负责"而不是"对市长负责"的机制,培育更多优秀的企业家。

四是国有企业改制为混合所有制,在制度设计上要给予核心管理层阳光持股。混合所有制对国企来说是一场制度革命,不仅优化了企业的财务结构、提高了机制效率、扩大了企业市场和利润外延,更关键的是让核心管理层阳光、合法地持股,使他们的切身利益和企业利益最大限度地一致化,使其管理潜能得到充分释放。弘毅投资认为,管理层持股对国企改制后的持续成功起到决定性的作用,使其经济利益和社会影响力与企业的兴衰荣辱捆绑在一起。以2012年弘毅投资与中集集团的合作为例,弘毅与中集的两大国有股东充分沟通后,确定了管理团队的持股方案,管理团队拿出几乎全部身家认购股权,资金不足的部分由弘毅协助抵押贷款筹集,从而实现了核心管理层自身利益与公司利益的高度一致。又如,复星集团投资国有企业后,从来不谋求派人控制企业,而是继续使用原国有企业的管理团队,通过创新机制,让管理者持股,使管理团队的利益和风险与股东高度一致,与企业长远利益高度一致,最终实现企业投资人、原股东、管理层的三方共赢。

五是建立绩效管理制度和员工激励机制。混合所有制企业转变机制的一个重要手段,就是在企业建立奖惩分明的绩效管理制度,调动全体员工的积极性。以新华联集团投资国有企业湘能华磊光电股份有限公司为例,在华磊光电公司严重困难的时候,新华联集团派出总经理对其体制机制进行彻底的改革,引入新华联在市场经济实践中建立起的以"绩效至上"为核心价值观的文化体系。实践证明,这种以结果为导向的文化不仅能确保企业的决策效率和执行效率,还能强化员工的责任心与主人翁意识。华磊光电通过推行自我管理机台承包制、计件工资制、虚拟利润中心制、费用包干制和销售提成办法,大大激发了员工的主动性、积极性,生产上单片产品人资成本下降了 44.35%,人均产量提升了 126%,市场占有率由 2011年的 3.5%迅速提升到 2013 年的 15%,可谓效果显著。"让价值创造者分享价值,让事业成功者分享成功"的发展理念及绩效文化的强力嫁接,使华磊光电迅速走出了亏损的阴影,2013 年实现利润 8000 余万元。

还有的公司正在探讨员工持股计划,通过让员工持有本公司股票或期权的方式,实现企业所有者与员工分享企业所有权和未来收益权。随着国企混合所有制改革的不断推进,员工持股已经成为国有上市公司定向增发的一个重要手段。

(三)混合所有制改革的过程越规范、越透明,程序越公平,质疑就会越少

参与国企改革不同于一般的投资行为,复杂、敏感、质疑多,关键点是国有资产的定价和交易。复星认为参与国企改制,一定要合规合法、合乎程序、透明化操作,要按照市场原则来做,既要防止损害国有利益,也要防

止民营企业利益被侵占；弘毅的经验是：国有资产的定价和转让环节可按照第三方评估、挂牌转让等已有的规范来做，而比规范更有效的办法是透明，向社会公众、监管机关真实、准确、完整、及时地披露有关信息。此外，国外操作此类项目的经验也值得学习：从复星参与葡萄牙国有公司竞购的经历来看，竞购均是通过公开招标完成的，有一个招标委员会，还有一个独立的第三方的监管委员会，所有过程都是公平、透明地进行。

（四）改革要保护相关利益者的权益，坚守不出乱子的底线

社会稳定是政府的底线，在混合所有制改革中，要确保不出乱子、不发生闹事，不突破政府底线。要保护所涉及的相关利益者的权益，这里主要指交易中对相对弱势的中小企业的保护和国有企业员工的处置。比较典型的是中国建材集团在整合市场、增加行业集中度的过程中提出的为民营企业提供"三重保障"原则：一是聘请专业中介机构以重置法进行评估，结合国际通行的定价模式进行市场定价，确保创业者的原始投资获得合理回报；二是区域整合协同利益和留给创业者 30％的股份，让创业者有机会分享整合后产生的效益、市场协同效应带来的利益；三是对有能力、有业绩、有职业操守的创业者充分信任并继续留用，吸引其以职业经理人的身份加入集团管理团队，既稳定了重组企业，又为优秀民营企业家提供了广阔的事业平台。

对于国有企业员工的处置一直都是混合所有制改革过程中比较棘手的问题。弘毅投资的经验是：首先要熟悉国企改制政策，熟悉国企弊端和漏洞，在此基础上巧妙利用国企改制政策，通过员工身份置换解决国企历史遗留问题。胜华电缆集团的经验是：对于企业中不服从管理的人要严格按企业规章制度处理；对于那些肯干而且技术上肯钻研的员工给予必要的物质奖励；对于那些想走的员工尽量挽留；对于一些思想上有情绪的，在了解原因的情况下，尽量做通思想工作。复星的经验是：要确保员工稳定，一

般不解雇员工,还要持续涨工资、增福利,这是一开始就要考虑到的改制成本。处理好与老干部、老职工的关系,搞好企业的党委、工会、妇联等组织的工作。

三、民营企业参与混合所有制经济改革需要解决四大问题

前一轮民营企业参与国企改革取得了明显成效,但是也有许多深层次的矛盾和一些制度障碍制约了混合所有制改革的深化,也出现了许多问题,有很多失败的教训。与十几年前提出混合所有制改革(股份制改造)时的情况迥然不同,上一次混合所有制改革是民企热、国企冷,这次是国企热、民企冷。由于前一轮与国有企业合作的教训,很多民营企业还处在观望状态。民营企业反映的主要问题有以下几个方面。

一是一些领导、国企员工及社会舆论仍然存在着对混合所有制的偏见和顾虑,存在着对民营企业的不信任。"国有资产流失"是在改制中最常扣的"帽子"。比如民营企业并购国有企业后,把企业搞好了,会被社会舆论认为国有资产价值被贱卖了;如果被收购后的国有企业没有搞好,也会有人说民营企业把国有企业折腾垮了、掏空了,国有资产流失了。有企业家反映,一些国有企业职工长期形成的心态不太健康。他们主观地认为民营企业重组国有企业往往会侵占国有资产,他们自己是国家主人,岗位与待遇不能随便动,抵制国有企业改制以及改制后的运行。

二是民营企业对发展混合所有制经济的政策缺乏稳定预期,处于观望状态的较多。前几年在保持国有经济控制地位与放手发展民营经济之间政策出现反复,政策信号不明。如 2005 年国务院发布"非公经济 36 条",而在 2006 年国有资产监督管理委员会却发布明确国有企业要在电网、电力、石油石化、电信、煤炭等七大行业保持绝对控制,在装备制造、汽车、电

子、建筑、钢铁、科技等九大产业保持较强控股的指导意见；2010 年国务院发布"民间投资 36 条"，但是其政策并没有落到实处，一些行业的垄断还进一步地加强；一段时期，社会上关于"国进民退"和"民进国退"的争论此起彼伏，民营企业对政策没有稳定的预期，缺乏安全感。

三是在一些企业国有资本一股独大，民营企业没有话语权。一些混合所有制企业特别是在垄断行业的企业，国有股东一股独大，控股股东往往不顾及其他股东的利益，经营机制没有转变，旧体制依然控制了新体制。产权保护力度不统一，往往国有资本的产权以国家信用为后盾得到充分的保障，而民营资本的产权保护面临不确定性，民营企业在合作中被套住、挤出或拖垮，企业家财产权被侵害的现象时有发生。导致本轮混合所有制改革中民营投资者顾虑重重，纷纷表示"如果不控股，将不会参与"。

四是有的国有企业行政色彩浓厚，并延伸到管理混合所有制企业中，行政干预影响了混合后企业的效率。有的国有企业领导把公司作为实现政绩、晋级、免责和享受目标的平台，其激励导向趋行政化，而民营企业主要以追求效益、利润为目标，双方目标差距很大。另外，按现行国有资本的管理规定，只要企业有国有股份，即便是非国有控股企业，只要涉及国有资本的事项，就需要进行审批或受到严格的限制。国有资产监督管理委员会审批程序冗长，审批标准与市场规律不尽相符，不适应发展混合所有制、提高国有资本运营效率、为民营企业提供公平市场环境的目的，影响了民间资本参与混合所有制的预期和信心。

第六章 民营企业有效参与混合经济改革发展的 30 项政策建议

我们对民营企业如何有效参与混合经济改革发展，提出三个方面共 30 条意见与建议。一是在顶层设计方面 3 条：破除企业"姓公姓私"观念，重新认识公有制的内涵与外延，搞好混合经济顶层设计。二是在改革国资国企与发展混合经济方面 12 条：全面调整国有经济行业、地区与层次布局，明确国有企业的主要功能、作用范围与行为边界，推进国有经济管理从管企业、管资产向管资本转变，调整国资委功能作用与职责范围，合理设计国有控股混合企业的股权、股东结构，严格企业资产交易公开、透明和监管制度，规范高管与普通员工持股行为，实行企业高管分类薪酬制度，限制企业高管与政府高官身份互换，推行统一、平等全员劳动合同制，保障企业工会的民主、独立与自主，稳妥处理国有企业的历史遗留问题。三是在推进民营企业有效参与混合经济发展方面 15 条：严格私人财产法律保护，进一步打破垄断，进一步推动国务院两个"36 条"落实，推行负面清单管理，大力推行 PPP 制度，强化行政执法与司法公正、平等，创新民营控股混合企业股权制度设计，推进民营混合企业股权多元化、社会化，建立混合所有制企业的退出机制，推进民营公司治理规范化、现代化，大型民营混合企业管理逐步去家族化，合理引导企业家社会身份追求，企业工会独立自主，推进党务管理"三化改革"，处理好民营企业新老"三会"的关系。

一般说来,只有大中型民营企业,才有推行股权多元化,与国有、集体和其他法人资本相互融合,发展混合所有制经济的必要。推进大中型民营企业有效参与混合所有制经济改革发展,必须进一步解放思想,加强顶层设计,完善改革配套措施;必须全面深化国有资产管理体制改革与国有企业改革,以适应混合所有制经济发展要求;必须为民营企业参与混合所有制经济发展创造良好环境,推进民营企业完善公司治理。

一、解放思想、加强顶层设计 3 条意见

1. 破除企业"姓公姓私"观念

20 世纪 90 年代,通过破除"姓社姓资"观念,从根本上解决了人们关于计划与市场关系矛盾对立的认识,大大促进了改革开放进程和社会主义市场经济的发展。进入 21 世纪后,通过逐步淡化"姓公姓私"观念,大大推动了民营经济发展和国有企业改革,推动了对外开放,进而推动我国经济上了一个大台阶。当前,要全面发展混合所有制经济,必须进一步彻底破除"姓社姓资"和"姓公姓私"观念。

应突破意识形态的束缚,破除"公"和"私"的制约,消除"国退民进、国进民退"的争论。现在"公"与"私"的关系没有根本解决,"公"始终占据道德与政治的制高点,而"私"始终处在低位,阻碍了改革的深化。人们对生产资料的占有和对其成果的享用有四个象限——公有共享、私有私享、公有私享(这是腐败)、私有共享,其中"私有共享"在现实社会中是有积极作用的。私有经济可以极大地调动全社会成员的劳动积极性和创造精神,最大限度地创造社会物质财富和精神财富。"天下为公"实际上是"众私为公",每一个私权利让渡出来形成了"公",为了更好地获得自己利益,必须更好地维护他人利益。

混合经济有利于实现多种资本相互融合、相互促进、取长补短、共同发展,促进各类企业建立现代企业制度,成为市场经济的真正主体。因此,必须进一步解放思想,今后,国家在政策制定与舆论宣传中,不要再简单地用所有制概念将企业划分为不同所有制阵营;在工商登记注册与国家统计数据中,不要再简单地将企业分为国有、集体、私营、外资,而是要完全按《公司法》的规范进行分类注册与统计,消除对非公经济和民营经济的歧视。

2. 重新认识公有制的内涵与外延

随着改革开放的深入,我国各类经济特别是公有制经济的内涵与外延都已产生重大变化,绝不能再用传统的公有制与私有制来笼统地评价当今的各类经济形式了。

我国多数国有企业已经进行了公司化、股份化改革,相当一部分国有企业股权已经多元化、社会化,相当一部分股权已经为个人所有,因此,作为全民所有制经济的国有经济的内涵与外延与过去相比已经发生了根本性变化。

全国农村集体经济已经多年并将继续长期实行土地承包经营,农村集体土地已经个人化、家庭化经营;全国多数乡镇集体企业已经改制为股份合作制和私营企业,城镇集体企业数量已经很少,并且绝大多数已经改制为股权多元化、分散化企业。因此,城乡集体经济的内涵与外延与过去相比已经发生了根本性变化。

私营企业的相当一部分已经变成股权多元化、社会化、分散化的公司,其中相当一部分公司的经营者个人持股或家族持股比重已经低于 50%,有的甚至在 30%、20% 或 10% 以下,并且已经普遍出现公司股权与经营管理权分离的现象,这类企业已经与传统意义的私营企业有重大甚至根本区别,其产权或股权的社会化、公众化程度已经大大超过过去的集体企业,超过大量地方国有企业,它们已经成为一种"准公有企业",或可称之为"新型公有企业"。因此,对这类社会化、公众化程度较高的企业,再也不应笼统地将其称之为非公有制经济,它们已经成为社会主义市场经济条件下的新兴的公有经济。

目前经济中大量存在的由社会团体、中介组织、基金公司等经济社会组织建立的企业,它们在经济和社会发展中的影响越来越大。这类企业组织,多数的产权或最终产权是多元的、公众的,管理经营是独立的、自主的,是一种新兴的公众经济。它们具有公有性质,其公有的程度超过集体经济和地方国有经济;它们也具有私有性质,多数组织的经营管理最终目的是为个人投资者或参与者服务和谋利益。可以将这类企业的经济属性确认为社会所有制或公众所有制,它们是一种新兴的公有经济。

上述四种类型经济的企业,前两类是公有制经济的新的实现形式,后两类是新兴的公有经济。这四类企业及其相互参股构成的经济和混合经济,目前占国民经济的比重不下 60%,今后还可能提高。因此,如果我们解放思想,将公有制经济的内涵与外延加以改进和完善,由过去的仅限于国有及控股、集体及控股的公有制经济,进一步拓展为包括前述的后两类新兴的公有经济,以及这四类企业相互参股的混合经济,那么,继续提"坚持以公有制经济为主体",在政策、法律和经济实践上,目前与将来都不会出现大的矛盾。

3. 搞好混合经济顶层设计

发展混合所有制经济是关系经济体制转型、涉及诸多利益关系的系统性改革，顶层设计十分重要。党的十八届三中全会已经给出了发展混合所有制经济的总体思路，但还需要加强顶层设计，提出科学可行的措施方案。

一要明确方向。党的十八届三中全会已明确混合所有制经济是我国基本经济制度的重要实现形式。因此，未来要适应混合所有制经济发展的要求，需要进一步明晰国有企业如何深化改革，如何发展以国有控股混合经济，非公企业如何参与国有企业改革，如何发展以非公经济为主的混合经济等问题的方向和路径。要尽快出台发展混合所有制经济的全国性指导性文件，明确改革的总体思路、主要目标、基本原则等，推动国有企业混合所有制改革依法依规、规范有序进行。对重大的混合所有制改革方案进行指导把关，对苗头性、趋势性问题及时提醒纠正。支持基层创新，建立容错机制，积极总结基层经验，将行之有效的举措上升为顶层设计。

二要分类改革。一方面，要根据不同类型与类别国有企业的客观需要与混合经济发展的内在要求分类开展混合所有制经济改革。根据国有企业的功能定位，加快推进国有企业的分类管理，并积极总结地方在分类管理、分类改革上的做法，尽快出台国有企业功能界定与分类管理的指导性文件。主要分类是：企业的功能定位、企业的行业属性、企业的规模大小、企业的层次级别、企业的市场地位、企业的国际影响、企业的长期效益、企业的历史包袱、企业的治理机制等。根据企业的不同类型与类别，确定其推行混合经济改革的必要性、方式方法、方向路径、混合深度、方案措施、时间步骤等。另一方面，要明确不同类型与类别的民营企业、外资企业如何参与国有企业混合经济改革与如何推进自身混合经济改革，并提出相应政策措施。

三要规范政策。依法治国的方针体现在混合所有制经济上，就是要依法推进混合经济改革。要根据混合经济发展改革的客观需要，适时修改与其相关的法律法规,如《公司法》《企业国有资产法》《反垄断法》等。要结合全面深化国有企业改革,提出国有企业混合经济改革的明确、规范的政策,既要有国家的统一政策,又要有地方实施的相关配套政策,还要有行业实施的相关配套政策。要根据企业的作用、地位和影响力的不同情况,不同程度地公开其混合经济改革的方案,接受职工与社会的监督。

二、改革国资国企与发展混合经济 12 条建议

1. 全面调整国有经济行业、地区与层次布局

从行业看,国有资本应服务于国家战略目标,主要投向关系国家安全、国民经济命脉的重要行业和关键领域,重点提供基本公共服务,发展前瞻性、战略性产业,保障国家经济安全。其他领域,特别是一般性竞争领域,应尽量减小份额,有的应逐步完全退出。

从地区看,主要根据行业在地区的分布,若该行业属于上述行业领域并需要国有资本者,该地区国有资本就可参与投资;若该行业属于一般竞争性行业,地区国有资本就应少参与和不参与投资。

从层次看,中央、省、市、县和乡各级政府,国有资本直接参与行业产业投资的规模、力度和深度应递减。至市与县一级,除提供基本公共服务和少数地区稀有资源开发需要市与县的国有资本投入外,其他行业领域一般不宜参与投资。至乡一级,除共同参与市、县提供的公共服务,需要乡政府共同投资者外,其余行业领域,均不宜参与投资。

2. 明确国有企业的主要功能、作用范围与行为边界

国家需要进一步明确国有企业的主要功能、作用范围与行为边界。宜将国有企业分为三种基本类型:一是公益类,指承担公共与公益事业功能的企业;二是保障类,指承担必要的国民经济基本发展保障和国家重要安

全责任的企业,包括军工核心装备生产、研发企业和具有真正自然垄断性质的企业;三是竞争类,指处于充分竞争性领域的企业。少数涉及国家安全的领域,自然垄断企业可采用国有独资和国有控股形式;公益类和一般保障类企业,国有资本以控股或参股形式参与经营,有的也可完全退出;竞争类企业应逐步降低国有股比重,在一般性竞争领域要逐步退出,向民间资本彻底开放。

3. 推进国有经济管理从管企业、管资产向管资本转变

随着混合经济的发展,企业的产权链条越来越长,越来越复杂,在国有成分首次与其他所有制经济成分相融合时,企业中的国有产权与非国有产权的界限是明确的,但当这类混合所有制企业作为投资主体再次投资时,新形成的产权就变得不易明确区分其所有制性质。经过多个层次、多个环节的投资组合,对国有资本监管机构来说,其面对的纯粹的国有产权将越来越少,而变成各种类型、不同层面的"混合产权"了。

为了适应这种新变化,国有资产管理方式也要做出改变与调整。改变的主要方向是组建或改组国有资本投资运营公司,这是实现以管资本为主、加强国有资产监管、完善国有资产监管体制的主要途径。一是支持有条件的国有企业改组为国有资本投资公司。逐步将国有集团公司改组为国有资本投资企业,对下属二、三级企业实行产权改制,实现从管资产到管资本的转变。二是通过划拨现有国有企业股权,建立一批国有资本投资运营基金。三是通过整合现有国有基金、划拨现有国有股权、吸引各类企业联合出资等方式,组建股权式或债权式基金。

4. 调整国资委功能作用与职责范围

要按以管资本为主的方向改进与调整各级国有资产监督管理委员会的职能与监管任务。一是实行国有资产出资人政策的制定、执行与监督分开的体制。国资委不再承担公共政策职能,只承担与国有资产出资人政策

执行相关的职能、任务。二是改进国资委与国有控股企业董事长、总经理的关系,国资委任命与监督董事长、总经理,按《公司法》充分授权董事会进行战略、投资、预决算、经理选聘、高层薪酬决策。三是结合党领导方式的改革,改革企业高层人事管理制度,推进经理与高管市场化招聘。四是强化国资委监管政策及其实施和国有控股企业经营情况的信息公开化、透明化。

5. 合理设计国有控股混合企业的股权、股东结构

在分类推进的基础上,还要坚持一企一策,根据企业的实际情况,设计合理的股权、股东结构。合理的股权、股东结构,是混合所有制企业健康发展的基石。"合理",就是要有利于真正的利益制衡,有利于完善治理结构,充分发挥国有股东与非国有股东的各自所长,提高企业决策的科学性。实行一企一策时,要加强统筹研究、整体设计,在放大国有资本功能的同时,也要尽量避免层层多元化带来的弊端;对不需要国有资本绝对控股的行业领域,逐步改变国有股一股独大的局面,充分发挥非国有资本的优势;还要防止国有股过少而缺乏话语权的情形,避免出现国有参股企业常年不分红、国有资本权益受损的问题。

6. 严格企业资产交易公开、透明和监管制度

发展混合所有制经济,国有企业担心改革力度过大可能会承担国有资产流失的罪名,而民营企业则担心面对庞大的国有经济,民营资本难以获得话语权,资产有被侵吞的风险。双方各自存在的顾虑影响了它们参与混合所有制的积极性。因此,既要防止国有资产流失,又要防止民营资产受侵,必须建立严格的资产交易监管制度。一是制定统一的政策标准,企业混合制改革的重要事项必须以政策标准为依据。二是明确划定不宜开展混合所有制的行业领域和企业类别清单,设立禁区和红线。三是明确企业改制重组的决策程序。企业改制重组应履行法律法规明确的决策程序,严格执行相关规定,规范操作,公开透明。四是由国有资产监管机构实行统一的国资民资产权管理,强化国有资产监管。五是平等对待国有产权与民营产权。产权只要合法、合规,就应在法律权利上完全平等,在政治与道德地位上不分高低,在财产保护上不偏不倚,在舆论宣传上不厚此薄彼。

对于混合所有制过程中最容易出现质疑的定价和交易两个环节,政府应担当裁判员,制定合理的定价规则和交易程序,通过市场机制实现价值合理体现。在资产定价环节,要把国有资产的价值评估市场化,交给中介机构来完成,避免主观判定;在产权交易环节,要让所有市场主体都能公平参与,采取公开竞价方式,实现交易过程的公开、透明。切实落实产权保护制度,在资产评估、产权定价、市值管理、产权交易、知识产权保护等环节,确保各种所有制经济产权和合法权益得到同等保护;以上市公司为平台进行混合所有制改造,信息公开、定价公开、竞争公开、程序公开,以减少决策者的政治风险。

7. 规范高管与普通员工持股行为

实行企业高管与员工持股,形成资本所有者和劳动者利益共同体,是发展混合所有制的一项重要措施。但企业高管与员工持股要稳妥、慎重推进,防止造成新的社会不公和产生不良影响。一是规范员工持股范围,确定哪些行业和企业不宜推行员工持股,哪些需要稳步推行,哪些适合尽快推行。二是对员工持股数量要有严格规定,作为股权激励的,数量比例要严格控制;作为一般投资的,应该与企业外部投资者同等看待,不得搞特殊优惠。三是员工持股必须经过严格规范的程序,须经董事会和职工代表大会讨论通过,并上报国有资产监管机构审议批准,在一定范围内公开与公示才能操作。四是员工持股定价要公开、合理、规范。非上市公司企业,定价必须至少要高于企业的单位净资产价值,效益好、发展前景优的企业必须要有合理的溢价;上市公司企业,定价要以股市当期价格为主要依据,有的宜采取期权形式,有的宜采取公开市场购买形式。

8.实行企业高管分类薪酬制度

国有企业推进混合所有制经济改革,企业大多数高管人员的产生来源、任职离职、身份变动、岗位责任、管理方式越来越社会化与市场化,与此相对应,企业高管的薪酬制度也要适时变化。要将混合所有制的国有控股的高管按其行政性安排与市场化的不同程度,采取不同的薪酬制度。由政府部门或国资部门直接任命或审批,主要代表国家政府行使国有资本职能的董事长、总经理等高管人员,其所在公司企业又属于有国家政策特殊支持与优惠者,政府相关部门要严格限制其薪酬水平,要借鉴西方国家国有公司高管人员薪酬管理的经验,使其与企业职工工资水平和同类层次公务员工资水平的差别不要过大。由市场公开招聘的高管人员,其薪酬待遇可基本按市场办法以招聘合同要求来确定。对目前占大多数的既非政府任命、审批,又非市场公开招聘的高管人员,主要由企业董事会和薪酬委员会根据国家相关规定、企业行业性质与经营效益、市场同类企业高管人员工资水平等综合因素确定其薪酬水平。

9.限制企业高管与政府高官身份互换

经商与从政是两类性质完全不同的职业,除极少数人外,对多数人而言,经商后从政、从政后经商,这对企业、对国家、对本人的实际效果都很差。这类现象在市场经济国家虽然也存在,但很少。我国由于长期以来将国有企业高管人员视为国家干部,国有企业高管与政府部门高官身份互换的现象普遍存在,其带来的负面影响越来越严重。因此,国家要制定专门的法规与政策,明确规范国有控股企业高管人员与政府部门高官、干部的交流、互换,重点是限制交流互换的对象与频率,避免一些人经商不如意就设法去政府当官,当官不如意就设法去企业经商的行为与现象。要把对国有企业高管的管理与对党政部门官员的管理完全分开,分别实行不同的标准、条件、规则、程序,前者是产权管理与市场选择行为,后者是政治责任与行政选择行为,二者不能混淆,不能交叉。当前,特别要严格禁止和限制部分公务员干部临近退休时通过各种办法与途径,去国有企业谋一高管职位、干一份轻闲工作、拿一份高薪报酬的行为。

10. 推行统一、平等全员劳动合同制

当前,虽然形式上都在实行劳动合同制,但国有企业员工的工作安排、薪酬水平与保障福利等实际待遇往往分成三六九等,很不公平,有实际固定工,有长、短期合同工,有劳务派遣工。实行混合经济改革后,这类现象将更突出也更复杂。国有企业推行混合经济改革,一方面,要妥善与合理处理部分老员工的历史遗留问题;另一方面,要严格执行《中华人民共和国劳动合同法》,推行统一、平等的全员劳动合同制,逐步取消当前普遍存在的对新招聘员工的变相歧视待遇,调整、改进和规范劳务派遣政策,降低企业的劳务派遣工比例。

11. 保障企业工会的民主、独立与自主

国有企业推行混合经济改革后,企业的产权结构更加多元化,因此,企业的资本与劳动的关系更加接近于西方市场经济国家的公司企业。为切实维护职工的合法权益,一定要强化企业工会组织的民主性、独立性和自主性,要视工会为真正的工会,它既不是企业董事会的附属,也不是企业党组织的附属。维护企业职工合法权益是工会的第一要务,因此,企业工会的组织机构和领导人员必须由职工自由民主选举,工会组织活动必须完全独立与自主,企业董事会、企业党组织都应充分尊重工会组织,不得干预工会组织的一切合法行为与活动。

12. 稳妥处理国有企业的历史遗留问题

要认真梳理、稳妥处理国有企业的历史遗留问题,使国有企业公平参与市场竞争,增强国有企业的市场竞争能力,增强国有企业在实施混合所有制改革时对非国有资本的吸引力。对于国有企业承担的社会管理职能等遗留问题，要仔细核算解决问题所需的资金，利用资产收益、财政资金等一次性或逐步解决，核心是要进行社会化管理，包括职工的社会化管理和服务（或非经营性资产）的社会化管理，不能完全实行社会化管理的，也要尽快争取集中统一管理。

三、民营企业有效参与混合经济发展 15 条建议

1. 严格私人财产法律保护

国家法律已明确规定，公有制经济财产权不可侵犯，非公有制经济财产权同样不可侵犯。非公经济财产权受到侵害的案例在现实中依然普遍发生，平等保护各种所有制经济的合法权益还需要更完备的法律和政策。要加快相关立法的进程与步伐，建立和完善规范与保护私人财产权和现代产权关系的法律法规体系。一是修改现行相关法律条款，对各类合法财产实施平等保护，以体现法治的平等原则。二是制定和完善有关投资经营的专门法律。依法保障正当兼并行为的投资权益，用法律约束政府与民间投资经营者的权利与义务，禁止任何行政力量非法中止或废除投资经营合同。三是制定统一的国家行政执法。明确国家工作人员在履行公务时的行为方式、执法程序、违法惩治机制，强化对公共权力的制约和限制，杜绝行政执法部门及其执法人员违法行政、滥用职权、行政不作为等问题。

2. 继续贯彻国务院两个"36 条"

2005 年和 2010 年国务院出台的《关于鼓励支持和引导个体私营等非公有制经济发展的若干意见》（"前 36 条"）和《关于鼓励和引导民间投资健康发展的若干意见》（"新 36 条"），及其几十个部门制度的相关配套措施，给非公企业发展创造了良好的政策环境。但两个"36 条"执行效果很不理想，民营企业发展仍面临"铁门"、"玻璃门"、"弹簧门"问题，应结合贯彻落

实党的十八届三中全会"关于全面深化改革若干重大问题的决定"精神,继续全面推进两个"36条"及相关配套措施的落实,打破非公企业和民营资本准入的各种障碍,取消不合理的附加条件和限制性要求,避免国有企业利用政策和资源优势强势扩张,对民营资本形成"挤出"效应,为民营经济参与混合所有制经济改革创造公平、有序的市场环境。

3. 进一步打破垄断

垄断与市场是对立面,垄断经济与市场经济不能相容。中国经济存在严重的垄断经济,它是集行政垄断、自然垄断和市场垄断为一身的综合垄断,它以行政垄断为保护,以自然垄断为凭借,以市场垄断为目标。它的经济行为主体是国有垄断企业。深化经济体制改革,让市场决定资源配置,发展混合所有制经济,必须进一步打破垄断经济。

破除行政垄断。行政垄断是政府将某些方面生产经营的垄断权力直接授予某个或某些企业,而排斥其他企业参与生产经营。必须将政府对某些特殊方面经济的直接经营行为或授权企业经营行为严格限制在最小范围之内。比如,国家安全和国防军事方面的重要技术装备和产品,烟草生产等暴利经营特殊行业,应当由政府管制并授权某些企业特许经营,但要严格限制其经营界限,禁止超过范围经营。其余行业领域的生产经营,都应取消政府直接经营或授权经营。要通过立法,明确政府经营和授权经营的界限、范围、程序与规则,未经法律授权,任何政府经营和授权经营均为非法行政垄断,都应列入破除之列,包括各种形式的行政性、政策性的地方保护、行业保护、企业经营保护等。

规范自然垄断。要将垄断行业中具有网络型特征的自然垄断环节与其他的非自然垄断环节严格区别开来,网络型自然垄断环节可以特许经营或企业专营,非自然垄断环节向各类市场主体放开。即使是自然垄断环节,也由于科技进步、经济发展、商业模式变革等,其自然垄断特性也在发生变化,有的已经具备市场竞争特性,必须根据自然垄断性向市场竞争性的转变程度,调整和取消其少数企业垄断经营的政策,将其交由各类市场主体开展竞争性经营。

打击市场垄断。一方面,要全面贯彻落实《中华人民共和国反垄断法》,对任何企业通过垄断市场、操控价格、排斥竞争的行为进行法律严惩;另一方面,对基于行政垄断和自然垄断形成的市场垄断,要严格监控其产品与服务的质量水平与定价行为,限制其成本开支范围和盈利程度,打击其在非自然垄断环节排斥市场竞争的行为。

4. 推行负面清单管理

放开行业准入,引入竞争机制,是提高各个产业、行业和经济领域的效率与效益的重要条件。要取消按企业所有制性质划分准入界限,实行平等的市场准入制度。进一步调整和完善民间投资进入垄断行业的相关法律法规,给民营企业创造公正、公平的政策环境。法律缺位已经构成了民间资本进入垄断行业的主要障碍,应尽快完善行业法律体系,为解决民间资本准入难问题创造良好的政策保障环境。放开行业准入,一项根本的措施是要推行市场准入的负面清单管理方式。实行统一的市场准入制度,在制定负面清单的基础上,各类市场主体可依法平等地进入清单之外领域。按照"非禁即入"原则,消除隐性准入障碍。同时,全面开展地方性法规、规章和规范性文件清理工作,修改、废止与负面清单管理方式改革任务不相适应的地方性法规、规章和规范性文件。

5. 大力推行 PPP 制度

推行 PPP 制度,即政府和社会资本合作制度,有利于创新投融资机制,拓宽社会资本投资渠道,推动各类资本相互融合、优势互补,促进投资主体多元化,充分发挥市场配置资源的决定性作用。PPP 制度是发展混合经济的重要途径,它以政府为一方,以民营企业、外资企业和其他社会企业为一方,开展经营、服务、投资、股权等方面广泛、长期、深入的合作,它是新时期我国基础设施建设、公共服务发展的重要推动力量。要加快实施国家有关部门已经出台的推行 PPP 制度的政策、方案与指南,各地区、各行业、各领域政府相关部门,要尽快提出具体实施方案,推出一批试点项目公之于众,通过公开市场竞争选出一批民营企业参与其中,充分发挥民营企业、社会资本在建设基础设施、增加公共服务、提供公共产品中的重大作用。

6. 强化行政执法与司法公正、平等

受传统观念影响,我国司法审理过程中或多或少有着对民营经济的歧视和偏见,导致司法案件处理中厚此薄彼,致使民营企业的合法权益得不到有效保护。发展混合所有制经济,保护国有产权和私有产权不受侵犯,都直接依赖于司法的公平性和有效性。司法部门应与人大立法机关、政府有关部门紧密配合,主动审查、清理、修订、增订、解释与市场经济建设相关的法律法规,建立更加有效的司法保障体系,营造更加完善的市场经济环境。要做到公正司法,维护民营经济合法权益。要规范查封、扣押、冻结、处理民营企业涉案财物的司法程序,应与公有财产完全一样地平等对待。要落实司法为民宗旨,充分发挥审判职能、作用,为民营经济创造安全、稳定的发展空间。

7. 创新民营控股混合企业股权制度设计

一是在治理结构方面,可以借鉴私募投资领域 GP、LP 的做法,实现所有权和经营权的真正分离。国有资产管理部门只管资本,由民营企业家运营企业。管理者和出资人分开,资本上国有大、民营小,管理方面民营大、国有小。可以采用有限合伙的方法,出资者承担有限责任,管理者承担无限责任。这些制度设计能够将民营资本的机制嫁接国有资本,激发国有资本更大的潜力。

二是在保证国有资本在某些行业的控制力方面,可以通过国有资本金

股实现。国有资本的控制力和影响力并不一定通过控股权实现,可以通过设立金股制度,对影响国家安全和公共环境的重大事件实行一票否决权,既体现国有资本的控制力,又确保混合所有制企业的自主经营和健康发展。

三是国有资本在混合经济企业中可以持优先股,既保证国有资本保值增值,民营企业又可以"以小控大"。对于体量巨大的国有企业改制,采取两种股份:一种是参与决策的股份(普通股),民企占大股;另一种是参与优先分红的股份(优先股),国有资本持有,这样让民营企业可以用较少的股份比例就能够主导混合所有制企业的运营。对国有资本的好处一是降低了交易门槛,让更多的民营企业能够参与竞价;二是对拥有周期性资产的国有企业,其中一半作为优先股,保证了资本收益不受经济周期的影响;三是如果民营企业将企业经营得好,提高了股权价值,国有资本就实现了保值增值。

8. 推进民营混合企业股权多元化、社会化

在创业阶段,民营企业的股权结构往往高度集中,企业的所有权与经营、控制权集中于企业主一身,减少了企业内部委托代理成本、信息不对称及机会主义行为,能够对市场变化做出迅速、灵活的反应,这在非公企业初创时期效率很高。但当企业进入快速成长阶段,需要大量资本与人力资源投入时,封闭的一元化股权结构就很难满足这一需求。随着非公企业的进一步发展,股权结构客观上由单一化、家族化向多元化、社会化转换,这是一种必然趋势。在产权结构上,应鼓励、引导、支持民营企业参与国有企业、集体企业改组、改制、改造,通过参股、相互参股、控股、职工持股、整体或部分收购、吸引外资等多种形式,实现非公重点企业投资主体多元化和股份社会化。

9. 建立混合所有制企业的退出机制

建立混合所有制企业,股权的进入与退出都应当是自愿、自主和自由

的。既要鼓励进入,也要允许退出。退出机制本身就是市场经济的必然选择,资本在顺利退出的同时也实现了资源的再配置,退出机制符合防患于未然的风险控制原则,也是一种"允许失败"的态度,一定程度上有助于调动国有企业领导、政府官员的积极性,防止出现一些领导由于担心承担责任而使改革停滞不前的问题。

10. 推进民营公司治理规范化、现代化

大多数非公企业内部管理不规范,落后的财务管理方式、传统的家族式经营模式制约非公企业更好发展。应鼓励、引导大中型非公企业按照《公司法》要求,加快公司制改造步伐,完善法人治理结构,向科学化、现代化管理方向发展。

一是促进所有权与经营权分离,建立完善的内部组织结构。一些民营企业老板,既是所有权人又是经营管理者,这种管理方式严重制约着不少企业的发展。因此,应支持非公企业广招贤才,积极走市场化的道路,面向人才市场招聘经理人,实行所有权人依法监督、经理人依法经营、经理人对所有权人负责的人力资源管理机制;同时应重视企业高级管理队伍的管理,规范其管理行为,促进社会人力资源为我所用,冲破非公企业人力资源管理的瓶颈,大胆引进经营、管理人才。

二是推动管理制度创新,改进内部管理。支持大中型非公企业适应市场经济的要求,推进人力资源管理、资本管理、品牌管理的改革,促进生产研发、生产流程、市场拓展的规范。打破旧的条条框框,突破传统的家长式、无序化管理,构建完善的企业领导制度、用工制度、财务支出制度体系,形成管理规范、过程衔接、科学高效、充满活力的制度新体系。

三是完善企业法人治理结构。规范企业法人的治理应当做到:落实股东、董事及监事人员,依照《公司法》加强财务监督职能,抓住企业财务管理这个关键,提高监事会的监督作用;依靠独立董事来提高企业决策的科学性。

11. 大型民营混合企业管理逐步去家族化

民营企业大多采取个人或家族式企业管理方式,这对一般中小企业是正常的、合适的,但对达到一定规模的大型民营企业,就可能面临很大问题。特别是资产与经营规模达到几亿元、几十亿元甚至上千亿元的企业,企业经营范围广、员工人数多、产业链条长、行业产业化快、市场风险大、社会关系复杂,老板个人与家族的知识、能力、精力与时间都难以应对,家族式管理弊端显而易见。民营企业自身搞混合经济,或者参与国有企业混合经济改革,产权出现多元化,若仍采取家族式企业管理,面临的问题更大、更难。大型民营企业,特别是推行混合经济的民营企业,企业的管理方式与运行机制要逐步去家族化。要根据老板个人与家族的知识、经验、能力、精力、志向和影响力等情况,决定其实际参与企业决策与管理的深度与广度,决不能搞"一言堂"。一方面,要通过股权激励,使企业管理团队与骨干员工成为企业的共同所有者,使其与老板及家族之间的长期利益共同化、一致化、内在化。另一方面,要将企业的所有权与经营管理权分开,通过市场公开竞争、招聘职业经理人,选择社会精英团队经营管理企业,大胆地将企业战略决策与经营管理权交给管理团队。中国民营企业要做大做强,要成为行业领军人,成为跨国公司,要走向全国、走向世界,企业管理的去个人化、去家族化是一个重要前提。

12. 合理引导企业家社会身份追求

民营企业老板在经济上成功之后,往往都想在文化、社会与政治上表现自己,努力获取相关职务身份,积极参与相关活动,这既是为了个人价值的更大实现,也是为了推动企业的更大发展。改革开放以来,民营企业家中产生了一大批文化名人、社会活动家、慈善家,不少人成为党代会代表、人大代表、政协委员,成为工会、青年团、妇联、商会协会、基金会、慈善会等社会团体的领导,他们对我国的文化繁荣、社会发展和政治进步发挥了重大作用。但是,在民营企业家参与各类社会活动中,也出现了不少乱象,主要是一些人像经商一样,在各类社会、文化、政治活动中以钱谋职、以钱谋名、以钱谋誉,这在一定程度上败坏了社会政治文化风气。对民营企业家参与社会、文化和政治活动,既要积极鼓励,又要正确引导,使其保持在适度与合理范围,对其中出现的不少乱象,要严格限制与禁止。特别是在这些活动过程中的行贿受贿、买名卖名、买官卖官、假仁假义、非法以钱谋名、以名谋利等行为,要依法予以惩治。要弱化民营企业家对个人政治地位与社会头衔的过度追求,引导其正确定位,当好企业家、干好企业事、做好社会人。

13. 企业工会独立自主

工会是代表和维护职工自身权益的组织,是民营企业建立现代企业制度的重要内容。近年来,非公企业组建工会取得了很大进展,但在经济和政治上均对资方存在依附关系,缺乏独立性,加上工会的组建模式、工会体制方面存在的问题,工会作用还没有得到正常发挥。民营企业工会组织应在协调劳动关系及代表和维护职工权益方面发挥更加重要的作用,为此必须建立职工自主的工会组织,除了工会自身改革外,必须对工会体制进行相应改革,提高工会的独立性、自主性,增强职工的谈判能力。

第一,实施工会直接选举制度,强化工会的代表性和独立性,通过真正的民主选举,使工会真正成为工人自治性的组织。应及时修改《中华人民共和国工会法》,增设"会员"一章,对其权利做出明确界定,确定会员代表大会是工会的权力机构。

第二,采取切实措施,逐步推进企业工会独立于企业雇主的进程。推进工会干部职业化,使之与企业工会会员的民主直选、民主监督制度相结合,加强会员对工会干部的内在约束。在工会经费分割方面,扩大基层工会的留成比例,开展企业专职工会干部工资福利由工会经费负担的试点。深化工会独立的改革,严格执行《企业工会主席产生办法(试行)》对工会主席候选人资格所做的限制。

第三,推进工会体制改革,为非公企业工会发挥作用创造条件。强化工会的集体协商权力,推进工会组织的民主化、群众化、职业化。发挥产业和行业工会在协调劳动关系和确定劳动标准方面的重要作用,形成产业与企业工会相互协调的维权格局,同时保护企业工会工作者的积极性。

14. 推进党务管理"三化改革"

企业党组织一方面是党的方针、政策在企业落实的监督者,另一方面,是企业劳资双方利益协调的中间人,要公正地维护双方利益。为此,非公企业党组织管理要实行"三化改革"。一是民主化,即真正实行和全面推进党员民主,由党员自由、民主地选举书记等党务管理人员,企业股东不得干预;二是自主化,即企业党组织的活动要独立于企业生产经营,经费自筹,活动自主,党务管理人员与企业经营管理人员不应交叉任职,党务人员工资报酬不宜与企业效益挂钩,企业的董事会与总经理不得干涉党务工作;三是属地化,即企业党组织由同级或相对应的地方党组织管理,地方党组织主要负责对企业党务工作进行指导与监督,对书记等党务管理人员进行考察、把关和认可。

15. 处理好民营企业新老"三会"的关系

民营企业基本上都建立了党委会、职代会和工会,在民营企业参与混合制改革与构建现代企业制度的过程中,同样会碰到与国有企业类似的新老"三会"的关系问题。在民营企业中,职代会、工会与股东会、董事会的关系本质上是劳资关系,主要是利益关系。因此,民营企业新老"三会"的关系处理主要是建立利益协调机制。在这种利益协调机构中,职代会、工会是职工利益的代表者,股东会、董事会是企业所有者利益的代表者,职代会与股东会相对应,工会作为职代会的办事机构与股东会的办事机构董事会相对应。双方各自按照《中华人民共和国工会法》与《公司法》履行各自义务、行使各自职能,独立活动,互不相属,互不干扰。

参考文献

[1] 严中平. 中国近代经济史(1840—1894)[M]. 北京：人民出版社,2012.

[2] 汪敬虞. 中国近代经济史(1895—1927)[M]. 北京：人民出版社,2012.

[3] 蒋晓伟. 中国经济法制史[M]. 北京：知识出版社,1994.

[4] 徐建生,徐卫国. 清末民初经济政策研究[M]. 桂林：广西师范大学出版社,2001.

[5] 张忠民,等. 近代中国的企业、政府与社会[M]. 上海：上海社会科学院出版社,2008.

[6] 张国辉. 洋务运动与中国近代企业[M]. 北京：中国社会科学出版社,1979.

[7] 复旦大学历史系. 近代中国资产阶级研究[M]. 上海：复旦大学出版社,1986.

[8] 费正清. 剑桥中国晚清史[M]. 北京：中国社会科学出版社,2007.

[9] 杜恂诚. 民族资本主义与旧中国[M]. 上海：上海人民出版社,1991.

[10] 许涤新,吴承明. 中国资本主义发展史[M]. 北京：人民出版社,2003.

[11] 章伯锋,庄建平. 国民政府与大后方经济[M]. 成都：四川大学出版

社,1997.

[12] 凯恩斯. 就业、利息和货币通论[M]. 宋韵声,译. 北京:华夏出版社,2005.

[13] 萨缪尔森·诺德豪斯. 经济学(第18版)[M]. 萧琛,译. 北京:人民邮电出版社,2008.

[14] 劳埃德·G 雷诺兹. 经济学的三个世界[M]. 朱泱,等,译. 北京:商务印书馆,1990.

[15] 克拉斯·埃克隆德. 瑞典经济:现代混合经济的理论与实践[M]. 北京:北京经济学院出版社,1989.

[16] 阿兰·G 格鲁奇. 比较经济制度[M]. 北京:中国社会科学出版社,1985.

[17] 徐炜. 美国国有企业监管体制研究:以美国联邦政府公司为例[J]. 比较管理,2012(2).

[18] 佟福全,范新宇,王德迅. 西方混合所有制企业比较[M]. 北京:经济科学出版社,2001.

[19] 肖金成. 西方国家的国有企业及对我国的启示[J]. 学术交流,1997(1).

[20] 宫崎义一. 日本经济的结构和演变[M]. 北京:中国对外经济贸易出版社,1990.

[21] 江瑞平. 法人垄断资本主义:关于日本模式的一种解析[J]. 中国社会科学,1998(5).

[22] E S 萨瓦斯. 民营化与公私部门的伙伴关系[M]. 周志忍,等,译. 北京:中国人民大学出版社,2002.

[23] 张卓元,郑海航. 中国国有企业改革30年回顾与展望[M]. 北京:人民出版社,2008.

[24] 本书编写组.《中共中央关于全面深化改革若干重大问题的决定》辅

导读本[M].北京:人民出版社,2013.

[25] 交通银行课题组.国企改革再探讨:从放权让利到混合所有制[J].新金融,2014(8).

[26] 邱海平.论混合所有制若干原则性问题[J].人民论坛:学术前沿,2014(6).

[27] 保育钧.再呼唤——民营经济:中国的变革与发展[M].北京:中华工商联合出版社,2010.

[28] 钱滔.地方政府、制度变迁与民营经济发展[M].杭州:浙江大学出版社,2008.

[29] 张巍.民营与国有经济法律保护差异性的经济分析[M].北京:中国经济出版社,2013.

[30] 杨永忠,等.民营经济进入垄断行业的制度性壁垒[M].北京:经济管理出版社,2010.

[31] 李维安,等.中国民营经济制度创新与发展[M].北京:经济科学出版社,2009.

[32] 吴敬琏,马国川.重启改革议程:中国经济改革二十讲[M].北京:生活·读书·新知三联书店,2013.

[33] 厉以宁.中国经济双重转型之路[M].北京:中国人民大学出版社,2013.

[34] 中国社会科学院工业经济研究所课题组.论新时期全面深化国有经济改革重大任务[J].中国工业经济,2014(9).

[35] 全国工商联研究室.中国改革开放30年民营经济发展数据[M].北京:中华工商联合出版社,2009.

[36] 黄孟复.中国民营经济史·大事记[M].北京:社会科学文献出版社,2009.

[37] 中华全国工商业联合会.中国私营企业大型调查[M].北京:中华工

商联合出版社,2007.

[38] 黄孟复,王钦敏.民营经济蓝皮书:中国民营经济发展报告[M].社会科学文献出版社,2005—2014.

[39] 李子彬.中国中小企业蓝皮书[M].北京:中国发展出版社,2007—2014.

[40] 上海财经大学500强企业研究中心.民营大企业转型的利益相关者研究:500强企业研究报告之五[M].上海:上海财经大学出版社,2012.

[41] 中国集团公司促进会.国有企业改革政策演变[M].北京:中国财政经济出版社,2003.

[42] 中国企业联合会、中国企业家协会课题组.中国500强企业发展报告[M].北京:企业管理出版社,2000—2014.

[43] 中华人民共和国国家统计局.中国统计年鉴[M].北京:中国统计出版社,2000—2014.

附录一　不同所有制类型工业企业数据变化分析

（2000—2013 年）

根据国家统计局的统计数据，本部分针对不同类型工业企业，从企业数量、亏损状况、经营效益、所有者权益、税收等方面，分析其2000—2013年的变化。

一、按登记注册类型分规模以上工业企业数据变化

根据研究需要，我们对国家统计局的数据进行了简化和归类，将工业企业分为五大类，分别是：国有企业、国有控股企业、公司制企业（主要包括有限责任公司和股份有限公司两类）、私营企业及外资企业（包括港澳台商投资和外商投资）。

(一)不同类型规模以上工业企业数量变化

从2000年到2013年，我国规模以上工业企业数量呈增长态势，但不同类型企业的增长状况也出现不同变化（参见表1与图1）。具体状况如下。

1. 规模以上工业企业数量增加了 1.16 倍

数据显示,我国规模以上工业企业数量 2000 年为 162885 家,到 2013 年增长到 352546 家,13 年总量增长了 1.16 倍,年均增速为 6.1%。

2. 国有工业企业数量减少 84%

国有工业企业数量由 2000 年的 42426 家减少到 2013 年的 6831 家,减少了 84%,年均减少了 13.1%。占全国规模以上工业企业数量的比例,由 2000 年的 26% 减少到 2013 年的 1.9%,减少了 24.1 个百分点。

3. 国有控股工业企业数量减少了 66%

国有控股工业企业数量由 2000 年的 53489 家减少到 2013 年的 18197 家,减少了 66%,年均减少率为 8%。

4. 公司制工业企业数量增长了 3.3 倍

公司制工业企业数量由 2000 年的 18301 家增长到 2013 年的 78516 家,增长了 3.3 倍,年均增长率为 11.9%。占全国规模以上工业企业数量的比例,由 2000 年的 11.2% 增长到 2013 年的 22.3%,增加了 11.1 个百分点。

5. 私营工业企业数量增长了 7.8 倍

私营工业企业数量由 2000 年的 22128 家增长到 2013 年的 194945 家,增长了 7.8 倍,年均增长率为 18.2%。占全国规模以上工业企业数量的比例,由 2000 年的 13.6% 增长到 2013 年的 55.3%。私营工业企业总数量已经占据全国工业企业数量的 50% 以上。

6. 外资工业企业数量增长了 1 倍

外资工业企业数量由 2000 年的 28445 家增长到 2013 年的 57402 家,增长了 1 倍,年均增长率为 5.5%。占全国规模以上工业企业数量的比例,由 2000 年的 17.5% 减少到 2013 年的 16.3%,减少了 1.2 个百分点。

表1　2000—2013年不同类型工业企业数量变化状况

	2000年	2001年	2002年	2003年	2004年	2005年	2006年	2007年	2008年	2009年	2010年	2011年	2012年	2013年	增长状况	年均增长率
全国规模以上工业企业总计	162885	171256	181557	196222	276474	271835	301961	336768	426113	434364	452872	325609	343769	352546	116%	6.1%
国有工业企业	42426	34530	29449	23228	23417	16824	14555	10074	9682	9105	8726	6707	6770	6831	-84%	-13.1%
占比	26.0%	20.2%	16.2%	11.8%	8.5%	6.2%	4.8%	3.0%	2.3%	2.1%	1.9%	2.1%	2.0%	1.9%	—	—
国有控股工业企业	53489	46767	41125	34280	35597	27477	24961	20680	21313	20510	20253	17052	17851	18197	-66%	-8.0%
占比	32.8%	27.3%	22.7%	17.5%	12.9%	10.1%	8.3%	6.1%	5.0%	4.7%	4.5%	5.2%	5.2%	5.2%	—	—
公司制工业企业	18301	24648	28484	32919	48405	49164	54291	61108	72257	75201	79640	67189	75967	78516	329%	11.9%
占比	11.2%	14.4%	15.7%	16.8%	17.5%	18.1%	18.0%	18.1%	17.0%	17.3%	17.6%	20.6%	22.1%	22.3%	—	—
私营工业企业	22128	36218	49176	67607	119357	123820	149736	177080	245850	256031	273259	180612	189289	194945	781%	18.2%
占比	13.6%	21.1%	27.1%	34.5%	43.2%	45.5%	49.6%	52.6%	57.7%	58.9%	60.3%	55.5%	55.1%	55.3%	—	—
外资工业企业	28445	31423	34466	38581	57161	56387	60872	67456	77847	75376	74045	57216	56908	57402	102%	5.5%
占比	17.5%	18.3%	19.0%	19.7%	20.7%	20.7%	20.2%	20.0%	18.3%	17.4%	16.4%	17.6%	16.6%	16.3%	—	—

注:"还有其他"类型企业未放入表中

	2000年	2001年	2002年	2003年	2004年	2005年	2006年	2007年	2008年	2009年	2010年	2011年	2012年	2013年
◆ 国有工业企业	26.0%	20.0%	16.2%	11.8%	8.5%	6.2%	4.8%	3.0%	2.3%	2.1%	1.9%	2.1%	2.0%	1.9%
○ 国有控股工业企业	32.8%	27.3%	22.7%	17.5%	12.9%	10.1%	8.3%	6.1%	5.0%	4.7%	4.5%	5.2%	5.2%	5.2%
▲ 公司制工业企业	11.2%	14.4%	15.7%	16.8%	17.5%	18.1%	18.0%	18.1%	17.0%	17.3%	17.6%	20.6%	22.1%	22.3%
✳ 私营工业企业	13.6%	21.1%	27.1%	34.5%	43.2%	45.5%	49.6%	52.6%	57.7%	58.9%	60.3%	55.5%	55.1%	55.3%
--- 外资工业企业	17.5%	18.3%	19.0%	19.7%	20.7%	20.7%	20.2%	20.0%	18.3%	17.4%	16.4%	17.6%	16.6%	16.3%

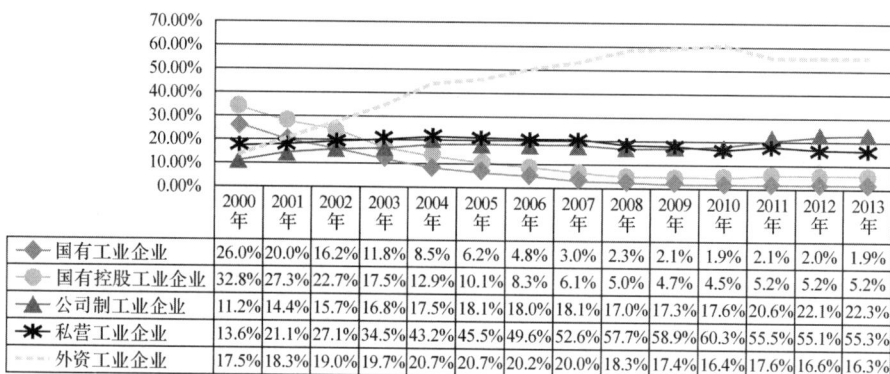

图1　2000—2013年不同类型工业企业数量占全国工业企业数量比例年度变化状况

(二)不同类型规模以上工业企业亏损面状况

国有工业企业的亏损面由 2000 年的 36.4% 减少到 2011 年的 22.2%,减少了 14.2 个百分点;公司制工业企业亏损面却由 2000 年的 21.1% 下降到 2011 年的 11%;私营工业企业亏损面由 2000 年的 12.6% 降到了 2011 年的 5.9%,减少了 6.7 个百分点;外资工业企业亏损面由 2000 年的 26.8% 减少到 2011 年的 17%,减少了 9.8 个百分点(参见图2)。

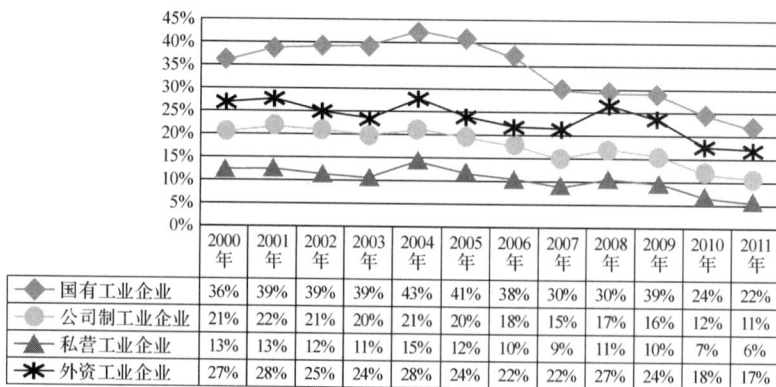

	2000年	2001年	2002年	2003年	2004年	2005年	2006年	2007年	2008年	2009年	2010年	2011年
◆ 国有工业企业	36%	39%	39%	39%	43%	41%	38%	30%	30%	39%	24%	22%
○ 公司制工业企业	21%	22%	21%	20%	21%	20%	18%	15%	17%	16%	12%	11%
▲ 私营工业企业	13%	13%	12%	11%	15%	12%	10%	9%	11%	10%	7%	6%
✳ 外资工业企业	27%	28%	25%	24%	28%	24%	22%	22%	27%	24%	18%	17%

图2　不同类型工业企业亏损面年度变化(2000—2011年)

(三)不同类型企业经营效益状况

1. 资产变化

从 2000 年到 2013 年,全国规模以上工业企业资产增长了 4.82 倍,年均增速为 14.5%,其中:国有工业企业增长了 1.7 倍,年均增速为 8.0%;国有控股工业企业增长了 2.85 倍,年均增速为 10.9%;公司制工业企业、私营工业企业和外资工业企业固定资产分别增长了 5.6 倍、19 倍和 4.9 倍,年均增速分别为 15.6%、25.9%和 14.6%(参见表 2)。但就 2000—2013 年不同类型企业固定资产占全国规模以上工业企业固定资产的比例而言,国有工业及国有控股工业企业固定资产占比均呈现下降趋势,分别下降了 24.6 个百分点和 26.3 个百分点;私营工业企业固定资产占比上升了 17.4 个百分点;外资工业企业占比略微上升,仅上升 1.4 个百分点(参见图 3)。

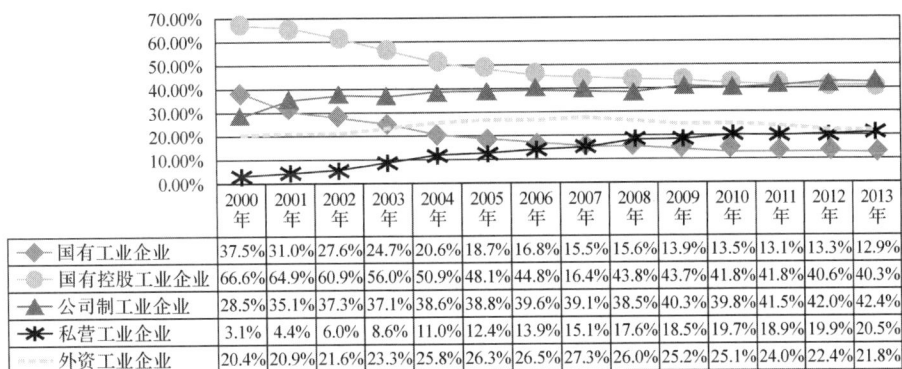

	2000年	2001年	2002年	2003年	2004年	2005年	2006年	2007年	2008年	2009年	2010年	2011年	2012年	2013年
国有工业企业	37.5%	31.0%	27.6%	24.7%	20.6%	18.7%	16.8%	15.5%	15.6%	13.9%	13.5%	13.1%	13.3%	12.9%
国有控股工业企业	66.6%	64.9%	60.9%	56.0%	50.9%	48.1%	44.8%	16.4%	43.8%	43.7%	41.8%	41.8%	40.6%	40.3%
公司制工业企业	28.5%	35.1%	37.3%	37.1%	38.6%	38.8%	39.6%	39.1%	38.5%	40.3%	39.8%	41.5%	42.0%	42.4%
私营工业企业	3.1%	4.4%	6.0%	8.6%	11.0%	12.4%	13.9%	15.1%	17.6%	18.5%	19.7%	18.9%	19.9%	20.5%
外资工业企业	20.4%	20.9%	21.6%	23.3%	25.8%	26.3%	26.5%	27.3%	26.0%	25.2%	25.1%	24.0%	22.4%	21.8%

图 3　不同类型工业企业资产总计占比年度变化(2000—2013 年)

表2 2000—2013年不同类型工业企业资产总计变化

单位:亿元

	2000年	2001年	2002年	2003年	2004年	2005年	2006年	2007年	2008年	2009年	2010年	2011年	2012年	2013年	增长状况	年均增长率
总计	126211.24	135402.5	146217.8	168807.7	215358	244784.25	291214.51	353037.37	431305.55	493692.86	592881.86	675796.89	768421.2	850625.85	481.8%	14.5%
国有工业企业	47330.3	41996.2	40293.3	41636.7	44418.4	45754.1	48941.6	54722.8	67101.6	68684.9	79887.9	88753.6	102035.5	110002.2	173.0%	8.0%
占比	37.5%	31.0%	27.6%	24.7%	20.6%	18.7%	16.8%	15.5%	15.6%	13.9%	13.5%	13.1%	13.3%	12.9%	—	—
国有控股工业企业	84014.9	87901.5	89094.6	94519.8	109708.3	117629.6	135153.4	158187.9	188811.4	215742.0	247759.9	281673.9	312094.4	342689.2	284.6%	10.9%
占比	66.6%	64.9%	60.9%	56.0%	50.9%	48.1%	46.4%	44.8%	43.8%	43.7%	41.8%	41.7%	40.6%	40.3%	—	—
公司制工业企业	35943.6	47546.2	54510.4	62707.6	83081.5	95057.2	115195.2	137899.8	166020.4	198713.6	236237.7	280597.1	322819.0	360589.6	561.5%	15.6%
占比	28.5%	35.1%	37.3%	37.1%	38.6%	38.8%	39.6%	39.1%	38.5%	40.3%	39.8%	41.5%	42.0%	42.4%	—	—
私营工业企业	3873.8	5902.0	8759.6	14525.3	23724.8	30325.1	40514.8	53305.0	75879.6	91175.6	116867.8	127749.9	152548.1	174771.1	1895.2%	25.9%
占比	0.0%	0.0%	0.1%	0.1%	0.1%	0.1%	0.1%	0.2%	0.2%	0.2%	0.2%	0.2%	0.2%	0.2%	—	—
外资工业企业	25714.1	28354.5	31513.8	39260.3	55601.8	64308.5	77108.7	96367.0	112145.0	124477.6	148552.3	161987.7	172320.3	185611.1	489.0%	14.6%
占比	20.4%	20.9%	21.6%	23.3%	25.8%	26.3%	26.5%	27.3%	26.0%	25.2%	25.1%	24.0%	22.4%	21.8%	—	—

2. 主营业务收入

主营业务收入数据显示,从 2000 年到 2013 年,规模以上工业企业共增长了 8.4 倍,年均增速为 18.8%;国有工业企业增长了 3.16 倍,年均增速为 11.6%;国有控股工业企业增长了 4.4 倍,年均增速为 13.8%;公司制工业企业增长了 9.18 倍,年均增速为 19.5%;私营工业企业增长量最大,增长了 22.9 倍,年均增速为 27.6%;外资工业企业增长了 6.12 倍,年均增速为 16.3%(参见表 3)。

从总量来看,2012 年公司制工业企业的主营业务收入已占全国规模以上工业企业主营业务收入的 33.8%,比 2000 年增长了 9.3 个百分点;其次是国有控股工业企业,主营业务收入已经占全国规模以上工业企业主营业务收入的 26.4%,但比 2000 年减少了 23.8 个百分点;外资工业企业的主营业务收入已经占规模以上工业企业主营业务收入的 20.0%,但比 2000 年减少了 6.8 个百分点;私营工业企业的主营业务收入占比为 18.8%,比 2000 年增加了 13.1 个百分点;国有工业企业主营业务收入仅占 8.3%,比 2000 年下降了 17.6 个百分点。总体来看,公司制工业企业和私营工业企业的占比均比 2000 年有所增加,国有、国有控股工业企业和外资工业企业的占比均出现下降趋势(参见图 4)。

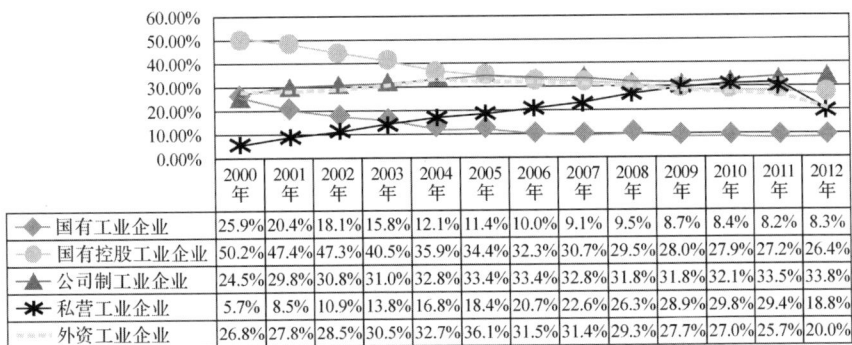

	2000年	2001年	2002年	2003年	2004年	2005年	2006年	2007年	2008年	2009年	2010年	2011年	2012年
国有工业企业	25.9%	20.4%	18.1%	15.8%	12.1%	11.4%	10.0%	9.1%	9.5%	8.7%	8.4%	8.2%	8.3%
国有控股工业企业	50.2%	47.4%	47.3%	40.5%	35.9%	34.4%	32.3%	30.7%	29.5%	28.0%	27.9%	27.2%	26.4%
公司制工业企业	24.5%	29.8%	30.8%	31.0%	32.8%	33.4%	33.4%	32.8%	31.8%	31.8%	32.1%	33.5%	33.8%
私营工业企业	5.7%	8.5%	10.9%	13.8%	16.8%	18.4%	20.7%	22.6%	26.3%	28.9%	29.8%	29.4%	18.8%
外资工业企业	26.8%	27.8%	28.5%	30.5%	32.7%	36.1%	31.5%	31.4%	29.3%	27.7%	27.0%	25.7%	20.0%

图 4　不同类型工业企业主营业务收入占比年度变化(2000—2012 年)

表3 2000—2013年不同类型工业企业主营业务收入情况

单位:亿元

	2000年	2001年	2002年	2003年	2004年	2005年	2006年	2007年	2008年	2009年	2010年	2011年	2012年	2013年	增长状况	年均增长率
全国总计	84151.75	93733.34	109485.8	143171.5	198908.87	248544	313592.45	399717.06	500020.07	542522.43	697744	841830.24	929291.5	1029149.76	840.0%	18.8%
国有工业企业	21765.1	19109.8	19867.5	22551.2	24077.6	28218.3	31437.1	36451.6	47556.6	47035.4	58956.9	69030.0	77520.6	82580.0	315.7%	11.6%
占比	25.9%	20.4%	18.1%	15.8%	12.1%	11.4%	10.0%	9.1%	9.5%	8.7%	8.4%	8.2%	8.3%	8.0%	—	—
国有控股工业企业	42203.1	44443.5	47844.2	58027.2	71431.0	85574.2	101404.6	122617.1	147507.9	151700.6	194339.7	228900.1	245076.0	258242.6	439.8%	13.8%
占比	50.2%	47.4%	43.7%	40.5%	35.9%	34.4%	32.3%	30.7%	29.5%	28.0%	27.9%	27.2%	26.4%	—	—	—
公司制工业企业	20646.7	27899.7	33706.8	44368.1	65173.8	83030.3	104690.3	131284.3	159004.2	172357.0	224123.6	282325.8	314266.7	342982.6	917.5%	19.5%
占比	24.5%	29.8%	30.8%	31.0%	32.8%	33.4%	33.4%	32.8%	31.8%	31.8%	32.1%	33.5%	33.8%	—	—	—
私营工业企业	4791.5	7982.4	11971.6	19733.8	33487.3	45801.4	64817.7	90277.8	131525.4	156603.6	207838.2	247277.9	174771.1	285621.5	2285.8%	27.6%
占比	5.7%	8.5%	10.9%	13.8%	16.8%	18.4%	20.7%	22.6%	26.3%	28.9%	29.8%	29.4%	18.8%	—	—	−100.0%
外资工业企业	22545.7	26022.1	31189.3	43607.6	65105.9	78564.5	98936.1	125498.0	146613.6	150263.1	188729.4	216304.3	185611.1	221948.8	611.6%	16.3%
占比	26.8%	27.8%	28.5%	30.5%	32.7%	31.6%	31.5%	31.4%	29.3%	27.7%	27.0%	25.7%	20.0%	—	—	—

3. 利润变化

从利润总额来看,增长速度最快的是私营工业企业,其利润总额年均增速是国有工业企业的 2 倍,是国有控股工业企业的 2.3 倍。从 2000 年到 2013 年,规模以上工业企业利润总额增长了 9.7 倍,年均增长率为 20.1%。其中增长最快的是私营工业企业,年均增速为 33.5%,13 年增长了 41.6 倍;其次是公司制工业企业,年均增速为 18.8%,13 年增长了 8.42 倍;外资工业企业增长了 6.78 倍,年均增速为 17.1%;国有工业企业的年均增速为 16.3%,13 年增长了 6.15 倍;国有控股工业企业增速最低,年均增速为 14.4%,13 年增长了 4.77 倍(参见表 4)。

2013 年数据显示,公司制工业企业利润总额最大,约占全国规模以上工业企业利润总量的 33.7%,但比 2000 年减少了 3.1 个百分点;其次是私营工业企业,占 33.2%,比 2000 年增加了 28.9 个百分点;国有控股工业企业占 24.2%,比 2000 年减少了 30.6 个百分点;外资工业企业占比为 23.2%,比 2000 年减少了 6 个百分点;占比最少的是国有工业企业,仅占 6.4%,比 2000 年减少了 9.9 个百分点(参见图 5)。

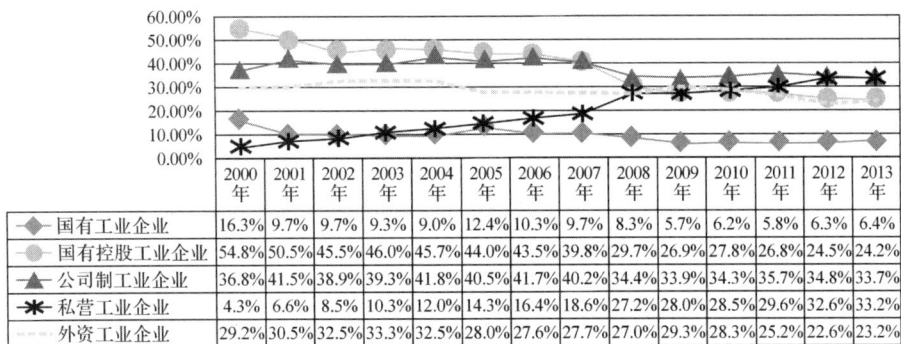

	2000年	2001年	2002年	2003年	2004年	2005年	2006年	2007年	2008年	2009年	2010年	2011年	2012年	2013年
国有工业企业	16.3%	9.7%	9.7%	9.3%	9.0%	12.4%	10.3%	9.7%	8.3%	5.7%	6.2%	5.8%	6.3%	6.4%
国有控股工业企业	54.8%	50.5%	45.5%	46.0%	45.7%	44.0%	43.5%	39.8%	29.7%	26.9%	27.8%	26.8%	24.5%	24.2%
公司制工业企业	36.8%	41.5%	38.9%	39.3%	41.8%	40.5%	41.7%	40.2%	34.4%	33.9%	34.3%	35.7%	34.8%	33.7%
私营工业企业	4.3%	6.6%	8.5%	10.3%	12.0%	14.3%	16.4%	18.6%	27.2%	28.0%	28.5%	29.6%	32.6%	33.2%
外资工业企业	29.2%	30.5%	32.5%	33.3%	32.5%	28.0%	27.6%	27.7%	27.0%	29.3%	28.3%	25.2%	22.6%	23.2%

图 5　不同类型工业企业利润总额占比年度变化(2000—2013 年)

表 4 2000—2013 年不同类型工业企业利润总额变化

单位:亿元

	2000 年	2001 年	2002 年	2003 年	2004 年	2005 年	2006 年	2007 年	2008 年	2009 年	2010 年	2011 年	2012 年	2013 年	增长状况	年均增长率
全国总计	4393.48	4733.43	5784.48	8337.24	11929.3	14802.54	19504.44	27155.18	30562.37	34542.22	53049.66	61396.33	61910.06	62831.02	986.2%	20.1%
国有工业企业	716.64	458.36	563.55	776.54	1070.56	1829.75	2011.73	2629.85	2531.97	1973.23	3302.77	3567.45	3881.71	4030.68	615.2%	16.3%
占比	16.3%	9.7%	9.7%	9.3%	9.0%	12.4%	10.3%	9.7%	8.3%	5.7%	6.2%	5.8%	6.3%	6.4%	—	—
国有控股工业企业	2408.33	2388.56	2632.94	3836.20	5453.10	6519.75	8485.46	10795.19	9063.59	9287.03	14737.65	16457.57	15175.99	15194.05	477.1%	14.4%
占比	54.8%	50.5%	45.5%	46.0%	45.7%	44.0%	43.5%	39.8%	29.7%	26.9%	27.8%	26.8%	24.5%	24.2%	—	—
公司制工业企业	1616.33	1962.89	2247.89	3279.4	4984.7	6002.27	8131.47	10914.21	10521.53	11717.25	18190.05	21907.53	21566.26	21176.31	842.1%	18.8%
占比	36.8%	41.5%	38.9%	39.3%	41.8%	40.5%	41.7%	40.2%	34.4%	33.9%	34.3%	35.7%	34.8%	33.7%	—	—
私营工业企业	189.68	312.56	490.23	859.64	1429.74	2120.65	3191.05	5053.74	8302.06	9677.69	15102.5	18155.52	20191.9	20876.17	4158.4%	33.5%
占比	4.3%	6.6%	8.5%	10.3%	12.0%	14.3%	16.4%	18.6%	27.2%	28.0%	28.5%	29.6%	32.6%	33.2%	—	—
外资工业企业	1282.48	1442.95	1877.22	2777.43	3875.97	4140.81	5384.05	7527.38	8242.63	10107.06	15019.55	15494.2	13965.94	14599.2	677.7%	17.1%
占比	29.2%	30.5%	32.5%	33.3%	32.5%	28.0%	27.6%	27.7%	27.0%	29.3%	28.3%	25.2%	22.6%	23.2%	—	—

4. 不同类型企业所有者权益变化

从 2000 年到 2011 年,全国规模以上工业企业的所有者权益年均增长率为 17.2%,11 年增加了 4.71 倍。但国有工业企业和国有控股工业企业的数据均低于全国的平均数,年均增长速度分别为 6.3% 和 11.6%;国有工业 11 年增长了 95.4%,国有控股工业企业所有者权益增长了 2.34 倍。增速最大的是私营工业企业所有者权益,11 年增长了 33.5 倍,年均增速为 38.0%。公司制工业企业的年均增速为 20.2%,11 年共增加了 6.54 倍。外资工业企业的年均增速为 18.2%,11 年共增长了 5.31 倍(参见表 5)。

所有者权益占比,2011 年公司制工业企业占比已达 40.5%,比 2000 年增长了约 10 个百分点;其次是国有控股工业企业,占比达 38.7%,比 2000 年下降了近 28 个百分点;外资工业企业,占比为 24.7%,但比 2000 年仅增长了 2.3 个百分点;私营工业企业占比是 20.4%,比 2000 年增加了 17 个百分点;国有工业企业占比为 11.7%,比 2000 年减少了 22.6 个百分点(参见图 6)。

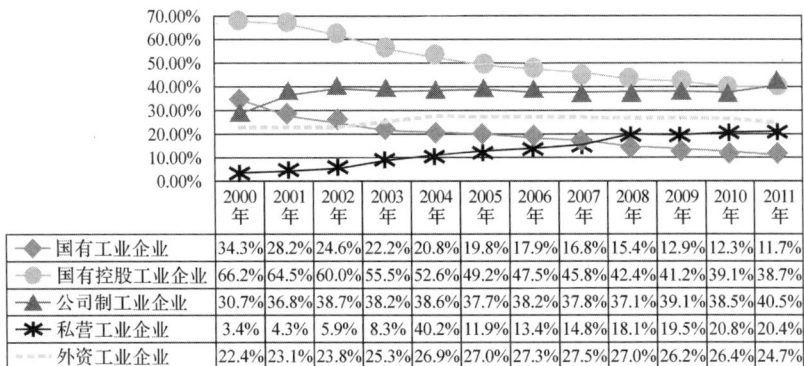

	2000年	2001年	2002年	2003年	2004年	2005年	2006年	2007年	2008年	2009年	2010年	2011年
◆ 国有工业企业	34.3%	28.2%	24.6%	22.2%	20.8%	19.8%	17.9%	16.8%	15.4%	12.9%	12.3%	11.7%
● 国有控股工业企业	66.2%	64.5%	60.0%	55.5%	52.6%	49.2%	47.5%	45.8%	42.4%	41.2%	39.1%	38.7%
▲ 公司制工业企业	30.7%	36.8%	38.7%	38.2%	38.6%	37.7%	38.2%	37.8%	37.1%	39.1%	38.5%	40.5%
✳ 私营工业企业	3.4%	4.3%	5.9%	8.3%	40.2%	11.9%	13.4%	14.8%	18.1%	19.5%	20.8%	20.4%
外资工业企业	22.4%	23.1%	23.8%	25.3%	26.9%	27.0%	27.3%	27.5%	27.0%	26.2%	26.4%	24.7%

图 6 不同类型工业企业所有者权益占比年度变化(2000—2011 年)

表5 2000—2011年不同类型工业企业所有者权益变化

单位:亿元

	2000年	2001年	2002年	2003年	2004年	2005年	2006年	2007年	2008年	2009年	2010年	2011年	增长状况	年均增长率
全国总计	49406.88	55424.4	60242.1	69129.56	90286.7	102882.02	123402.54	149876.15	182353.38	206688.83	251160.35	282003.81	470.8%	17.2%
国有工业企业	16922.8	15620.0	14821.5	15362.9	18768.7	20357.0	22095.0	25166.1	28076.9	26615.1	30979.9	33070.2	95.4%	6.3%
占比	34.3%	28.2%	24.6%	22.2%	20.8%	19.8%	17.9%	16.8%	15.4%	12.9%	12.3%	11.7%	—	—
国有控股工业企业	32714.8	35741.3	36139.2	38381.0	47479.3	50625.0	58656.4	68568.6	77389.9	85186.6	98085.6	109233.2	233.9%	11.6%
占比	66.2%	64.5%	60.0%	55.3%	52.6%	49.2%	47.5%	45.8%	42.4%	41.2%	39.1%	38.7%	—	—
公司制工业企业	15160.5	20386.0	23304.3	26390.4	34811.7	34741.8	47186.8	56584.7	67600.3	80883.2	96721.7	114274.1	653.8%	20.2%
占比	30.7%	36.8%	38.7%	38.2%	38.6%	37.7%	38.2%	37.8%	37.1%	39.1%	38.5%	40.5%	—	—
私营工业企业	1665.0	2374.6	3567.4	5744.0	9195.5	12286.2	16568.0	22184.6	33051.5	40383.7	5295.5	57479.1	3352.2%	38.0%
占比	3.4%	4.3%	5.9%	8.3%	10.2%	11.9%	13.4%	14.8%	18.1%	19.5%	20.8%	20.4%	—	—
外资工业企业	11054.4	12794.3	14359.9	17473.3	24298.8	27770.7	33663.7	41198.8	49307.2	54251.5	66258.9	69702.3	530.5%	18.2%
占比	22.4%	23.1%	23.8%	26.3%	26.9%	27.0%	27.3%	27.5%	27.0%	26.2%	26.4%	24.7%	—	—

5. 不同类型工业企业进出口变化

从进出口交货值增长来看,2000—2011 年,增长速度最快的是私营工业企业,年均增速达到了 30.9%,11 年进出口交货值增长了 18.3 倍;公司制工业企业和外资工业企业的年均增速相差不大,分别是 21.0% 和 20.2%,11 年分别增长了 7.17 倍和 6.59 倍;国有工业企业增长最慢,11 年仅增长了 2.9%,年均增长仅为 0.2%(参见表 6)。

对进出口交货值年度占比变化而言,2000—2011 年,外资工业企业出口交货值占比一直位居高位,每年都在 60% 以上,占比最低的是国有工业企业,年均占比在 10% 以下,2011 年占比仅为 1.2%(参见图 7)。

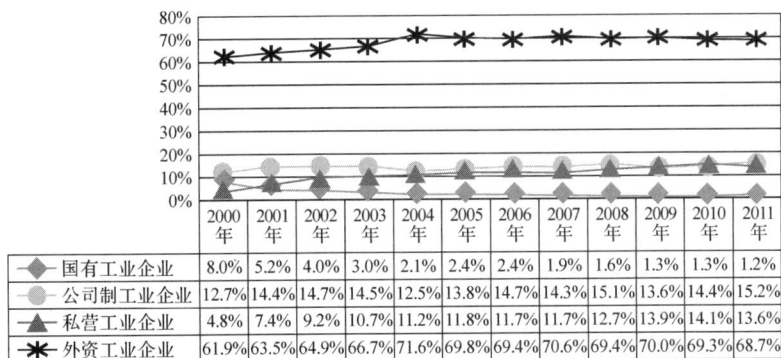

	2000年	2001年	2002年	2003年	2004年	2005年	2006年	2007年	2008年	2009年	2010年	2011年
国有工业企业	8.0%	5.2%	4.0%	3.0%	2.1%	2.4%	2.4%	1.9%	1.6%	1.3%	1.3%	1.2%
公司制工业企业	12.7%	14.4%	14.7%	14.5%	12.5%	13.8%	14.7%	14.3%	15.1%	13.6%	14.4%	15.2%
私营工业企业	4.8%	7.4%	9.2%	10.7%	11.2%	11.8%	11.7%	11.7%	12.7%	13.9%	14.1%	13.6%
外资工业企业	61.9%	63.5%	64.9%	66.7%	71.6%	69.8%	69.4%	70.6%	69.4%	70.0%	69.3%	68.7%

图 7　不同类型工业企业进出口交货值占比年度变化(2000—2011 年)

表6 2000—2011年不同类型工业企业进出口交货值

单位：亿元

	2000年	2001年	2002年	2003年	2004年	2005年	2006年	2007年	2008年	2009年	2010年	2011年	增长状况	年均增长率
全国总计	14575.03	16245.09	20055.24	26941.75	40484.17	47741.19	60559.65	73393.39	82498.38	72051.75	89910.12	99612.37	583.4%	19.1%
国有工业企业	1170.25	845.69	811.42	807	866.68	1128.35	1432.29	1397.73	1302.84	933.87	1130.51	1200.97	2.9%	0.2%
占比	8.0%	5.2%	4.0%	3.0%	2.1%	2.4%	2.4%	1.9%	1.6%	1.3%	1.3%	1.2%	—	—
公司制工业企业	1852.78	2345.95	2946.22	3902.76	5057.77	6570.24	8923.99	10481.44	12473.03	9783.99	12916.48	15133.24	716.8%	21.0%
占比	12.7%	14.4%	14.7%	14.5%	12.5%	13.8%	14.7%	14.3%	15.1%	13.6%	14.4%	15.2%	—	—
私营工业企业	703.42	1194.98	1837.85	2882.97	4532.36	5633.31	7094.68	8571.34	10507.9	10003.45	12679.68	13581.55	1830.8%	30.9%
占比	4.8%	7.4%	9.2%	10.7%	11.2%	11.8%	11.7%	11.7%	12.7%	13.9%	14.1%	13.6%	—	—
外资工业企业	9015.7	10312.71	13018.39	17958.89	28983.57	33304.34	42009.09	51787.48	57217.32	50438.85	62263.52	68385.58	658.5%	20.2%
占比	61.9%	63.5%	64.9%	66.7%	71.6%	69.8%	69.4%	70.6%	69.4%	70.0%	69.3%	68.7%	—	—

6.不同类型工业企业税收变化

在 2000—2011 年的 11 年间,税收①增长速度最快的是私营工业企业,最慢的是国有工业企业。从所交金额来看,公司制工业企业最多,均超过了 30%。具体数据如下。

从 2000 年到 2011 年,全国规模以上工业企业的税收增长率为 706.2%,11 年增加了 7 倍。但国有工业企业和国有控股工业企业的数据均低于全国的平均数,年均增速分别为 9.6% 和 16.4%;国有工业企业 11 年仅增长了 1.74 倍,国有控股工业企业增长了 4.32 倍。增速最大的是私营工业企业,11 年增长了约 45 倍,年均增速为 41.5%。公司制工业企业的年均增速为 25.3%,11 年共增加了约 11 倍。外资工业企业的年均增速为 22.9%,11 年共增长了 8.69 倍(参见图 8)。

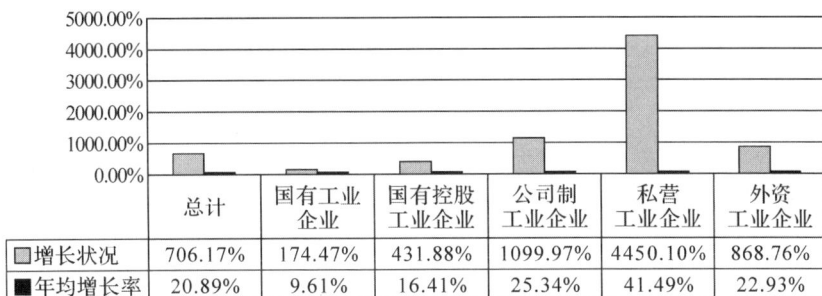

	总计	国有工业企业	国有控股工业企业	公司制工业企业	私营工业企业	外资工业企业
增长状况	706.17%	174.47%	431.88%	1099.97%	4450.10%	868.76%
年均增长率	20.89%	9.61%	16.41%	25.34%	41.49%	22.93%

图 8　2000—2011 年不同类型工业企业税收增长状况

就税收占比而言,2011 年,公司制工业企业占全国的比例已经达到了 41.3%,比 2000 年增长了约 13 个百分点;其次是国有控股工业企业,占全国的 38.9%,但比 2000 年下降了约 21 个百分点;外资工业企业占全国的 20.4%,比 2000 年增加了约 3 个百分点;私营工业企业的增长幅度最大,由 2000 年的 3.2%增长到 2011 年的 18.1%,增长了约 15 个百分点;国有

---

① 此处税收是增值税、所得税及税金和附加三项的加总。

工业企业下降幅度最大,占全国的 13.3%,比 2000 年减少了近 26 个百分点(参见图 9)。

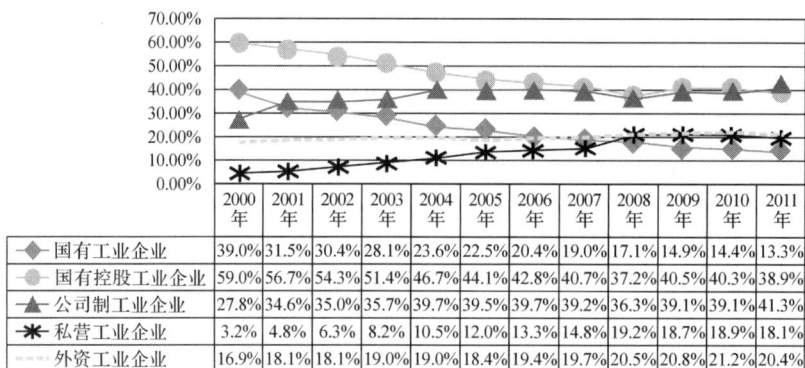

	2000年	2001年	2002年	2003年	2004年	2005年	2006年	2007年	2008年	2009年	2010年	2011年
国有工业企业	39.0%	31.5%	30.4%	28.1%	23.6%	22.5%	20.4%	19.0%	17.1%	14.9%	14.4%	13.3%
国有控股工业企业	59.0%	56.7%	54.3%	51.4%	46.7%	44.1%	42.8%	40.7%	37.2%	40.5%	40.3%	38.9%
公司制工业企业	27.8%	34.6%	35.0%	35.7%	39.7%	39.5%	39.7%	39.2%	36.3%	39.1%	39.1%	41.3%
私营工业企业	3.2%	4.8%	6.3%	8.2%	10.5%	12.0%	13.3%	14.8%	19.2%	18.7%	18.9%	18.1%
外资工业企业	16.9%	18.1%	18.1%	19.0%	19.0%	18.4%	19.4%	19.7%	20.5%	20.8%	21.2%	20.4%

图 9　不同类型工业企业税收占比年度变化(2000—2011 年)

二、按国有控股、私营、外商和港澳台商投资三种类型比较

(一)不同工业企业总体变化

1. 国有及国有控股工业企业变化

从国有及国有控股工业企业来看,从 2000 年到 2013 年,企业单位数仅减少了 64%,资产总计增加了 3.08 倍,负债合计增加了 3.14 倍,所有者权益增加了 2.99 倍,主营业务收入增加了 5.12 倍,利润总额增加了 5.41 倍,应交增值税增加了 3.30 倍,总资产贡献率是 2000 年的 1.42 倍,资产负债率是 2000 年的 1.02 倍,流动资产周转次数提高了 54.00%,工业成本费用利润率提高了 0.05 个百分点(参见表 7)。

2. 私营工业企业变化

私营工业企业的单位数增加了 7.81 倍,资产总计增加了 44.12 倍,负债合计增加了 41.27 倍,所有者权益增加了 47.89 倍,利润总额增加了 109.06 倍,应交增值税增加了 61.81 倍(参见表 7)。

3. 外商及港澳台商投资工业企业变化

外商及港澳台商投资工业企业的单位数提高了 1.02 倍,资产总计提高了 6.22 倍,负债合计增加了 6.10 倍,所有者权益增加了 6.38 倍,主营业务收入增加了 9.71 倍,利润总额增加了 10.38 倍,应交增值税增加了 7.09 倍,2013 年总资产贡献率是 2000 年的 1.35 倍,资产负债率是 2000 年的 0.98 倍,流动资产周转次数是 2000 年的 1.17 倍,工业成本费用利润率是 2000 年的 1.07 倍(参见表 7)。

表 7　不同类型工业企业增长数据(2013 年/2000 年)

	总计	国有及国有控股工业企业	私营工业企业	外商及港澳台商投资工业企业
企业单位数	2.16	0.34	8.81	2.02
资产总计	6.74	4.08	45.12	7.22
流动资产合计	7.51	3.83	49.06	8.46
负债合计	6.41	4.14	42.27	7.10
所有者权益	7.26	3.99	48.89	7.38
主营业务收入	12.23	6.12	68.81	10.71
主营业务成本	12.78	6.41	69.03	11.12
主营业务税金及附加	10.89	9.36	49.25	16.56
利润总额	14.30	6.31	110.06	11.38
应交增值税	8.18	4.30	62.81	8.09
总资产贡献率	1.67	1.42	—	1.35
资产负债率	0.95	1.02	—	0.98
流动资产周转次数	1.65	1.54	—	1.17
工业成本费用利润率	1.19	1.05	—	1.07

(二)不同类型工业企业占比及年度变化

1. 企业单位数变化

从企业单位数来看,国有及国有控股工业企业单位数已由 2000 年占全国规模以上工业企业总数的 33% 下降为 2013 年的 5%,减少了 28 个百分点;但私营工业企业占比却由 2000 年的 14% 增长到 2013 年的 55%,增加了 41 个百分点;外商和港澳台商投资工业企业单位数占比基本保持了稳定(参见表 8 与表 10)。

表 8　2000 年与 2013 年不同类型工业企业占比变化数据

	2000 年			2013 年		
	国有及国有控股工业企业	私营工业企业	外商和港澳台商工业企业	国有及国有控股工业企业	私营工业企业	外商和港澳台商工业企业
企业单位数	32.8%	13.6%	17.5%	5.2%	55.3%	16.3%
资产总计	66.6%	3.1%	20.4%	40.3%	20.5%	21.8%
流动资产合计	60.0%	3.5%	23.6%	30.6%	23.0%	26.6%
负债合计	66.8%	2.9%	19.1%	43.1%	19.0%	21.2%
所有者权益	66.2%	3.4%	22.4%	36.4%	22.7%	22.7%
主营业务收入	50.2%	5.7%	26.8%	25.1%	32.0%	23.5%
主营业务成本	48.8%	6.0%	27.1%	24.4%	32.4%	23.5%
主营业务税金及附加	80.2%	3.1%	9.0%	69.0%	14.2%	13.8%
利润总额	54.8%	4.3%	29.2%	24.2%	33.2%	23.2%
本年应交增值税	63.0%	3.9%	20.0%	33.1%	29.9%	19.9%

	2000年	2001年	2002年	2003年	2004年	2005年	2006年	2007年	2008年	2009年	2010年	2011年	2012年	2013年
国有及国有控股工业企业	33%	27%	23%	17%	13%	10%	8%	6%	5%	5%	4%	5%	5%	5%
私营工业企业	14%	77%	27%	34%	43%	46%	50%	55%	58%	59%	60%	55%	55%	53%
外商及港澳台商工业企业	18%	18%	19%	20%	21%	21%	20%	20%	18%	17%	16%	18%	17%	16%

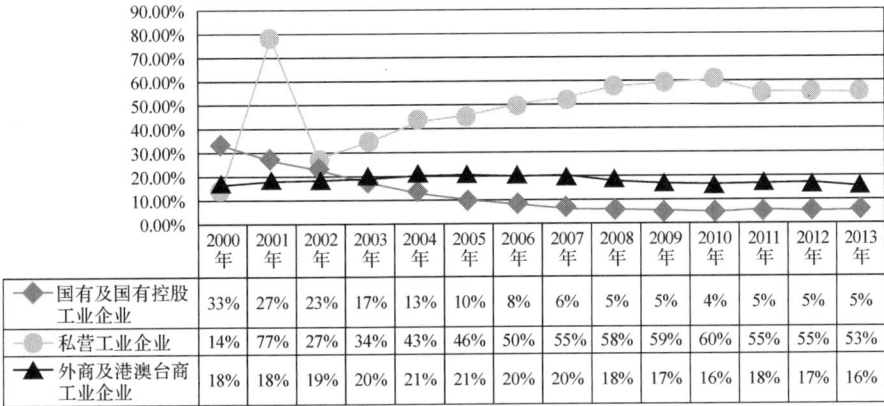

图 10　不同类型工业企业单位数占比年度变化状况(2000—2013 年)

2. 资产总计变化

从资产总计来看,国有及国有控股工业企业的资产总计,由 2000 年占全国规模以上工业企业资产总额的 67%减为 2013 年的 40%,减少了 27 个百分点;私营工业企业资产占比由 2000 年的 3%增长到 2013 年的 21%,增加了 18 个百分点;外商和港澳台商投资工业企业资产占比增加了 2 个百分点(参见表 8 与图 11)。

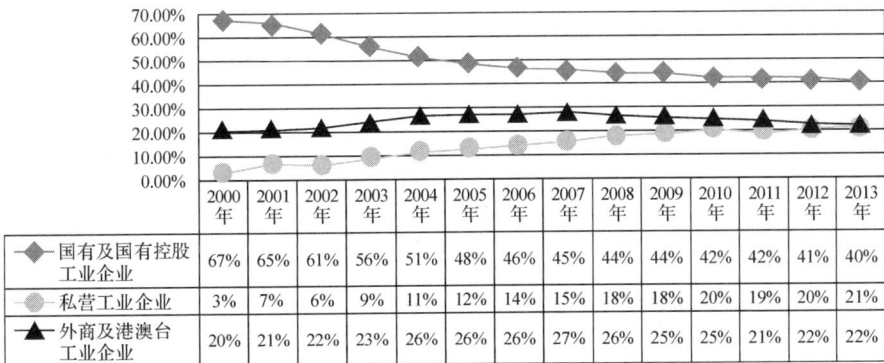

	2000年	2001年	2002年	2003年	2004年	2005年	2006年	2007年	2008年	2009年	2010年	2011年	2012年	2013年
国有及国有控股工业企业	67%	65%	61%	56%	51%	48%	46%	45%	44%	44%	42%	42%	41%	40%
私营工业企业	3%	7%	6%	9%	11%	12%	14%	15%	18%	18%	20%	19%	20%	21%
外商及港澳台工业企业	20%	21%	22%	23%	26%	26%	26%	27%	26%	25%	25%	21%	22%	22%

图 11　不同类型工业企业资产总计占比年度变化状况(2000—2013 年)

3. 所有者权益变化

国有及国有控股工业企业所有者权益由 2000 年占全国的 66% 减少到 2013 年的 36%,减少了 30 个百分点;私营工业企业所有者权益占比由 2000 年的 3% 增长到 2013 年的 23%,增加了 20 个百分点;外商及港澳台商投资工业企业所有者权益占比减少了 1 个百分点(参见表 8 与图 12)。

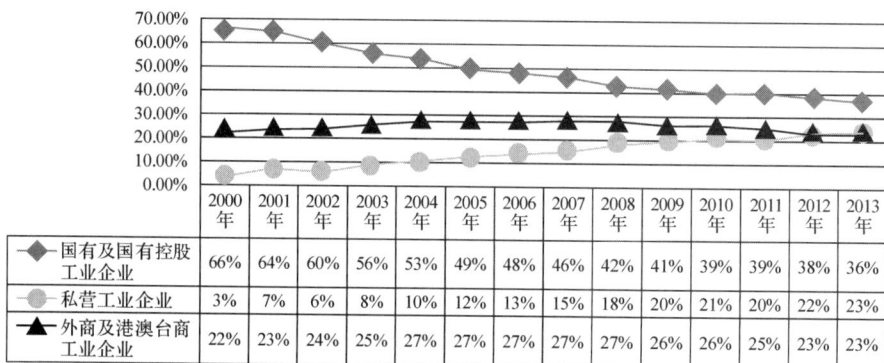

	2000年	2001年	2002年	2003年	2004年	2005年	2006年	2007年	2008年	2009年	2010年	2011年	2012年	2013年
国有及国有控股工业企业	66%	64%	60%	56%	53%	49%	48%	46%	42%	41%	39%	39%	38%	36%
私营工业企业	3%	7%	6%	8%	10%	12%	13%	15%	18%	20%	21%	20%	22%	23%
外商及港澳台工业企业	22%	23%	24%	25%	27%	27%	27%	27%	27%	26%	26%	25%	23%	23%

图 12 不同类型工业企业所有者权益占比年度变化状况(2000—2013 年)

4. 主营业务收入变化

国有及国有控股企业的主营业务收入由 2000 年占全国规模以上工业企业主营业务收入总额的 50% 减少到 2013 年的 25%,减少了 25 个百分点;私营工业企业主营业务收入占比却由 2000 年的 6% 增长到 2013 年的 32%,增加了 26 个百分点;外商及港澳台商投资工业企业主营业务收入占比减少了 3 个百分点,由 2000 年的 27% 减少到了 2013 年的 23%(参见表 8 与图 13)。

5. 主营业务税金及附加变化

国有及国有控股工业企业主营业务税金及附加占全国规模以上工业企业主营业务税金及附加总额的比例由 2000 年 80% 下降到 2013 年的 69%,降低了 11 个百分点;私营工业企业主营业务税金及附加占比增加了

	2000年	2001年	2002年	2003年	2004年	2005年	2006年	2007年	2008年	2009年	2010年	2011年	2012年	2013年
国有及国有控股工业企业	50.2%	47.4%	43.7%	40.5%	35.9%	34.4%	32.3%	30.7%	29.5%	28.0%	27.9%	27.2%	26.4%	25.1%
私营工业企业	5.7%	18.0%	10.9%	13.8%	16.8%	18.4%	20.7%	22.6%	26.3%	28.9%	29.8%	29.4%	30.7%	32.0%
外商及港澳台商工业企业	26.8%	27.8%	28.5%	30.5%	32.7%	31.6%	31.5%	31.4%	29.3%	27.7%	27.0%	25.7%	23.9%	23.5%

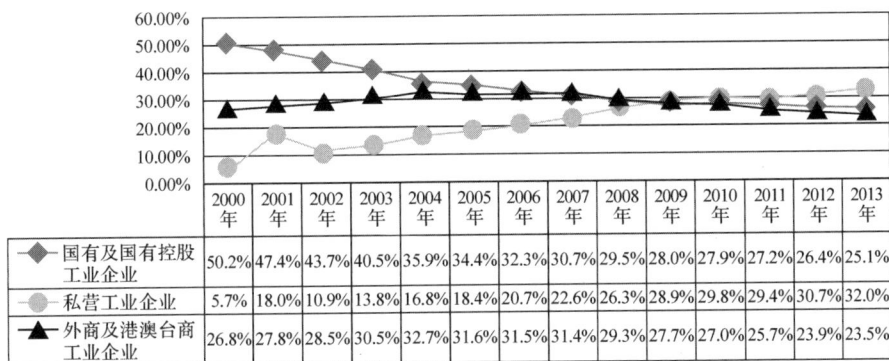

图 13　不同类型工业企业主营业务收入占比年度变化状况(2000—2013 年)

11 个百分点,由 2000 年占全国总额的 3% 上升到 2013 年的 14%;外商及港澳台商投资工业企业主营业务税金及附加占比增加了 5 个百分点,由 2000 年的 9% 上升到 2013 年的 14%(参见表 8 与图 14)。

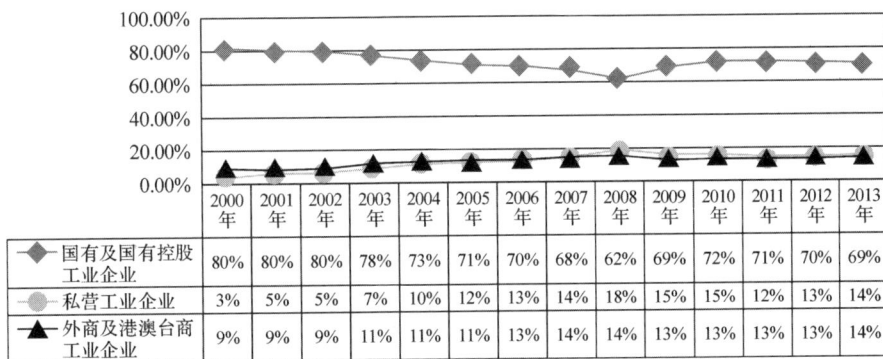

	2000年	2001年	2002年	2003年	2004年	2005年	2006年	2007年	2008年	2009年	2010年	2011年	2012年	2013年
国有及国有控股工业企业	80%	80%	80%	78%	73%	71%	70%	68%	62%	69%	72%	71%	70%	69%
私营工业企业	3%	5%	5%	7%	10%	12%	13%	14%	18%	15%	15%	12%	13%	14%
外商及港澳台商工业企业	9%	9%	9%	11%	11%	11%	13%	14%	14%	13%	13%	13%	13%	14%

图 14　不同类型工业企业主营业务税金及附加占比年度变化(2000—2013 年)

6. 利润总额变化

国有及控股国有工业企业的利润总额占全国工业企业利润总额的比例,由 2000 年的 55% 下降到 2013 年的 24%,降低了 31 个百分点;私营工业企业的利润总额占比由 2000 年的 4% 上升到 2013 年的 33%,增加了 29 个百分点;外商及港澳台商投资工业企业利润总额占比降低了 6 个百分点,由 2000 年的 29% 减少到 2013 年的 23%(参见表 8 与图 15)。

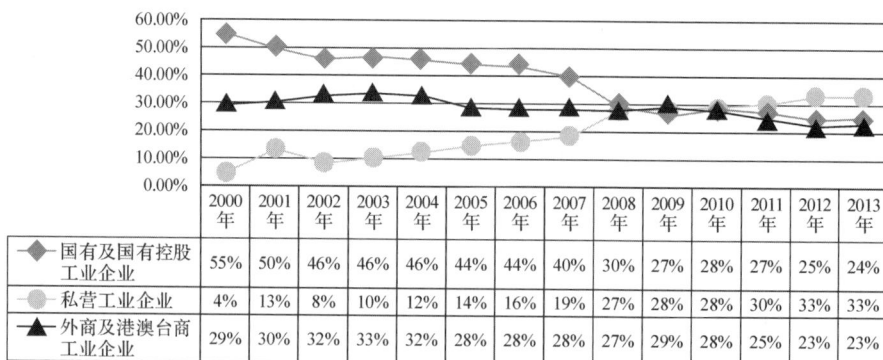

	2000年	2001年	2002年	2003年	2004年	2005年	2006年	2007年	2008年	2009年	2010年	2011年	2012年	2013年
国有及国有控股工业企业	55%	50%	46%	46%	46%	44%	44%	40%	30%	27%	28%	27%	25%	24%
私营工业企业	4%	13%	8%	10%	12%	14%	16%	19%	27%	28%	28%	30%	33%	33%
外商及港澳台商工业企业	29%	30%	32%	33%	32%	28%	28%	28%	27%	29%	28%	25%	23%	23%

图 15　不同类型工业企业利润总额占比年度变化(2000—2013 年)

7. 应交增值税变化

国有及国有控股工业企业 2013 年应交增值税占全国规模以上工业企业应交增值税总额的 33%,但比 2000 年减少了 30 个百分点;私营工业企业应交增值税占比增加了 26 个百分点,由 2000 年占全国规模以上工业企业应交增值税总额的 4% 上升到 2013 年的 30%;外商和港澳台商投资工业企业的占比没有发生变化,仍保持占全国规模以上工业企业应交增值税总额的 20% 这一水平(参见表 8 与图 16)。

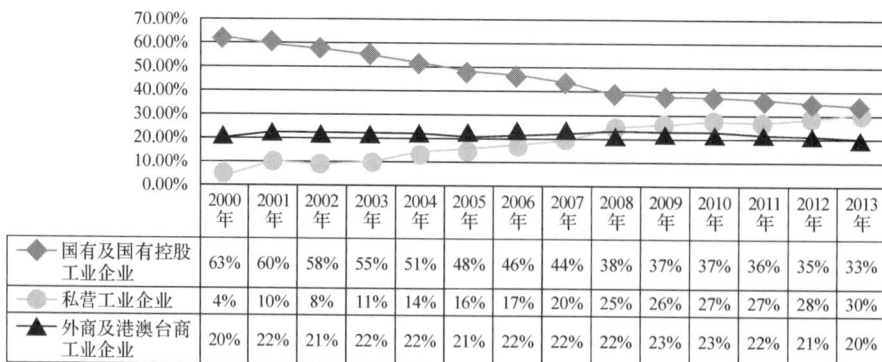

	2000年	2001年	2002年	2003年	2004年	2005年	2006年	2007年	2008年	2009年	2010年	2011年	2012年	2013年
国有及国有控股工业企业	63%	60%	58%	55%	51%	48%	46%	44%	38%	37%	37%	36%	35%	33%
私营工业企业	4%	10%	8%	11%	14%	16%	17%	20%	25%	26%	27%	27%	28%	30%
外商及港澳台商工业企业	20%	22%	21%	22%	22%	21%	22%	22%	22%	23%	23%	22%	21%	20%

图 16　不同类型工业企业应交增值税占比年度变化(2000—2013 年)

附录二 2013 年度规模以上混合所有制工业企业主要指标及比重

2013 年度规模以上混合所有制工业企业主要指标及比重

指标	企业单位数		实收资本		资产总计		主营业务收入		利润总额		所有者权益合计		税金总额	
	个	占比	亿元	占比	亿元	占比	亿元	占比	亿元	占比	亿元	占比	亿元	占比
全部规模以上工业企业	369813	100.00%	173673.36	100.00%	870751.07	100.00%	1038659.45	100.00%	68378.91	100.00%	361263.38	100.00%	58771.93	100.00%
其中:各类混合所有制经济	124620	33.70%	91075.86	52.44%	462983.92	53.17%	484858.02	46.68%	34282.83	50.14%	188816.09	52.27%	30623.65	52.11%
股份合作工业企业	1422	0.38%	186.06	0.11%	1270.11	0.15%	1660.01	0.16%	135.67	0.20%	544.86	0.15%	74.26	0.13%
集体联营工业企业	88	0.02%	9.53	0.01%	47.52	0.01%	118.98	0.01%	6.58	0.01%	23.06	0.01%	5.62	0.01%
国有与集体联营工业企业	45	0.01%	8.24	0.00%	29.7	0.00%	50.67	0.00%	2.68	0.00%	10.02	0.00%	1.92	0.00%
其他联营工业企业	71	0.02%	15.14	0.01%	54.54	0.01%	141.17	0.01%	12.55	0.02%	28.7	0.01%	3.52	0.01%
其他有限责任公司工业企业	79464	21.49%	44368.13	25.55%	231097.41	26.54%	237748.46	22.89%	15282.23	22.35%	84449.6	23.38%	13922.42	23.69%
股份有限公司工业企业	10308	2.79%	21696.07	12.49%	114741.98	13.18%	101784.95	9.80%	8042.91	11.76%	53242.81	14.74%	8432.66	14.35%
私营股份有限公司工业企业	8890	2.40%	3008.42	1.73%	16700.72	1.92%	23475.57	2.26%	1797.42	2.63%	8433.46	2.33%	1033.85	1.76%
其他工业企业	2030	0.55%	369.53	0.21%	2458.08	0.28%	3736.85	0.36%	301.04	0.44%	1180.24	0.33%	212.31	0.36%
合资经营（港澳台资）工业企业	8384	2.27%	6103.37	3.51%	27792.6	3.19%	30475.4	2.93%	1978.16	2.89%	10968.56	3.04%	1404.47	2.39%
合作经营（港澳台资）工业企业	784	0.21%	383.68	0.22%	1668.84	0.19%	2167.78	0.21%	196.9	0.29%	784.99	0.22%	123.18	0.21%
港澳台投资股份有限公司工业企业	494	0.13%	875.36	0.50%	4203.3	0.48%	3770.98	0.36%	243.87	0.36%	2079.89	0.58%	262.03	0.45%

续表

指标	企业单位数		实收资本		资产总计		主营业务收入		利润总额		所有者权益合计		税金总额	
	个	占比	亿元	占比	亿元	占比	亿元	占比	亿元	占比	亿元	占比	亿元	占比
其他港澳台商投资工业企业	35	0.01%	16.81	0.01%	81.19	0.01%	116.37	0.01%	4.48	0.01%	36.79	0.01%	4.84	0.01%
中外合资经营工业企业	11248	3.04%	11986.31	6.90%	54086.41	6.21%	70618.65	6.80%	5589.37	8.17%	22733.1	6.29%	4623.76	7.87%
中外合作经营工业企业	789	0.21%	645.71	0.37%	2509.45	0.29%	3151.42	0.30%	242.68	0.35%	1082.91	0.30%	243.74	0.41%
外商投资股份有限公司企业	496	0.13%	1355.37	0.78%	5962.54	0.68%	5367.61	0.52%	412.1	0.60%	3072.48	0.85%	254.12	0.43%
其他外商投资工业企业	72	0.02%	48.13	0.03%	279.53	0.03%	473.15	0.05%	34.19	0.05%	144.62	0.04%	20.95	0.04%

注:税金总额包括主营业务税金及附加、应交所得税、本年应交增值税

数据来源:第三次经济普查数据

附录三　民营企业参与混合所有制改革五个案例

借助国企进军公用事业

——新奥集团混合所有制案例

新奥集团创建于 1989 年,是一家民营企业,业务主要涉及三个领域:清洁能源、节能环保和文化健康。目前新奥集团在国内 139 个城市有自己的经营机构,在北美和欧洲也有清洁能源的业务。

一、发展混合所有制经济的实践

新奥集团自 1999 年起开始通过参加国有产权的招标与竞拍、获取地方燃气公司部分产权的形式与国企合作。到目前为止,新奥集团与国有资本合作成立的企业已经有 100 多家,139 个城市只有不到 10 家为新奥集团独资的企业,其他基本上都是以混合所有制的形式存在的。

以石家庄燃气总公司、长沙燃气总公司和烟台燃气公司为例,新奥集团在 2003 年至 2004 年间,参与了这三家公司的国有企业改制。国有资产方以评估资产出资,新奥集团以货币直接出资,组建合资公司,新奥集团分别持有三家企业 60％、55％、50％的股权。

新奥集团为各个混合所有制公司提供资金、技术、信息、管理改进支持,在物资规模化采购、工程施工质量监督和供应商准入上提供共享支持。通过发展混合所有制经济,这些企业运行状况良好,不仅实现扭亏为盈,而且近五年实现平均净资产收益率达 18％左右,员工年收入年均增长 12％。

二、发展混合所有制经济的体会

1. 形成国、民利益共同体

民营资本可以积极推动企业机制创新和业务创新,促进企业健康、快速发展,实现互利共赢。

2. 建立现代企业制度

通过建立规范运作的董事会和监事会,明确经理层的权利和责任,实现决策权、监督权和执行权三权分立。解决了国有体制下政企不分、行政色彩浓厚的问题,为企业自主、稳定、持续的运营建立良好的制度基础。

3. 实现制度创新

城市燃气属于城市公共事业,在原有的国有体制下,许多企业靠拿政府补贴过日子,危机感、竞争意识差,缺少技术创新的动力。混合后,为推动业务升级发展,新奥集团确定了以技术创新为核心能力的基本策略,不断围绕能源生产和利用的方式改变,开发拥有自主核心技术的产品。现在,新奥集团的自主创新技术,很多都被成功应用,在为客户创造效益的过程中,也为社会创造了良好的经济效益。

4. 激发企业活力

这几年根据企业特点,新奥集团建立了市场战略绩效管理机制,根据市场洞察确定战略目标,根据市场规划进行资源配置,根据市场绩效进行价值分配,让企业和员工围绕市场和战略展开工作。同时,还建立其配套的管理机制、激励机制、用人机制,激发整个企业的活力。

三、发展混合所有制经济的意见和建议

1. 建立保护小股东利益的法律法规

一是建立小股东开放的财务和经营制度,赋予小股东更多的知情权;二是推动建立累计投票、股东表决规避等决策制度,合理限制大股东的表决权;三是建立行之有效的企业监事制度,限制大股东监事人数,确保小股东更好地履行监督权。

2. 建立国有资本金股制

在过去几年国有企业和民营企业合作之中,国企基本上都坚持控股这一硬性条件,很大程度上限制了混合所有制的发展。实际上国有资本的控制力和影响力并不一定通过股权占多大比例来实现,除了国家安全领域,完全可以通过金股制度一票否决权,对影响国家安全和公共环境的事情直接否决。既体现国有资本的控制力,又确保混合所有制企业的自主经营和健康发展。

3. 通过市场机制实现价值的合理体现

一是在资产定价环节,要把国有资产的价值评估完全市场化,交给市场中介机构来完成,避免主观判定;二是在产权交易环节,要打破各种资格限制,让所有市场主体都能公平参与,同时采取公开竞价方式,实现交易过程的公开、透明。

以高效的绩效管理制度和员工激励制度成功改造国有企业

——新华联集团参与重组华磊光电的举措与经验

党的十八届三中全会通过的《中共中央关于全面深化改革若干重大问

题的决定》明确提出要积极发展混合所有制经济,并强调国有资本、集体资本、非公有资本等交叉持股、相互融合的混合所有制经济,是基本经济制度的重要实现形式。毋庸置疑,大力发展混合制经济,不但能有效激活国有资本的存量,增强国有企业的活力,还能为民营经济的更好、更快发展带来崭新机遇与广阔空间。

作为一个以多元化著称的大型民营企业,新华联集团历经 25 年的持续快速发展,业务已涵盖地产、石油、矿业、化工、金融等多个产业领域,产品畅销于世界 100 多个国家和地区,年营业收入超过 500 亿元。目前,集团拥有全资、控股、参股企业 80 余家,其中包括 6 家控股、参股上市公司,拥有"东岳联邦"、"金六福酒"、"华联陶瓷"、"太子奶"等 15 个"中国驰名商标",拥有员工 43000 余人,企业综合实力连续 10 年跻身中国企业 500 强和中国民营企业 100 强的行列。在多年的创业发展中,新华联集团坚持"实业+投资"的双轮驱动发展战略,在着力做大做强自身实业的同时,积极参加大型企业的兼并重组,曾先后参与 10 余家国有企业的改制和重组,均取得良好的经济效益和社会效益。

为了抢抓新的发展机遇,实现企业规模的快速扩张和企业资产的大幅增值,新华联集团依托自身的资金、体制、人才、文化和品牌等优势,于 2011 年 4 月又以战略投资者的身份成功进入高新科技产业领域,投资近 2.5 亿元参与湖南大型国企湘煤集团的骨干企业——湘能华磊光电股份有限公司的重组。通过适时注入资金、移植文化、优化体制和强化管理,新华联集团在不到两年时间里,就使一个在市场竞争中举步维艰的高科技企业快速扭亏为盈、焕发生机,成为湖南国企混合制改革的一面旗帜。

一、以突出优势赢得国企重组机会

湘能华磊光电股份有限公司(以下简称华磊光电)坐落于湖南郴州有色金属产业园区,是湖南省国有资产监督管理委员会下属的湘煤集团的一

家高新技术企业。2008 年,湘煤集团出资 4 亿元组建华磊光电,主要从事
LED 上游产品的研发、生产。当时,华磊光电可以称得上是一家纯粹的国
企,因为除了台湾技术团队持有 2% 的股份以外,其余 98% 的股份均属湘
煤集团。2008 年 6 月,华磊光电破土动工。凭借国家政策的支持与湘煤
集团的雄厚实力,华磊光电历时 14 个月的建设,于 2009 年 8 月实现投产。
但成立之初的顺风顺水并没能让华磊光电一路坦途。由于 2009 年 LED
行业投资过热,外加经济危机的影响,LED 产能过剩的问题日益显现,这
意味着华磊光电还未走稳就要接受风云变幻的市场考验。所幸的是,华磊
光电挺了过来。但喘息甫定之际,2011 年 LED 市场严重萎缩,华磊光电
又一次受到严重冲击,营业收入连续八九个月处于下滑通道,台湾技术团
队见势不妙也悄然撤出。虽然华磊光电在连连重创下依然坚持,但已经元
气大伤,经营与发展陷入了前所未有的困境。2011 年是华磊光电历史上
阴云密布、前途晦暗的一年。此时,面对瞬息万变、错综复杂的经营局面,
华磊光电的主导经营管理者湘煤集团为了企业脱困,意欲为公司引进战略
投资者,期望通过优化股权结构以顺应市场发展。

　　作为一家经济实力雄厚并且富有强烈社会责任感的湘籍民营企业,新
华联集团很快进入了湘煤集团高层考察的视线。基于新华联集团拥有明
显的资金、文化和体制等优势,再加上多年来收购、兼并国企的丰富经验,
湖南省政府也热心地为民企与国企的携手搭桥牵线。几经磋商和谈判,新
华联集团与湘煤集团很快走到了一起。于是,由新华联集团牵头,与北京
瑞华景丰投资中心、新理益集团有限公司、湘江产业投资有限责任公司、厦
门来尔富贸易有限公司共同投资 8 亿余元参股华磊光电,推动企业的
重组。

二、以全新体制快速激发企业活力

　　2011 年 4 月,随着新华联集团等战略投资者的引入,华磊光电正式启

动了企业重组的步伐。但资金的强力注入，并没能从根本上改变公司经营发展的颓势。2011年年底，面对企业经营的严重困境，华磊光电股东大会只好郑重做出决议：控股股东湘煤集团暂时放弃华磊光电的经营管理权，邀请新华联集团主导企业的日常生产经营管理。为了不负重托，新华联集团随即委派具有丰富企业管理经验的毛自力赴任华磊光电的总经理。作为中国科学院的理学博士和德国柏林工业大学的博士后，毛自力曾担任过北京航空航天大学副教授和某大型企业的高管。加盟新华联集团后，他曾担任过集团战略投资部总监，还曾担任新华联矿业的总经理，参与矿业板块的组建。在华磊光电命悬一线之际，股东们与企业员工都寄望于新华联集团派出的这位管理精英能够化腐朽为神奇。

事实证明，新华联集团没有让人失望。经过一番严谨、细致的调研后，新华联集团为华磊光电快速引入了现代企业经营管理模式，对原有的体制和机制进行了"大换血"，在华磊光电掀起了一场声势浩大的企业改革"大风暴"。

1. 引入绩效文化，充分激发员工的创新活力

新华联集团在中国市场经济的摸爬滚打中，逐步建立起了一种以"绩效至上"为核心价值观的文化体系。20多年的经营实践证明，这种以结果为导向的文化不但能确保企业的决策效率和执行效率，还能强化员工的责任心与主人翁意识。为此，毛自力在华磊光电快速引入了新华联集团的激励理念、管理原则、奖惩制度和绩效考核等管理手段，把"绩效至上"的文化渗透到日常工作的每一个细节。

为了充分调动员工的工作积极性和创造性，毛自力在华磊光电的生产一线大胆推行自我管理机台承包制、计件工资制和虚拟利润中心制，在生产车间强力推行《外延机台生产考核方案》、《芯片厂定额成本考核管理办法》、《点分厂虚拟利润中心考核方案》，实行"费用包干制"，并敦促销售部门制定并执行《销售提成管理办法》。这些管理制度和考核办法的快速出

台,为员工的绩效考核找到了充分依据,使他们在工作中能主动明确工作重点和完成任务的时间节点,得以实现自我管理。这一系列举措是行之有效的:在生产上,单片产品人资成本下降了 44.35%,人均产量却提升了126%。自 2013 年 8 月起,公司每月产能突破 10 万片。其销售业绩也在突飞猛进,市场占有率由 2011 年的 3.5%迅速提升到 15%。

"让价值创造者分享价值,让事业成功者分享成功"的发展理念,让华磊光电的员工备受鼓舞。在这种理念的驱动下,企业已真正成为员工充分实现自我价值的舞台。员工在这里找到了价值感、成就感,也找到了安全感、归属感。华磊光电在每季度以及年度都会评选总经理特别奖、优秀管理奖等若干奖项,并对获奖者予以精神鼓励与经济奖励。赏罚分明、注重实效,让员工尝到了甜头、看到了奔头,也产生了劲头,企业内很快形成了比、学、赶、超的进取氛围。

华磊光电还将管理人员的全年工作任务纳入年度绩效考核手册,并实行重点工作跟踪制和各板块工作调度会议制,及时组织协调各项工作的整体推进。绩效文化的强力嫁接,使华磊光电迅速走出了亏损的阴影,2012年实现利润 3360 万元,2013 年实现利润则达到 8000 余万元。

2. 创新管理模式,大幅提升企业的经营效益

管理模式的创新,也为华磊光电带来了新的活力和明显效益。根据企业的实际情况,公司建立了符合市场竞争需求的总经理领导下的分工负责制。所谓总经理领导下的分工负责制,即总经理抓大放小,大胆放权,实现"责、权、利"的高度统一。中层管理机构通过建立和优化与总经理领导下的分工负责制相适应的制度和机制,明确任务,落实责任,加强调度和考核,强化对一线的跟踪和服务,真正将各项工作落到实处。班组员工则层层传递压力,落实工作任务,开创了事事有人管、事事有人做、人人都做事、人人都管事的管理新格局。

在苦练内功的同时,华磊光电也把眼光瞄准了市场。公司大力强化市场意识,坚决以效益为中心、以销售为龙头,大刀阔斧地创新营销模式。公司还对客户与产品结构不断进行优化,适时建立了优质客户群,形成了稳定的产销格局。为创造新的经济增长点,华磊光电着力打通 LED 产业链,实行低库存计划。自 2013 年 7 月成立应用产品销售部以来,公司成功实现 LED 行业上、中、下游产业链多极销售,使经营业绩实现大幅上升,品牌知名度也得到进一步提高。

在不懈"开源"的同时,华磊光电还在"节流"上精做文章。公司加强财务管理,使费用成本得到有效控制。公司通过对各车间、各工艺、各机台等生产和成本要素的研究,专门制订了标准成本。对上百个工序制订的各规格产品的标准成本,为成本核算和成本管理打下了坚实的基础。此外,公司还切实加强对招投标、预决算的管理,使工程项目的造价有所降低。仅 2012 年一年,华磊光电的运营成本就降低了 1 亿元。

3. 加快技术升级,强力打造企业的核心竞争力

产品与技术的升级换代是企业可持续发展的强劲动力,也是华磊光电的生命线。公司高度重视自主创新,持续加大技术研发力度。通过加大技术研发投入、重奖有功之臣等,华磊光电在科技创新领域已取得系列成果:"功率型 45mil 氮化镓基 LED 芯片"获批科技部国家重点新产品;"高光效照明芯片产业化研究"被列入科技部"火炬计划";"大功率 45mil×45mil LED 芯片技术及其应用"与"阵列式集成 LED 芯片技术及其产业化研究"项目被湖南省鉴定为国内领先水平。公司还组织筹建了湖南省半导体照明工程技术研究中心与省级企业技术中心,其"大功率 45mil 芯片技术"被纳入湖南省节能新技术新产品推广目录。截至 2013 年年底,华磊光电共申请专利 60 项,获得专利授权 20 项。

自主创新不但使华磊光电在行业内获得了高度认可,其应用产品研发力度的加大,还为公司赢得了更为广阔的市场。为开创新的经济增长点,华磊光电适时成立了应用封装事业部和应用产品销售部,专门从事应用产

品的研发、生产和销售。此举不负众望,使产品的市场份额迅速提升,不到一年时间就为公司增加了数千万元的营业收入,更为企业的发展提供了新思路、开创了新前景。

4. 提高幸福指数,潜心打造干事创业的激情团队

企业的快速发展,也让华磊光电的员工获得了丰厚的回报。薪酬与福利待遇的快速提升,大大增强了员工的职业稳定性与归属感。公司还充分关注员工的生活与诉求,致力于将企业打造成一个充满亲情、充满活力、充满希望的幸福企业。公司为员工提供宿舍、餐厅、健身娱乐室,还经常举办员工自编自演的晚会,以满足员工不断增长的精神与物质需求。不断增强的幸福感,让员工始终充满激情,与企业真正结成利益共同体和命运共同体。

通过变革国企旧体制、引入民营新机制,新华联集团已使华磊光电发生翻天覆地的变化:企业经营规模迅猛扩大,经济效益翻番增长,行业地位急剧提升,使国有资产实现了快速增值。目前,华磊光电总资产已逾 16 亿元,拥有 32 台 MOCVD 外延芯片生产设备以及封装应用制造设备,形成了年产 GaN 基蓝绿光外延片 120 万片、芯片 110 万片、灯具 20 万盏的生产能力。公司已被列入湖南省重点上市后备企业、湖南省战略性新兴产业百强企业、湖南省"双百"工程企业、湖南省高新技术企业、湖南省新型工业化重点企业。2012—2013 年,华磊光电在中国 LED 芯片企业市场竞争力排名中稳居第四位。

三、民企参与国企重组改制的经验与启示

参与华磊光电的重组和管理,新华联集团从中深刻认识到:发展混合制经济,关键是要通过不同所有制资本的混合,真正形成行业优势的整合和资本优势的整合,进而催生出新的资本经营机制,以达到资本、资源的优化升级和资本经营管理机制的持续创新,最大限度地发挥资本经营效力并

创造出新的资本资源的目的。

3 年多来,新华联集团能在华磊光电的合作发展中有所作为,主要得益于以下三个方面。

1. 合作双方能够充分达成加快企业发展的重要共识

作为华磊光电的控股股东,湘煤集团在合资企业经营遇到严峻挑战时能审时度势,充分信任参股股东,并且大胆授权,让新华联集团来强力、高效主导企业的经营管理,同时予以积极的协作,这是推动混合制企业实现长足发展的重要保障。

2. 民企与国企优势能够充分实现互补

合资前的华磊光电虽然在体制和机制方面比较僵化,员工也缺乏创新活力,但其拥有人才、技术、产品、设备等优势,并且具有良好的市场发展前景。作为大型民营企业,新华联集团通过 20 余年的持续快速发展,已在文化、机制、管理等方面形成诸多优势。通过两者的强强联合和优势互补,企业很快走出了困境,焕发了生机。

3. 管理团队能形成一股强大的变革合力

人是企业发展中最积极、最重要的因素。不论是新文化的导入还是新机制的创生,没有人的认同和遵从,一切都是纸上谈兵。华磊光电的成功改制与快速发展,在很大程度上就是以毛自力总经理为核心的管理团队能始终心往一处想、劲往一处使,从大局着眼,从细节着手,强力推动企业变革的结果。

四、通过与湘煤集团的合作共赢,对发展混合制经济的建议

1. 发展混合制经济需要深层涉水、敢于断腕

推进混合所有制的难点在于企业混合后要能真正形成资本管理、资本经营的更高效的新机制,否则企业就会成为简单的混合体,难以实现新突

破、新跨越。因此,解决好谁跟谁混合、按何种方式和比例混合、混合后按何种机制管理与运营的问题,是确保混合制企业发展的核心问题。

2. 发展混合制经济需要解放思想、勇于探索

作为一种新型的发展模式,混合所有制自然面临着许多新情况、新问题。各级政府和相关部门都要以开放的心态、用市场的手段去推进改革,不要迷信顶层设计,而要充分激发社会的智慧,从下而上地探索出一条科学的混合制经济发展的道路。

3. 要让民营企业成为发展混合制经济的生力军

改革开放 30 多年来,中国民营企业在实现自身蓬勃发展的同时,也积累了丰富的经营管理经验,特别是形成了企业的机制优势,能更好地适应复杂而多变的市场环境。只有让更多有实力、有优势的民营企业参与混合制改革,才能真正有效地推进国有企业的转型升级,使混合制经济实现全面、快速的可持续发展,从而为我国市场经济的高速发展增添新的强劲动力。

跨所有制组合资本、整合资源,实现快速发展

——泰豪集团混合所有制案例

发展混合所有制经济,是党的十八届三中全会做出的重大决策,旨在完善和发展我国的基本经济制度。这一重大决策,是在全面总结改革开放以来,特别是党的十五大以来的实践和经验基础上提出来的。泰豪集团以其旗下泰豪科技股份有限公司(以下简称泰豪科技)为探索,积极参与发展混合所有制经济实践。

泰豪科技是在南昌国家高新开发区设立并依靠"混合所有制模式"发

展起来的高新技术企业。公司创立于 1996 年 3 月，2002 年 7 月在上海证券交易所上市。截至 2013 年年底，公司员工总数 2943 人，公司总资产634413 万元，2013 年实现主营业务收入 250149 万元。

一、发展混合所有制经济的原因和战略目标选择

从 1996 年起，泰豪集团以"权益扩散以利于形成规模效应"为指导原则，积极引进国有企业战略投资，于 1996 年 3 月，和具有国资背景的南昌通源实业总公司、南昌高新技术产业开发区发展总公司、江西无线电厂、江西景华九尹电子有限公司共同投资 1000 万元成立泰豪科技股份有限公司，开启了以资源整合为目的"国民共进"的混合所有制模式，其动因主要有以下几点。

1. 推进"三权分离"，避免一股独大走向家族制企业

1996 年之前，泰豪集团尚是一家以"技术＋贸易"为经营模式的私有制企业，被时代牵引渴望做大，为避免一股独大走向家族制企业，集团公司积极探索混合所有制模式，同时寄望建立决策权、监督权、执行权"三权分离"的现代企业体制，促进企业快速而稳健地发展。

2. 利于资源整合做大做强

20 世纪 90 年代中期，全国各地火热进行的"国有企业改制"，特别是《公司法》出台后，为已成为法律意义上主体的泰豪集团发展混合所有制经济提供了良好的历史机遇。泰豪集团有较强的技术资源和运营能力，通过混合可以有效整合企业发展的短缺资源，即市场资源、制造业基础能力等，让企业驶上发展快车道。

3. 利于企业财产及权益的保障

泰豪集团发展混合所有制经济之前，非公有制企业市场准入门槛高，财产等权益得不到切实保障。混合后的投资主体属性改变，财产权益也从

自我主张转为以法律保障为主,市场准入和财产权益保障得到明显改善。

混合之初,泰豪科技就明确提出了未来战略发展目标,即期望通过以整合市场资源为主的混合,建立与之相适应的管理体制和机制,并用五年左右时间将泰豪科技做成高科技上市公司,实现企业的跨越式发展。事实证明,这项决策是非常正确的。

二、混合参与方和产业的基本情况

泰豪科技混合后主营业务是智能电气产品,经过多年运营的泰豪集团已具备该产品良好的销售和技术资源;南昌通源实业总公司(南昌供电局下属三产企业)具备较好的市场资源,增强了混合后泰豪科技主营产品的销售能力;南昌高新技术产业开发区发展总公司(南昌高新技术开发区全资国有企业)具备良好的政策优势,为混合后泰豪科技紧跟国家高新产业政策,做成高新技术企业乃至上市公司提供了政策支持;江西无线电厂(1998 年清华同方股份有限公司)具备很好的生产制造基础能力,混合后该厂成为泰豪科技产品生产基地,公司产品由其代工生产;江西景华九尹电子有限公司为国有控股的中外合资企业,为混合后的泰豪科技提供了很好的管理经验借鉴。

混合后泰豪集团占股 40%,南昌通源实业总公司占股 30%,南昌高新技术产业开发区发展总公司、江西无线电厂和中外合资江西景华九尹电子有限公司各占 10%,各方组成既有集体又有国有还有合资的混合发展模式。通过这种所有制的有机混合,泰豪科技迅速获得了企业发展必需的市场资源、制造资源、政策资源,加上其自身的销售资源及技术资源,使得企业快速发展壮大,混合当年就实现赢利。

为获得更多市场份额,泰豪科技进一步加大了与电力系统的合作。1997 年 6 月泰豪科技又引入江西省电力公司下属国有企业江西三和电力股份有限公司,该公司是经江西省人民政府批准,由江西省电力公司为主的 7 家国有企业发起设立的股份有限公司,具有较好的市场资源及融资能力。该公司的引入,进一步巩固了泰豪科技市场资源。1997 年 4 月,泰豪集团参与清华同方股份有限公司上市发起,同年 10 月,清华同方股份有限公司对泰豪科技进行战略投资。至此,泰豪科技股东投资由 1000 万元增至 5000 万元。清华同方股份有限公司是由清华大学控股的高科技公司,泰豪科技引入其资本,目的非常明确:一是源源不断获得清华大学的高科技资源,这种技术背景及资源使泰豪科技能够视野开阔,认清自己到底应该应用什么技术,到底生产什么产品;二是引进上市公司成熟透明的管理机制,为泰豪科技未来上市发展奠定坚实的基础。

企业的发展需要很多资源,而制约企业的发展正是那些短缺的资源,发展混合制经济,就是企业在源源不断地补充各种资源。在与多元化的投资主体合作过程中,泰豪科技不仅整合了资源,还积累了与各方特别是与国有企业合作的经验。基于此,1998 年泰豪科技才得以顺利兼并当时总资产 11594 万元、总负债 10583 万元、累计亏损 2900 万元、资产负债率达 87% 的国有企业——江西三波电机总厂,进而强化了泰豪科技自身的生产制造能力,同时也探索出以高新技术改造传统产业和"技术+资本"的发展思路,被时任江西省委书记孟建柱誉为"泰豪模式"。

三、混合后企业治理和发展

混合后泰豪科技建立了有效的管理机制,通过体制创新、机制创新、科技创新和企业文化创新,企业竞争力不断地得到增强,实现了混合五年后做成上市公司的目标,取得了社会效益和经济效益双丰收,在业界树立了混合所有制标杆。

1. 在体制创新方面,逐步完善法人治理结构

为了强化资本纽带型的战略合作伙伴关系,维护各种股权之间公平、公正的利益格局,避免一股独大带来的弊端,泰豪科技按照"公开、公平、公

正"的原则进行股权平衡处理,进而创造性地建立信任机制和制约机制,实行决策权、监督权、执行权"三权分离"的现代企业制度,即股东会、董事会通过表决制决策,监事会及其各职能部门通过审议制进行监督,各经营部门通过责任制认真执行并接受绩效考核,三者既相互协调又相互制约。在股份设置上,泰豪科技全面考量大股东、小股东和社会公众股东之间的比例和消长关系。在内控体系上,构筑以董事长为首的股东利益体、以总裁为首的经营管理层利益体和以工会为代表的员工利益体;三个利益体之间既互相促进又互相制约,目的是为客户提供更好的服务和产品,形成更强的企业竞争能力。

2. 在机制创新方面,构建富有竞争力和高效率的企业机制

好的机制带来好的企业,作为一个高新技术企业,泰豪科技混合后能不断发展壮大,一个重要原因就是构建了富有竞争力和高效率的企业机制。泰豪科技实行"以营运资产为核心",按事业部建制组成了内部独立的核算单位,公司以投资者的身份,对各事业部采取"资产授权管理,投资回报考核,公司监督运行"的运作方式进行管理。各核算单位按产品和市场区域划分,组成了有市场竞争力而又不失活力的经营主体。用工制度也随竞争机制的引入更加市场化,在强调效率优先的原则下,建立了一个"以发展吸引人、以事业凝聚人、以工作培养人、以业绩考核人"的企业争先创优机制。并在制度安排上充分考虑了责、权、利的到位,在明确责任、赋予权力的同时,制定考核、奖惩的制度。根据职责和绩效,使得干部能上能下,薪酬能高能低,责任、权力和利益的分配到位,强调激励和约束并重的用人机制和分配机制。此外,泰豪科技还通过建立现代化的企业制度,克服了混合后决策慢、决策周期长的弊端,使公司管理流程化、科学化、透明化。

3. 在科技创新方面,重视建立产学研发展模式

实施混合所有制模式后,泰豪科技吸纳了以中国科学院、清华大学、清华同方为代表的院校、科研和科技企业的技术创新新观念和能力,实施科技强企的扶持政策,在各事业部技术研发机构的基础上,成立了公司技术中心、博士后工作站,制定了明确的技术创新方向和发展规划,坚持产学研相结合,加强与科研院所机构的交流与合作,建立了企业自己的人才培训基地、产品试验基地和成果孵化基地。

4. 在文化创新方面,为混合发展提供"内驱力"

泰豪建立了明显具有自身特色的企业文化体系,公司在经营上的成功,与在全体员工中倡导"个人的成功在于承担责任的实现,人生的价值在于不断地承担责任"职业价值观是分不开的。这是泰豪科技企业文化核心价值观,也是泰豪人共同的精神脐带和成长基因,还是混合后人力资源管理的内在动力。尤其是从 1999 年起,公司每年开展"我与公司"主题学习活动,编印人手一册的年度《员工学习资料》,组织员工进行形式多样的主题学习。每次学习讨论主题都是根据公司的内外部环境和时代特征来确定。这些具有强烈现实意义的学习、讨论,为公司混合制后企业发展提供思想保障,促进大家在思想、行动和目标上保持一致。

泰豪科技运用股份制方式,多次通过跨所有制的资本组合,组成了多元化的混合型经济实体,有效地提升了企业影响、整合了所需资源,并逐步建立了现代企业制度和现代化科技园,形成了"技术＋资本"发展的"泰豪模式",促进公司经营规模快速扩大,从 1996 年混合至 2002 年上市,企业经营规模和业绩以年均超过 50% 的速率快速增长。

四、成功经验及启示

泰豪科技十多年对混合所有制经济的探索和实践,给人们以启示。

(1)有较强的技术及市场运作能力的民企,与有良好的市场资源、制造资源、政策资源的国企"联姻",是"国民共进"的上佳模式和发展趋势,但混合主体之间只能"自由恋爱结婚"而不能"拉郎配"。而且,在宏观上应让市场去决定混合的程度与力度,在微观上则要因"企"制宜,创新经营体制机制。

(2)混合后要通过磨合做到"三个学会":一是学会与他人共同做大做强;二是学会与他人共同分享混合成果;三是学会制定规则保障各方权益。在三个学会的基础上,认同和坚持"技术+资本"发展模式。

(3)人力资源是"企业第一资源",科学培训是现代人力资源管理的核心环节。因此,用市场机制整合人力资源,让企业文化与人力资源管理形成合力,是决定混合后企业发展的重要因素。

总之,混合所有制不仅是投资主体的多元化,更为关键的是建立一种机制。只有攻克这一重点和难点,混合才能真正落到实处,多元化投资主体才能在相互融合、互相补充、相互协调中共生共荣,混合所有制经济才能凸显强大的生命力。尤其是引入大股东混合,是基于"权益扩散以利于形成规模效应"的认知和长远发展考虑,既需要战略远见,又需要市场思维和创新智慧。

五、意见及建议

混合所有制经济既是机遇也是挑战,因此不是一混就灵、一混就活、一混就好。对政府而言,混合所有制经济不是贴标签,不是为混合而混合,更不是为比例而混合。许多民企负责人之所以对混合所有制心存疑虑,就是担心政府怀有"分蛋糕"或"甩包袱"的动机。为此,建议政府切莫将混合列入"形象工程"或"政绩工程",而是真正拿出国企资源与社会资本重组,推出一批实实在在的项目,敬畏法律的约束功能,尊重市场的作用,完善社会服务体系。

强强联合、互靠双借，打造文化产业品牌

——重庆五洲文化传媒集团混合所有制案例

重庆五洲文化传媒集团有限公司（以下简称五洲传媒）是以发展社会主义先进文化为目标导向的新型股份制文化企业，是重庆市与时俱进、先行先试探索发展混合所有制经济的经典案例。

一、合作背景和动机

五洲传媒是重庆市文化体制改革倒逼催生出的新生事物，也是现代文化传媒行业遵循市场经济规律的发展选择，更是深化改革、探索发展混合所有制经济的重要成果。

2009年，在国际金融危机阴影笼罩下，重庆出版发行行业受到不同程度的冲击、影响。国有文化企业受到市场挤压，发展速度有所减缓，民营文化企业受多重因素的制约、影响，发展举步维艰。如何提振重庆文化出版发行行业的发展信心，如何顺应市场经济大潮，探寻科学发展新路，成为国有文化企业和民营文化企业共同思考的问题。同年，原国家新闻出版总署颁布了《关于进一步推进新闻出版体制改革的指导意见》，国务院下发了《文化产业振兴规划》，两份重要文件都鼓励国有民营进行资本合作。为积极响应推动文化产业发展政策的号召，为重庆市实现"西部地区的文化高地和与长江上游经济中心相适应的文化中心"的宏伟目标添砖加瓦，2009年9月，在重庆市委、市政府的关心和市委宣传部的指导下，重庆出版集团和重庆五洲书韵图书发行公司、重庆国鹏文化传媒有限公司等两家民营公司共同出资8000万元改制成立了五洲传媒，其中民营占股60%，国营占股40%。目前五洲传媒为重庆市产值最大的民营文化产业公司、重庆市

文化产业走出去的先进代表,是重庆市文化产业先行探索混合所有制经济的典型案例,在全国有较强的品牌影响力。

二、企业概况

五洲传媒是重庆市继新华书店集团之后第二家取得国家出版物总发行资质的文化企业,主营书刊音像策划发行、数字出版、文化教育产业投资开发等业务,下辖重庆宇凡文化传媒、重庆国峰教学设备、重庆鹏辉图书发行有限公司、江西国育图书发行有限公司、北京五洲时代天华、五洲博尔文化传媒等6家子公司,以及四川、贵州、广东、江西、河南、河北、安徽等7家省办事处,业务范围覆盖全国20多个省(市)、自治区。

五洲传媒以"诚信载物五洲致远"为核心理念,以"致力于成为中国卓越的教育文化产品提供商"为愿景规划,以"忠诚、敬业、勤奋、自信"为核心价值观,自成立以来,在全国率先采取将合作各方的资源、现有业务及人员进行整合的合作模式,充分发挥民营与国有各自的优势,实现"民营向国有借资源、借品牌、借管理,国有向民营借市场、借市场、借观念、借人才",不断推动企业持续、快速、健康发展。2014年,公司的图书销售码洋已达到13亿元,利润总额6500多万元。此外,五洲传媒坚持现代企业管理理念,不断推进企业的现代化进程,在规范企业管理、提高企业管理运营效率等方面,取得了显著的成效,多次受到各级领导部门的表彰,被评为"中国文化产业自主创新十大竞争力品牌"、"中国百佳改革创新示范企业"等。此外,公司先后在2011年5月获得"全国五一劳动奖状",2013年3月荣获"全国三八红旗集体"奖,均为当年全国唯一获此殊荣的出版发行企业。

三、"混合所有制"发展成果

成立四年来,五洲传媒通过有效地整合双方资源,发挥民营与国有各自的优势,积极进军全国市场,实现了业务规模和效益的快速增长,并在以下八个方面取得了突出的成绩。

1. 业务规模和经营效益跨越式增长

成立四年来,五洲传媒的业务规模和经营效益每年都保持着快速增长,其销售收入规模及利润水平已名列重庆文化企业第 5 位,紧跟重庆文化产业四大国有集团。

2. 制定发展规划,明晰战略目标

五洲传媒充分整合国营与民营的资源,具备人才优势、产品优势和市场优势。2012 年,在分析公司发展与成功的内外部因素并进行充分调研的基础上,五洲传媒制定了未来五年战略发展规划,明确提出"用五年时间构建教育出版发行、教育数字化、教育培训以及文化教育产业投资开发四大产业格局,用三到五年时间实现上市,力争在 2020 年前打造百亿集团"。

3. 构建现代企业制度取得快速进展

五洲传媒自成立之日起就着力于构建规范的现代企业治理机制,实现了企业所有权、管理权、经营权、监督权的分离,并建立了一套切实可行的约束管理机制,勇于打破常规,改革用人制度和薪资制度,高薪引进了业内有较强影响力的职业经理人担任首席执行官,有力地推进了企业的现代化管理进程。

4. "走出去"、"请进来","混了又混"取得突破

在党的十八届三中全会精神的指引下,五洲传媒在总结发展混合所有制成功经验的基础上,开始探索"混了又混"的发展模式,即在发挥国有和民营双方优势的基础上,再联合其他优秀企业,进行三方优势资源的二次整合,实现强强联合,并在此基础上成立新的混合所有制企业。通过这种"混了又混"的模式,五洲传媒积极推行对外并购战略,先后成立了 4 家混合所有制企业,这里面既有和民营企业合作成立的,也有和国有企业合作成立的;既有在重庆设立的,也有在北京、江西设立的。2014 年 1 月 1 日,五洲传媒在北京并购重组的北京五洲时代天华文化传媒有限公司和五洲博尔文化传媒(北京)有限公司正式挂牌成立,标志着五洲传媒在探索混合所有制发展模式的道路上又迈出了重要一步,这在业内引起了广泛关注,并起到了标杆示范作用。通过有效整合双方优秀的资本资源、人才资源以及市场渠道资源,建立科学的企业治理结构,极大地激活了两家混合所有制企业的活力和创新能力,在短短的半年时间内,两家企业的销售收入同比增长已超过40%,预计2015年这两家企业的年销售码洋在10亿元以上。

目前,五洲传媒还有多家重组合作项目正在有条不紊地开展,预计2015年年底,与相关文化机构艺术合作项目的立项,将让五洲传媒的业务得到进一步延伸,对外重组并购的业务规模将超过五洲传媒本部的业务规模。五洲传媒的发展模式得到了重庆市委、市政府的高度肯定和赞誉,将其作为发展混合所有制经济的典型案例在全市推广。

5. 开始数字课堂和电子书包项目,取得重大突破

2014年,五洲传媒与北京创而新科技有限公司等多家公司签订战略合作协议,整合多方优质的教育资源和先进的技术资源,联合打造西部乃至全国一流的数字课堂和电子书包应用平台,极大地弥补了其在电子书包和数字课堂方面的技术短板,推进产品实现数字化升级。目前,在创而新公司的技术支持下,五洲传媒正在对现有幼儿产品进行数字化升级,已成功推出幼儿亲子电子书包"五洲亲子派"。

6. 扎实推进上市工作,打造百亿集团梦想

五洲传媒将上市列为公司的战略发展目标,积极进军资本市场,打造百亿集团,经过五年多的发展,五洲传媒现已进入上市前期辅导阶段,并力争在资本市场有所作为。

7. 开拓全国市场,传播巴渝文化

"四海飘书香,五洲出精品",在"致力于成为中国卓越的教育文化产品提供商"企业愿景的指引下,五洲传媒秉承求质量、出精品、创名牌的发展思路,锐意进取,开拓创新,积极进军全国市场,先后在广东、河南、安徽、江西、贵州、四川、河北等7省设立办事处,不仅实现了产品在全国市场的全覆盖,并且以产品为载体,使巴渝文化传播到了全国各地,极大地提升了重庆文化产业在全国范围的品牌影响力。目前,五洲传媒在重庆市外的业务规模已在公司总业务量中占据一定规模,并呈现出强劲的增长势头。

8. 积极参与公益事业,不断提升社会影响力

五洲传媒时刻谨记"饮水思源、回馈社会"的办企宗旨,积极投身社会公益事业,每年制定专门的公益计划,针对贫困山区的学子开展捐书、捐资、助学等活动,切实用企业的发展成果回馈社会。2013年启动的"五洲圆梦行动",已向重庆市20多个区(县)的留守儿童和学校捐赠了总价值500万元的各类图书。2014年,"五洲圆梦行动"继续加大了公益扶持力度,于5月21日向重庆市云阳县捐赠了价值205万元的图书和10万元现金。此外,公司还相继在重庆工商大学等高校,设立"五洲传媒奖学金",每年惠及学子达500余人;参与"共建警营文化"活动,向市交巡警总队捐建了图书馆。五洲传媒充分发挥了文化企业的宣传和引导作用,切实用企业的发展成果回馈社会,多次受到表彰,先后荣获"重庆市红十字会抗震救灾先进单位"、"雨露助残行动爱心单位"、"冬日阳光温暖你我关怀行动爱心单位"等称号。

四、"混合所有制"合作成功的六点经验

1. 明晰"互靠双借"的合作定位

五洲传媒在成立之初,就明晰了"互靠双借"的合作定位,即"国有企业向市场靠一步,民营企业向规范靠一步;国有企业向民营企业借市场、借观念、借人才,民营企业向国有企业借资源、借品牌、借管理"。通过"互靠双

借",成功导入民企灵敏的市场反应机制和国企规范的管理制度,成功实现"1+1＞2"的改革发展目标。

2. 建立科学的监管和评价机制

国有方和民营方在长期的合作和市场竞争中已充分了解,在股份合作前由双方职能部门与独立中介机构组成联合尽职调查小组,对合作双方的财务数据、经营能力、管理能力进行调查,摸清各方的创收盈利水平以及各方的优势和风险,并对合作预期进行了评测分析,科学严谨地分析判断股份合作的可行性以及具体合作模式。历经近一年的尽职调查和谈判,五洲传媒在 2009 年 9 月终告成立。五洲传媒的组建是建立在合作双方相互了解、充分信任之上,这为五洲传媒日后的发展奠定了坚实基础。

3. 联合打造共同的优质项目

国有方重庆出版集团是重庆本土大型的国有出版文化企业集团,在教育出版领域具有丰富的产品资源和较高的品牌知名度;民营方也是重庆本土规模最大的两家民营图书发行企业,拥有高效的市场化运作团队和敏锐的市场洞察力。双方通过强强联合,在同一领域共同的优质项目上进行合作,充分发挥了资源、品牌、团队、市场等多重叠加效应,推动五洲传媒实现持续、快速、健康发展。

4. 建立科学的治理结构和现代企业制度

通过建立科学、高效的公司治理机构和现代企业制度,实现企业所有权与经营权的分离,公司财务总监由国有方重庆出版集团委派,而民营方代表出任总经理。董事会负责战略发展规划审定、合作的资产保值增值等,总经理及管理团队全权负责市场培育拓展、日常管理运行等。

5. 提倡"自由恋爱",积极调整心态

资本合作就像谈恋爱、结婚,要提倡"自由恋爱",不能搞简单的"拉郎配"。五洲传媒成立之前,民营方就在内部进行了大量的规范和管理等准

备工作。另一方面,国有方也做好了放权的准备,建立起现代企业治理机制,赋予经营班子充分的经营管理权,有效放权而不干预运营。

6. 营造共同的价值观念,奠定坚实思想基础

五洲传媒成功的关键还在于合作双方营造了共同认知的价值观念——做大规模,做强产业,服务国家,报效社会。此外,国有企业在注入资本的同时,无形当中也向民营企业输入正确的价值导向。五洲传媒在开展党的各项教育实践活动中,国有企业和民营企业双方不断增强了对中国特色社会主义的信念、对党和政府的信任、对企业自身经营的诚信及发展的信心。

五、发展"混合所有制"的五点启示

1. 充分认识发展混合所有制经济是全面深化改革的必然趋势

党的十八届三中全会指出:"公有制经济和非公有制经济都是社会主义市场经济的重要组成部分,都是我国经济社会发展的重要基础。""国有资本、集体资本、非公有资本等交叉持股、相互融合的混合所有制经济,是基本经济制度的重要实现形式。""允许更多国有经济和其他所有制经济发展成为混合所有制经济"。正确的政策主张,崭新的理论阐述,表明了党对社会主义市场经济规律和全面深化改革的认识达到了一个崭新的高度、深度和广度,也指明了发展混合所有制经济是未来全面深化改革的基本方向和完善基本经济制度的重要实现形式。

2. 充分认识发展混合所有制经济是转变经济发展方式的实现形式

党的十八届三中全会指出:"鼓励非公有制企业参与国有企业改革,鼓励发展非公有资本控股的混合所有制企业,鼓励有条件的私营企业建立现代企业制度。"民营经济的发展已经进入一个新的历史发展时期,科技创新、转型升级也进入关键阶段。发展混合所有制经济也是推动民营企业转型升级的重要实现形式。民营经济布局展开、门类宽泛、类型繁多,在发展混合所有制经济方面有着广泛的合作领域和发展空间。国有资产管理部门、工商联等部门完全可以通过搭建合作平台,建立磋商机制,共同研究、提出建议意见,提供国有企业与民营企业发展混合所有制经济的合作机会,并研究制定有关政策进行方向引导,既从整体上推动发展混合所有制经济,又从行业企业角度促进民营经济转型升级。

3. 充分认识发展混合所有制经济要以追求共同价值为联结纽带

发展混合所有制经济必须充分发挥市场配置资源的决定性作用。相对于以前的改革是侧重依靠行政手段而言,发展混合所有制经济更多的是依靠市场对资源的配置手段,更多的是依靠取长补短、互惠互利、合作共赢的价值理念,更多的是依靠合作双方共同追求的长远利益。因此,有关方面在指导合作各方发展混合所有制经济过程中,要提倡"自由恋爱",不能搞简单的"拉郎配",而应该引导合作双方正确认识自己的优、劣势和长、短板,了解未来合作伙伴所拥有的资源要素和核心技术,把握合作双方共同的目标追求和价值取向,分析发展混合所有制经济有可能带来的业务领域、市场环境、战略层面、资源配置等方面变化,共同构筑利益共同体,从而为实现多元投资、交叉持股、融合发展奠定坚实的价值取向和合作基础。

4. 充分认识发展混合所有制经济要结合实际,因地制宜、因企施策

全面深化改革,发展混合所有制经济必须紧密结合企业自身实际,紧紧抓住国有企业和民营企业的发展需求,用发展共识来凝聚发展力量,用共同目标来联结共同利益,用创新精神来激发创造活力。不能简单依靠行政手段进行匹配重组,也不能为追求轰动效应拼凑、合并同类项。政府有关部门应主动协调、让渡部分社会资源、要素市场、重点项目、特色产品,鼓励和引导民营企业采取多种形式进行战略合作,不限合作地域、不限合作方式、不限合作范围、不限合作层面,因地制宜,因企施策,稳步有序地推进

和发展混合所有制经济。

5. 充分认识发展混合所有制经济要始终坚持改革创新、勇于探索

发展混合所有制经济,要深入学习贯彻党的十八届三中全会精神,在探索发展混合所有制经济的实践中,坚持和完善基本经济制度,坚持以改革创新来破解发展难题,坚持以互利双赢促进良性发展,坚持制度约束,不断深化战略合作机制,坚持规范治理,夯实运行机制的基础。同时,还要继续研究健全完善职业经理人制度和管理层面充分授权制度,探索混合所有制经济实行企业员工持股,形成资本所有者与劳动者利益共同体。

并购重组国有电缆厂,实现低成本、高效益的跨越式发展

——上海胜华电缆混合所有制案例

十多年前,上海胜华电缆集团创始人张胜飞带着 1200 万元从浙江温州来到上海,十多年后,公司已成为中国电线电缆行业前三甲、中国民企100 强、中国机械 500 强、中国制造业 500 强。在短短十多年间,张胜飞进行过多次并购重组,每一次都为企业赢得了更大的发展机遇,成为我国发展混合所有制经济的典范,企业连续十多年高速成长。

一、发展混合所有制经济的起步

1990 年前后,中国的"国企改革"进入了一个新的阶段。随着城市企业的改革发展,此时的上海,也像全国一样,企业改制无论是"利润留成",还是"利改税",都面临一些无法破解的共同难题,"放乱收死"成了一些集体企业都走不出的怪圈。上海海新电缆厂原本属于南汇县(今上海浦东新区)新场镇的一家集体企业,成立于 1987 年。1990 年以后,由于关系企业电缆厂的领导人下台,原本依靠着市区企业来料加工的海新电缆厂难以存

活了。企业不仅欠职工工资,就连原本政府划拨给他们的场地,也因为拖欠银行的贷款而被查封。

1996年年底,海新电缆厂被银行起诉至法院。1997年春节后,张胜飞带着1200万元人民币来到了上海,正式收购上海海新电缆厂,更名为上海胜华电缆厂,履行完接管手续,张胜飞开始了改造与经营。一年后,企业在当初股份合作人的基础上,扩大成股份合作制,不仅盘活了资产,更主要的是稳定了国有企业职工的人心,也维护了工人的合法收益。上海胜华电缆厂沿着发展混合所有制经济的道路起步了。

二、发展混合所有制经济的探索

上海胜华电缆厂整体销售形势连续多年向好,到了2003年出现了井喷式的发展,尽管全部生产线开足马力生产,又是连夜加班,"人休机不休",还跑到外地租赁国有企业的场地赶工,仍然忙不过来。

2002年1月2日,上海胜华电缆厂与安徽合肥电缆厂合作,签订了意向性协议。确定"先租赁后收购"方案:一是破产前,上海胜华电缆厂和安徽合肥电缆厂以一年租赁期为磨合期;二是租赁期内,生产、供应等问题,必须由合肥电缆厂原有的班子和上海胜华电缆厂组成的新班子共同签字确认、共同承担。对于租赁期内的费用支出,每月除支付生产费用外,上海胜华电缆厂还须支付合肥电缆厂30万元,作为企业固定资产的使用损耗费。若一年租赁成功,合作满意,合肥市政府必须同意上海胜华电缆厂收购合肥电缆厂。如不同意收购,或者反悔,合肥电缆厂必须双倍赔偿,即每月赔偿上海胜华电缆厂60万人民币的损失。

上海胜华电缆厂进入合肥电缆厂后,由于合肥电缆厂是家20世纪五六十年代成立的厂,许多设备老化,因长年企业经济不景气,没有钱维修自来水管子,流水"哗哗"无人管。下水道堵塞,有时仅仅是因为一些树叶的遮挡,让厂区积满污水,也没有人来管。上海胜华电缆厂成立了四人管理团队,他们吃、住、睡等都固定在合肥电缆厂里,以应对随时可能出现的突发事件。

2002年一年,合肥电缆厂创造了第一年销售1.37亿元电线电缆的业绩,这样的销售数字,把当时合肥电缆厂原有的职工、领导惊得目瞪口呆。因为历史上的合肥电缆厂从成立到最辉煌的时候,近2000名工人的企业,也只在1992年创造产值1.2亿元。2003年6月5日,上海胜华电缆集团投资1.2亿元人民币全资收购了合肥电缆厂。收购后,上海胜华电缆集团与合肥电缆厂以原有品牌"绿宝"为名,更名组建了绿宝电缆集团。原本只能生产低压电缆的上海胜华电缆集团,通过"借壳"行动,产品不仅涵盖低压电缆,更涉足中高压电缆的生产。

三、发展混合所有制经济的延伸

始建于1954年的河南新乡电缆厂,是原国家机械工业部电线电缆定点生产企业之一,国家中型一级企业、省一级先进企业、省文明单位,主要生产1kV及以下电力电缆、控制电缆、橡套电缆、电梯电缆等80多种产品、1400多种规格,部分产品获评部优产品、省优质产品。该厂的技术力量、工艺设备、检测手段等,在计划经济时代曾一度领先中原其他企业,也曾获得"全国电线电缆生产企业质量信誉用户评估最佳企业"荣誉称号。

随着市场经济的深入发展,这个曾经领先的电缆企业却在当地一蹶不振,遇到了前所未有的问题。在计划经济体制下的几十年里,河南新乡电缆厂不断将企业获得利润的70%上缴给国家,自己缺乏资金积累,企业所取得的折旧费,只能够维持企业的简单再生产。长此以往,造成了新乡电缆厂设备陈旧等问题,再加上退休人员等沉重负担,严重影响了电缆厂的生存和发展。当时的职工,每月只能拿到80元的生活费。

因为有收购安徽合肥电缆厂的成功经验,上海胜华电缆集团收购这样的企业也就驾轻就熟了。2004年12月,上海胜华电缆集团投资5000万元,以占股51%的比例兼并了河南新乡电缆厂。对河南新乡电缆厂控股后,胜华电缆集团即着手进行人员调整:对于企业中的"刺头"和那些不服从管理的员工坚决开除;对于那些肯干而且技术上肯钻研的,给予必要的物质奖励;对于那些想走的员工,尽量挽留;对于一些思想上有情绪的,在了解源头的情况下,尽量做通思想工作。企业生产逐渐进入状态。

四、发展混合所有制经济形成胜华模式

对于自己打造的"电缆王国",张胜飞一直有自己的设想,那就是,依托上海,逐步占领全国市场,最终把"胜华电缆"打造成中国名品,走出国门,融入世界。张胜飞希望在合肥、新乡之后,在哈尔滨建立另一个"新胜华",将北上俄罗斯的中轴线连接起来,将自己制造的"电缆"输送出国门。

建于1950年的哈尔滨电缆厂,曾有过让人骄傲的岁月。20世纪80年代,哈尔滨电缆厂的综合实力,位居全国电线电缆行业第三位,其产品遍及全国30个省、市、自治区;1986年利税曾达到4743万元,在整个哈尔滨工业企业中产值名列前三名。改革开放以后,哈尔滨电缆厂像多数国企一样,陷入了困境。仅1998年一年,企业就亏损达8000余万元。

上海胜华电缆集团认真分析了哈尔滨电缆厂当时的基本情况:拥有710台/套设备,引进的32台/套设备,引进的浸涂成型法无氧铜杆生产线,10~110kV交联电缆生产线,九型铝杆连铸连轧生产线以及钢芯铝绞线生产线、低压电缆系列化生产线等;电缆厂已在1997年4月通过ISO 9001质量体系认证,在2000年和2003年,又顺利通过了第二次、第三次认证;除此以外,哈尔滨电缆厂还拥有从美国、英国、日本、奥地利、瑞士等国家引进的局部放电试验室、涡流探伤装置、含氧量分析装置和炉前快速分析装置等检测装备。

2010年9月15日,哈尔滨电缆厂在与上海胜华电缆集团接触了一年多后,"牵手"成功。上海胜华电缆(集团)有限责任公司与哈尔滨工业资产

经营有限责任公司,共同投资15亿元人民币,在哈尔滨经济开发区组建哈尔滨电缆(集团)有限公司(以下简称哈缆集团),胜华集团占股85％,哈尔滨工业资产经营公司占股15％。从此,一个老的国有企业,一个数度改革功亏一篑的企业,一个已处在休眠期长达十年的企业,终于看到了新希望。

上海胜华电缆集团采取了四大举措:一是扩大投资下拨经费,为已经是哈缆集团下属的哈尔滨电缆厂添置了18台"重拉"等设备。二是在销售方面,采用三种方式:一种是上海胜华电缆集团早年利用的"温州模式",它主要采用的是中介模式,就是利用温州人销售电器的同时,将电缆或者电线顺带着一同销售。还有一种是"江苏模式",这种模式主要是拿底薪,以扣率作为奖金。虽然这种模式前期比较辛苦,但工作相对稳定,制度也比较灵活,没有什么风险。第三种被当地人称为"北方模式",它的主要操作方式就是只提供信息,由哈缆集团配合他们完成销售。三是调整职工队伍,胜华电缆集团从两方面采取措施:第一,职工内部,采取大幅度提高原老职工工资,同时结合工种退出多劳多得的"计件制"工作模式。第二,对外用高薪大量招聘新员工,经过不断的职业培训和思想教育,最终优胜劣汰留下一些比较优秀的新员工。这样,就解决了原企业里老职工的"抱团问题"。四是生产量化,集团制定了"生产车间定额工时(暂行)办法",不仅对辅助工在操作细拉丝机、束丝机,退火、绕包、编织、成圈、打包等工作上做量化处理,更是结合考核给予必要的奖惩。

短短8个月,哈缆集团实现销售超过1.5亿元人民币的电缆,力争5年内达到创造就业岗位2000个、年产值40亿元、年创利税5亿元的规模企业。

就是这样不停地沿着混合所有制经济发展的道路奔跑,最终使张胜飞和他的上海胜华电缆集团发展成为一个拥有亿万资产、产业遍布全国、年销售额达到140亿元的集团公司。

上海胜华电缆集团在全国逐渐建立起安徽绿宝电缆集团、河南胜华电缆集团、江西胜华电缆集团、辽宁胜华电缆集团、宁夏胜华电缆集团、哈尔滨胜华电缆集团等 6 大生产基地；在上海利用集团经济的规模效应，发展组建了以浦东新区为核心的南汇工业园区、新场工业园区、南汇高新产业园区、万祥工业园区，和以青浦铜业为主的景泽工业园区、松江宏邦工业园区。在短短的 15 年时间里，上海胜华电缆集团的注册资本增长了 30 倍，总资产增长了近 70 倍，产品品种增长了 60 倍，产量增长了 260 倍，产值增长了近 500 倍，位列中国最具成长性企业 100 强、中国电缆行业 10 强、上海企业 100 强、上海民营企业 100 强。

五、发展混合所有制启示

启示一：混合所有制经济是市场经济发展的必然要求。

随着我国经济结构调整的深入，以获取企业经营控制权为直接目的的产权交易活动日益成为社会关注的焦点。近几年，民营企业并购国有企业已经成为推进国有企业改革和民营企业快速发展的一个重要途径，对搞活国有企业、发展民营企业，促进资源优化配置和产业结构调整具有非常重要的意义。混合所有制经济的第一个好处是，把国企的资本雄厚优势和民企的机制灵活优势集中在一起；第二个好处是，有利于企业"走出去"，不会被其他国家所限制，也不会因为力量小成不了气候；第三个好处是，混合所有制经济是法人治理结构最有效的经济形式；第四个好处是，混合所有制经济是国有资本和民间资本合作的场所，国有企业改革之后就有条件成为双赢的获得者，民营企业在与国有企业合作的过程中也能获得公平竞争、合作互惠的好处。

启示二：整合资源、发挥优势是混合所有制企业开拓市场的重要手段。

自 1997 年上海海新电缆厂重组以来，张胜飞进行了大刀阔斧的改革创新，将一个濒临倒闭的国有小型企业迅猛发展成为全国电缆行业的领军企业。此后，上海胜华电缆集团通过控股或参股方式并购了一批资源企业,如上海申铜铜业公司、上海依斯特塑料公司、奥光电缆有限公司、合肥再生资源有限公司、绿宝铜业公司等企业。通过资产重组和资本运营,实现了低成本、高效益大规模扩张,形成了集科研、生产、贸易、投资于一体的跨地区、跨所有制的高科技、专业性的大型企业集团,企业生产能力空前提高。

启示三:注重科技、不断创新是混合所有制企业实现可持续发展的重要基础。

面对日新月异的科技发展,上海胜华电缆集团从美国引进了交联电缆和橡套电缆生产线,从日本、新加坡和中国台湾等地进口了高精密的大型铸塑机,从国外引进了11条现代化流水线和关键设备,使企业从拉丝、绞线、挤塑到成缆基本实现现代化。张胜飞带领团队考察了其他同行业公司之后,又引进了国际先进水平的电缆故障测试定位仪,建成了35.110kV高压局放试验室。先进的制造设备和监测仪器为生产高科技产品奠定了基础。上海胜华电缆集团还先后从沈阳和上海电缆研究所、国家煤科院、北京理工大学等机构引进了4位国家级技术专家和20位高级工程师,组建了一支100多人的科研队伍。

上海胜华电缆集团通过发展混合所有制经济实现跨越式发展,仅是中国众多发展迅速的民营企业中的一朵水花,但是它却折射出中国民营企业发展的共性:民营企业的发展不是偶然的,而是"天时、地利、人和"三者得兼的结果。相信中国的民营企业一定会为中国的经济发展做出越来越多的贡献。

后　记

　　民营企业发展与混合经济改革是大成企业研究院 2014 年度至 2015 年度的重要研究课题。为搞好本课题研究,大成企业研究院先后召开了三次企业首脑沙龙、多次圆桌讨论会,与多位民营企业家、国有企业负责人、国有资产监督管理委员会有关负责人、专家学者以及法律界代表,全方位、多角度地探讨了民营企业参与混合所有制改革的发展现状、体会、困难以及政策诉求。课题组对企业家、专家、学者们的大力支持表示感谢!此外,多家民营企业以及国有企业向课题组提供了企业参与混合所有制的改革案例,为课题研究做出了重要贡献,在此深表感谢!

　　全国工商联名誉主席黄孟复对民营企业与混合所有制改革问题提出了不少重要观点和看法,对课题研究发挥了重要指导作用。

　　本书由大成企业研究院课题组撰写,陈永杰为课题组组长。前言是陈清泰讲话整理稿;概论由陈永杰撰写;第一章和第二章由高德步撰写;第三章由陈永杰撰写;第四章由白英姿、熊小彤撰写;第五章由欧阳晓明、王哲、胡冰川撰写;第六章由陈永杰、欧阳晓明、白英姿撰写;附录数据由张俊祥和王哲收集、整理;案例由胡冰川收集、整理;王红和郭阳为课题开展做了协助工作。全书思路框架由陈永杰拟定,并负责全文统稿。